新闻与传播学译丛·学术前沿系列

丛书主编　刘海龙　胡翼青

媒介仪式
一种批判的视角

Media Rituals:
A Critical Approach

英｜尼克·库尔德里（Nick Couldry）著
崔 玺 译

中国人民大学出版社
·北京·

总　序

在论证"新闻与传播学译丛·学术前沿系列"可行性的过程中，我们经常自问：在这样一个海量的论文数据库唾手可得的今天，从事这样的中文学术翻译工程价值何在？

祖国大陆20世纪80年代传播研究的引进，就是从施拉姆的《传播学概论》、赛弗林和坦卡德的《传播理论：起源、方法与应用》、德弗勒的《传播学通论》、温德尔和麦奎尔的《大众传播模式论》等教材的翻译开始的。当年外文资料匮乏，对外交流机会有限，学界外语水平普遍不高，这些教材是中国传播学者想象西方传播学地图的主要素材，其作用不可取代。然而今天的研究环境已经发生翻天覆地的变化。图书馆的外文数据库、网络上的英文电子书汗牛充栋，课堂上的英文阅读材料已成为家常便饭，来中国访问和参会的学者水准越来越高，出国访学已经不再是少数学术精英的专利或福利。一句话，学术界依赖翻译了解学术动态的时代已经逐渐远去。

在这种现实面前，我们的坚持基于以下两个理由。

一是强调学术专著的不可替代性。

目前以国际期刊发表为主的学术评价体制导致专著的重要性降低。一位台湾资深传播学者曾惊呼：在现有的评鉴体制之下，几乎没有人愿意从事专著的写作！台湾引入国际论文发表作为学术考核的主要标准，专著既劳神又不计入学术成果，学者纷纷转向符合学术期刊要求的小题目。如此一来，不仅学术视野越来越狭隘，学术共同体内的交流也受到影响。

祖国大陆的国家课题体制还催生了另一种怪现象：有些地方，给钱便可出书。学术专著数量激增，质量却江河日下，造成另一种形式的学术专著贬值。与此同时，以国际期刊发表为标准的学术评估体制亦悄然从理工科渗透进人文社会学科，未来中国的学术专著出版有可能会面临双重窘境。

我们依然认为，学术专著自有其不可替代的价值。其一，它鼓励研究者以更广阔的视野和更深邃的目光审视问题。它能全面系统地提供一个问题的历史语境和来自不同角度的声音，鼓励整体的、联系的宏观思维。其二，和局限于特定学术小圈子的期刊论文不同，专著更像是在学术广场上的开放讨论，有助于不同领域的"外行"一窥门径，促进跨学科、跨领域的横向交流。其三，书籍是最重要的知识保存形式，目前还未有其他真正的替代物能动摇其地位。即使是电子化的书籍，其知识存在形态和组织结构依然保持了章节的传统样式。也许像谷歌这样的搜索引擎或维基百科这样的超链接知识形态在未来发挥的作用会越来越大，但至少到现在为止，书籍仍是最便捷和权威的知识获取方式。如果一位初学者想对某个题目有深入了解，最佳选择仍是入门级的专著而不是论文。专著对于知识和研究范式的传播仍具有不可替代的作用。

二是在大量研究者甚至学习者都可以直接阅读英文原文的前提下，学术专著翻译选择与强调的价值便体现出来。

在文献数量激增的今天，更需要建立一种评价体系加以筛选，使学者在有限的时间里迅速掌握知识的脉络。同时，在大量文献众声喧哗的状态下，对话愈显珍贵。没有交集的自说自话缺乏激励提高的空间。这些翻译过来的文本就像是一个火堆，把取暖的人聚集到一起。我们希冀这些精选出来的文本能引来同好的关注，刺激讨论与批评，形成共同的话语空间。

既然是有所选择，就意味着我们要寻求当下研究中国问题所需要关注的研究对象、范式、理论、方法。传播学著作的翻译可以分成三个阶段。第一个阶段旨在营造风气，故而注重教材的翻译。第二个阶段目标在于深入理解，故而注重移译经典理论著作。第三个阶段目标在于寻找能激发创新的灵感，故而我们的主要工作是有的放矢地寻找对中国的研究具有启发的典范。

既曰"前沿"，就须不作空言，甚至追求片面的深刻，以求激荡学界的思想。除此以外，本译丛还希望填补国内新闻传播学界现有知识结构上的盲点。比如，过去译介传播学的著作比较多，但新闻学的则相对薄弱；大众传播的多，其他传播形态的比较少；宏大理论多，中层研究和个案研究少；美国的多，欧洲的少；经验性的研究多，其他范式的研究少。总之，我们希望本译丛能起到承前启后的作用。承前，就是在前辈新闻传播译介的基础上，拓宽加深。启后，是希望这些成果能够为中国的新闻传播研究提供新的思路与方法，促进中国的本土新闻传播研究。

正如胡适所说："译事正未易言。倘不经意为之，将令奇文瑰宝化为粪壤，岂徒唐突西施而已乎？与其译而失真，不如不译。"学术翻译虽然在目前的学术评价体制中算不上研究成果，但稍有疏忽，却可能贻害无穷。中国人民大学出版社独具慧眼，选择更具有学术热情的中青年学者担任本译丛主力，必将给新闻传播学界带来清新气息。这是一个共同的事业，我们召唤更多的新闻传播学界的青年才俊与中坚力量加入到荐书、译书的队伍中，让有价值的思想由最理想的信差转述。看到自己心仪的作者和理论被更多人了解和讨论，难道不是一件很有成就感的事吗？

推荐序一

"媒介仪式"与"媒介事件"

尼克·库尔德里（Nick Couldry）教授的《媒介仪式》一书，以前就有耳闻，但是一直未能完整、认真地阅读全书。在该书中译本即将出版之际，承蒙译者和编辑的信任，托我写点推荐意见，我才有机会较为细致地阅读本书。我自己在既往的研究中零星地思考过一些传媒（或传播）与仪式方面的理论问题。以下文字，是我个人不成熟的一点思考，讲得不对的地方，若库尔德里教授有机会看到，也希望他指出。

因为无法判断这本书在英文学术界中的具体情况，我通过"谷歌学术搜索"（Google Scholar），查看了几本相关书籍，得到如下结果：截至2016年1月18日，库尔德里的《媒介仪式》一书的引用次数达到916次；在同一时间，戴扬和卡茨（D. Dayan & E. Katz）的《媒介事件》（Media Events，1994）一书的引用次数是1 979次，罗滕比勒（E. W. Rothenbuhler）的《仪式传播》（Ritual Communication：From Everyday Conversation to Mediated Ceremony，1998）的引用次数是386次，詹姆斯·凯瑞（J. W. Carey）的《作为文化的传播》（Communication as Culture，Revised Edition：Essays on Media and Society，2008）的引用次数是4 106次。在上述几本讨论传播和仪式的相关书籍中，从谷歌学术搜索显示的引用情况来看，差别还是较为明显的。尽管这样的结果并不能作为判定学术影响力的唯一标准，但是从这样一种引用情况中，我们也可以从一个侧面看出不同书籍（或作者）在英文学术界的"知名度"。应该说，出版了10余年的《媒介仪式》一书有这么高的引用次数，表明这本书在英文学术界还是有较高的"知名度"的。

上述四本讨论传播和仪式的著述，其实有很大的差别。从成书时间上来看，最早的是詹姆斯·凯瑞的《作为文化的传播》，这是一本论文集，书中的论文大多完成于20世纪70至80年代；戴扬和卡茨的《媒介事件》是一本研究专著，成书于20世纪90年代初；罗滕比勒的《仪式传播》和库尔德里的《媒介仪式》，严格说起来，均是属于"导论"（或概论）性质的，分别成书于20世纪90年代末和21世纪初。凯瑞从文化的视角来讨论传播，提出了两种不同的传播观念，即"传递观"和"仪式观"。戴扬和卡茨"试图引入仪式人类学的理论来阐释大众传播过程"（戴扬、卡茨，2000：2），进而创造了"媒介事件"这样一个概念。"媒介事件"这个概念，已经超出了传统意义上仪式的范畴，它是在传媒介入之后创造出来的一种新的仪式形态。正是在这一点上，戴扬、卡茨和库尔德里有相通之处，库尔德里所说的"媒介仪式"，同样是围绕媒介实践所形成的一种新的仪式形态。至于罗滕比勒的《仪式传播》，则是对传播和仪式进行的一般性讨论，全书由两部分组成，用作者的话来说，即"作为传播的仪式"和"作为仪式的传播"。在他那里，传播和仪式似乎成了可以相互置换的概念。

上述四本书，凯瑞的《作为文化的传播》和罗滕比勒的《仪式传播》勉强可以归为一类，他们从仪式的视角观察传播，看到了一些不同的景致；戴扬、卡茨和库尔德里，同样是从仪式视角对传播进行讨论，同时他们均聚焦于大众传媒，进而"发现"了一种与传媒相关的新的仪式形态。在这里过多地讲凯瑞和罗滕比勒之间的异同有"偏题"的嫌疑，暂时按下不表，我主要想就戴扬和卡茨的"媒介事件"与库尔德里的"媒介仪式"进行比较。

前面讲到戴扬和卡茨所说的"媒介事件"与库尔德里所说的"媒介仪式"之间有相通之处，两者均是由于传媒的介入所产生的一种新的仪式形态，这样两种新的仪式形态在大众传媒普及之前，是缺少其生产的基础的，也是不可想象的。因此，传播学者这样一种"发现"，对于拓展传播研究的理论视野，丰富社会人类学仪式研究，无疑具有重大的学术意义。但是，戴扬和卡茨所说的"媒介事件"，与库尔德里所讨论的"媒介仪式"，又存在非常大的差别。这两者之间的差别，读者还可以通过进一步比较这两本书来进行归纳，在这里，我只想简单谈两点。

第一，"媒介仪式"并不包括媒介对既有仪式的呈现。戴扬和卡茨所说的"媒介事件"，是指"那些令国人乃至世人屏息驻足的电视直播的历史事件"（戴扬、卡茨，2000：1），戴扬和卡茨早期归纳出的"媒介事件"的三种脚本，其中"加冕"本身就是仪式，"竞赛"和"征服"本身并非仪式，而是由于传媒的介入，使得这两类具有新闻意味的事件具有了仪式的意味。在这三类脚本中，本身就是仪式的"加冕"，应该是库尔德里不感兴趣的。库尔德里在《媒介仪式》一书中这样写道：

在讨论媒介时，对于那种可以被称为"仪式"的"次要"用法，即媒介呈现既有的仪式行为（例如对宗教仪式的电视转播），我也没什么兴趣。（《媒介仪式》中译本，25页）

紧接着，库尔德里教授又这样写道：

很显然，如果我们仅在这种次要意义上使用"媒介仪式"这一术语，那么我们就没必要去探讨"仪式"的根本意义了。（《媒介仪式》中译本，25页）

库尔德里在对"媒介仪式"进行界定时，其实并未讲到这一点。库尔德里对"媒介仪式"的界定是："媒介仪式是围绕关键的、与媒介相关的类别和边界组织起来的形式化的行为，其表演表达了更广义的与媒介有关的价值，或暗示着与这种价值的联系。"（《媒介仪式》中译本，33页）在本书中给出这个正式的界定之前，库尔德里还对"媒介仪式"做出过一个更简单的界定："媒介仪式指任何围绕关键的、与媒介相关的类别和边界组织起来的行为。"（《媒介仪式》中译本，2页）由此可见，库尔德里所使用的"媒介仪式"概念，已经超出了狭义的仪式范畴，指向了更为一般性的"形式化的活动"，当然，这种"形式化的活动"是与媒介相关的，并且是重要的。这样一种界定，又直接源于库尔德里对仪式的理解。在《媒介仪式》一书的开头，库尔德里就把人类学对"仪式"的解释归纳为这样三个方面：

（1）习惯性的行为（任何习惯或重复的模式，无论其是否有特殊的意义）。

（2）形式化的行为（例如，在某一文化里对餐桌有规则且有意义的摆放方法）。

（3）涉及某种更广义的价值观的行为（比如圣餐，在基督教中它包含着与终极价值——上帝——直接接触的意味）。（《媒介仪式》中译本，3页）

库尔德里所说的"媒介仪式"，主要涉及上述第二、三方面的意义（或者是两者的结合），他认为"第一种解释没什么意思"(《媒介仪式》中译本,3页)。

虽然库尔德里的"媒介仪式"概念主要基于上述第二、三个方面的意义,但是库尔德里在后面又把"媒介呈现既有的仪式行为"排除在"媒介仪式"的范畴之外,这多少让人有些难以理解。

第二,库尔德里对"媒介仪式"的讨论是基于一种批判视角的。关于这一点,库尔德里在本书的副标题中已经做了清楚的交代。在《媒介仪式》一书中,库尔德里用了一章(第四章)的篇幅对"媒介事件"进行了反思。在这一章里,库尔德里讲到了"媒介仪式"和"媒介事件"的联系。这段话比较长,但是为了看清库尔德里的思路,直接引用如下。

> 它(媒介事件,引者注)与"媒介仪式"的联系来自那个总体的行动框架的组织功能,也就是使得发生在很多地点的大量行为聚合起来,并可被称为一个"媒介事件"的这样一种事实或是建构起来的事实(我暂时把这一点放在一边)。这一事实是,通过那个媒介事件的叙事框架,社会的集体属性被确认、强化或者维系。换句话说,媒介事件是一种大规模的、专注于媒介的社会过程,通过对媒介仪式迪尔凯姆式的解读得出的价值或者至少是假想的价值,是这个过程的总体组织框架,通过这一社会过程确认社会凝聚力。所以,在媒介事件的框架下,会发生很多可以被称为"媒介仪式"的本地性行为,因为行为框架把这些行为与媒介展现的价值联系在了一起。(《媒介仪式》中译本,67~68页)

在此基础上,库尔德里又这样写道:

> 尽管戴扬和卡茨的观点具有潜在的国际视野,但是其前提假设在国际层面上越发显得不合理。我们真的能

说任何在一百多个国家播出的公共事件在每一个地点都起到团结社会的效果吗？当然不能。（《媒介仪式》中译本，75页）

因此，库尔德里改写了戴扬和卡茨的论述，他这样写道：

> 媒介事件展现给我们的不是在媒介里庆祝节日（它们从来不庆祝节日），而是媒介权力在"庆祝节日"。因为，恰恰是在媒介事件这种特殊的情绪化情境里，媒介每天所主张的权力才最有可能被如其所愿地忽略。（《媒介仪式》中译本，79～80页）

库尔德里从"媒介仪式"与"媒介事件"的关联讲起进而到了改写戴扬和卡茨的论述，简单说来，戴扬和卡茨遵循的是一种建构的视角，而库尔德里所采取的是一种批判视角。这样的批判是否公允？有待商榷。

在我看来，上述两点，是彰显库尔德里的"媒介仪式"与戴扬、卡茨的"媒介事件"区别的两个最主要的方面。在此，我也不想再做展开说明，以上个人观点若能起到抛砖引玉的效果，那是最好。

在我自己既往的研究中，也曾讲到过另一种"媒介仪式"（郭建斌，2012；2014），我所说的"媒介仪式"和库尔德里教授在本书中所说的"媒介仪式"完全不同。因此，在阅读库尔德里的《媒介仪式》一书时，对于他把"媒介呈现既有仪式行为"排除在"媒介仪式"之外，我还是心存疑惑。那些由媒介呈现出来的既往仪式与没有媒介参与的仪式之间到底有着怎样的差别？媒介对于既往仪式的呈现难道真的不值得关注？这样一些问题，我想另找机会再做讨论。

库尔德里的《媒介仪式》一书的翻译、出版，肯定会给中文传播研究带来一些新鲜的学术话语资源，如同当年戴扬和卡茨的《媒介事件》和詹姆斯·凯瑞的《作为文化的传播》的中译本的问世。在当下中国，库尔德里所说的那种围绕媒介而生发出的"对中心的迷思"，以及对媒介内容生产地的"朝觐"，等等，已经有较为具体的观察对象。对于这样一些现象，沿着库尔德里所提供的理论视角，是可以做出精彩的研究的。

但是，媒介（或传播）与仪式研究作为一个传播学、人类学等交叉学科的新兴研究领域，库尔德里的观点并非完全无懈可击，甚至还存在一些难以自洽的地方。世界那么大，不要奢望任何一个理论能够解释所有的问题，对现实进行深入的体察，不同理论话语之间相互碰撞，对具有现实意义的问题做出理论性的回答，这是任何社会科学研究的不二法则。同时，正如我在前面讲到的，这样一本"导论"（或概论）性质的书所做的一般性讨论，还需结合具体的现象进行更为深入的探讨，而不能把它们作为重要的理论结论来对待。

郭建斌

（云南大学新闻学院教授、传播与民族文化研究所所长）

2016年1月20日初稿

2016年2月6日修订

参考文献

［美］丹尼尔·戴扬，伊莱休·卡茨. 媒介事件［M］. 麻争旗，译. 北京：北京广播学院出版社，2000.

郭建斌. 媒介仪式中的"家—国"重构与游离：基于中国西南一个少数民族村庄田野调查的讨论［J］. 开放时代，2012（5）.

郭建斌. 如何理解"媒介事件"和"传播仪式观"：兼评

《媒介事件》和《作为文化的传播》[J].国际新闻界,2014(4).

[美]詹姆斯·W·凯瑞.作为文化的传播[M].丁未,译.北京:华夏出版社,2005.

Rothenbuhler E W. Ritual communication: from everyday conversation to mediated ceremony [M]. Sage Publications, 1998.

推荐序二

媒介如何影响大众：媒介权力构建的重识

如今，上下班的路上人们捧着手机或Pad已经是常见现象。我国网民规模已经达到7.1亿，而移动互联网网民数量也达到了惊人的6.56亿。我们生活在这样一个被媒体包围的世界中，我们的所见、所知、所想都深深地受到这些媒体所传递的信息的影响。就此，自媒体人罗振宇在他2016年1月的跨年演讲中提出这样一个观点："我们看到的最热闹的新闻，其实未必塑造了这个世界的真相。"让我们来看几个有趣的例子：Space X发射火箭起火爆炸一事搞得沸沸扬扬，而我国研制的全球首颗量子科学实验卫星"墨子号"发射成功却少有关注；王健林大量进行海外投资鲜为人知，而《鲁豫有约》中"一个亿的小目标"却让他一炮而红；抢了巴西奥运会头条的王宝强离婚案持续发酵，而《英汉大词典》译者陆谷孙过世的报道却转瞬即逝。这些再次印证了在多元的世界中，媒体只会选取部分的事实予以呈现，从而为公众塑造出扭曲甚至虚拟的"真实"。令人疑惑的是：我们为何会对媒体"塑造"的"真实"深信不疑？其实关于真实、媒介权力等，在学界已经有了很多探讨，但是《媒介仪式》（*Media Rituals: A Critical Approach*）这本书，将会从一个更新的视角来审视这些问题：媒介是如何塑造媒介化社会中心，并将其社会中心代言人的身份自然化、合法化的。

《媒介仪式》成书于2003年，正值电视传媒发展的鼎盛末期，作者尼克·库尔德里（Nick Couldry，笔者曾译为尼克·寇德瑞）以敏锐的学者视角，洞悉到了电视媒介权力背后的神秘力量。而在电视传媒逐渐衰落，移动互联网全面改变着社会传播结构的今天，我们仍然能够从这本书中得到启示，它所提供的探究媒介权力变化本质问题的思路和方法，对于我们进行媒体产业和发展趋势研究有着另一番借鉴意义。

一、尼克·库尔德里的仪式观

仪式理论研究起源于19世纪，在20世纪70年代被引入传播学领域。在该领域的研究过程中，此前的学者提出了"仪式"、"传播的仪式观"、"媒介事件"等概念。在总结前人研究成果的基础上，尼克·库尔德里提出了"媒介仪式"这个概念，并阐明其核心观点：现代社会是被媒介系统所渗透和制约的"媒介化"社会，媒介通过对社会中心的塑造和表达，构建起其社会中心代言人的地位，而权力构建过程则通过媒介仪式变得隐蔽化和合法化。尼克·库尔德里的论述解答了媒介在建立日常生活秩序、塑造社会结构方面扮演着何种角色，以及媒介作为社会存在如何与人们的生活实践产生紧密关联等问题。

在对"仪式"的认识上，库尔德里颠覆了长久以来涂尔干主义的研究路径，他在书中明确提出，"要解释媒介仪式性的一面，必须颠覆涂尔干的解读……关键的不是'仪式'一词所昭示的什么古代的东西……而是一种……本质的东西：权力和社会组织大规模的集中化"。这一论述给我们提供了一个高维的分析方法，以对传播活动和仪式活动进行抽象：传播活动和仪式活动的本质是"权力和社会组织大规模的集中化"的问题，也就是"符号资源"和"社会调和"的问题。

"符号资源"问题关注传播活动的主动性、内容观念和影响场域问题,而"社会调和"问题则侧重于从传播结果的角度进行分析。

库尔德里关注到了媒介仪式背后的权力和控制问题,在肯定了媒介在社会调和方面作用的同时,把关注点放在了媒介对符号资源的控制和媒介作用场域的分析上。不但为我们指出了构建媒介权力的资源和媒介权力的作用场域,同时也阐明了媒介是如何通过媒介仪式将自身的权力合法化、自然化的。

这些研究视角,很好地解释了电视时代关于媒体的权威性和影响力构建的问题。那么对于现如今的移动互联网时代,这样的研究又有何价值呢?

二、媒介仪式透视下的网络时代

媒介仪式理论的关注重点,是媒介权力合法性的来源问题。对于媒介社会中心的构建,一个必备的条件就是符号资源的稀缺性和垄断性,正是利用对这些符号资源的垄断,媒介可以实现意识、观念的灌输。在新媒体时代,伴随着社会化媒体和移动互联网的发展,传播的社会连接结构从传统的树状连接向更为复杂的网状连接转化,传统媒体原本垄断的符号资源被极大地稀释了。首先,由于信源本身的多样化,信息所构建的受众意识形态变得不可预测;其次,不同信源内容的冲突加剧了传统媒介权威性的瓦解。

传统媒介权威性的瓦解,也从反面证明了媒介仪式理论的正确性。一方面,媒介社会中心的构建并不依赖于社会中心的实际存在,而是通过符号资源和媒介仪式活动在受众心中构建起一种共同认知。这种认知具有虚构性,因而在受到其他符号资源冲击的时候,它就会变得脆弱。另一方面,媒介符号资源的稀释和社会传播结构的网状化,使得媒介难以利用"垄断、稀缺的符号资源"通过具有排他性的"传播仪式",构建起媒介社会中心。

尽管在社会整体宏观层面上,媒介社会中心现象被一定程度地弱化了,但媒介仪式理论本身,在帮助我们分析、理解社会传播现象时,仍然具有很高的理论价值。尽管社交媒体、移动互联网带来了传播结构的网络化,但在社会整体的不同维度空间内,仍然会以共同的目的或属性构建起为数众多的"社群",媒介仪式理论可以帮助我们透析每个微观层次的"社群"的"中心"是如何构建和维护的。

媒介仪式理论当中,构建媒介社会中心的基础就是符号资源。在笔者看来,新媒体语境下的符号资源应该包含两层含义:一是信息资源,二是连接资源。

所谓信息资源,可理解为媒介本身能够在多大程度上成为"社群中心"的代言人,或者从另一个角度来说,能够多大程度上为其成员提供信息价值。而连接资源,是指媒介传播信息所能达到的广泛程度。媒介如何将自己构建成为所处社群的中心,其核心就是如何不断地增强信息资源能力和连接资源能力。这为我们提供了两种途径。第一种是摊煎饼式的构建,即依托优质的信息资源,通过二次传播,不断扩展连接范围和影响面,不断地吸引有资源需求的受众与媒介相连接,在成为社群中心的基础上,不断扩大圈子的范围。第二种则是盖楼式的构建,即依托已有的连接资源,在新的维度上构建一个新的社群。我们目前看到的很多互联网推广模式可以用这两种构建方式来解读。例如豆瓣,作为一个读书、电影、文化交流的平台,它最先着力的是社群中心媒介地位,在成功构建其媒介中心地位后,通过对平台的宣传和推广,实现了社群范围的扩大。而腾讯公司的媒介中心构建则采用第二种方式,它依托即时通信巨大的用户群,可以快速地推送新的平台信息到所有用户，在新的维度上构建媒介中心。

显然，尼克·库尔德里仪式观为我们审视当前新媒体环境下的诸多媒介权力现象提供了有益参考，但同时，限于时代背景，其著作也不可避免存在一定的局限性。它过分强调了符号资源、仪式活动对构建媒介中心的作用，而对受众在传播过程中的信息反馈没有给予足够的重视。移动互联时代所带来的改变，其中一点即为公众不再仅是社会群体中的一员，他们需要表达自身作为独立个体的思想和意志。新时代下，专业的新闻媒体在媒介中心构建的过程中，不但要注重从正面强化符号资源的力量，同时也要应对来自受众的反馈。而有时，这种反馈可能是破坏性的，这种破坏性来源于受众本身在网络社会中所拥有的符号资源。媒介中心所拥有的连接资源并不具有垄断性，受众的网络化连接结构可能使其具有与媒介中心同样量级的连接资源。这一现象，导致了媒介中心与受众的互动，以及媒介权力的再分配问题。

三、关于《媒介仪式》中译本

前些年，国内传播学者爆发式地对仪式理论产生研究兴趣，很大程度上与国外译著的引进有关。因此，我们可以乐观地期待，得益于崔玺所译《媒介仪式》在中国的面世，国内的学者将更多地了解尼克·库尔德里及其媒介仪式理论，并可能再一次激发相关领域研究的热潮。

学术著作的翻译不是一项轻松的工作。学术著作语言的专业性和学术性极强，要准确地表达原文作者的思想，不但需要扎实的语言功底，更需要深厚的专业积淀。只有两者兼具，方能流畅、准确地传递出原著作者的思想。这部《媒介仪式》中译本，用专业的语言将媒介仪式的核心理论呈现出来，这为国内的学者认识、研究这一领域打开了便利之门，扫除了语言障碍，减少了大量的初期翻译工作。尤其是译者在对原著作者核心观点的把握方面，体现出了扎实的专业基础。

然而，这部中译本仍有些可待提升之处。一是直译方式导致的语言表达晦涩、生硬；二是某些细部词汇的翻译值得商榷。

目前，逐字逐句地直译原文是国内部分专业译著采用的翻译方式，这种翻译方式是对原著的充分尊重，但也存在一个普遍问题，即会导致语言表达晦涩、生硬，不便于读者理解。这类译著可以帮助读者大致了解作者的思想，但细部和概念性的问题，则必须回到英文原著中寻求答案。直译方式难于理解有两个主要原因：一是中英文的语言表达习惯不同，在英文学术著作中往往存在大量的定语结构和从句结构，采用直译方式会使表意发生中断或跳跃，有时甚至难以提炼出语句或段落的主干；二是部分原著作者的行文习惯倾向非结构化和口语化，直译会使读者不知所云（例如，在使用形容词时没有具体、明确的形容对象）。《媒介仪式》也未能避免以上问题，在书中一些直译之处，存在语句难以读懂的现象。

另外，在某些细部词汇的翻译上，笔者希望能与译者进行探讨，例如对于"myth"一词的翻译。尽管此词已被广泛应用于人类学、社会学和传播学著作中，而且多被翻译为"神话"、"迷思"；但笔者认为，在《媒介仪式》一书中，译者采用音译的方式将其翻译成"迷思"，会给读者理解库尔德里要表达的原意带来困难。"myth"主要出现在"Myth of Social Center"以及"Myth of the Mediated Center"章节中。"迷思"给读者最直接的感受是它是一种"不确定的、令人迷惑的思想"，然而，原著作者想要表达的是"一种虚构的或令人捉摸不透的现象或存在"。因此，此处如果翻译为"幻象"也许更贴合原意，如"社会中心幻象"和"媒介中心幻象"，这将可以更好地帮助读者去理解"媒介构建出来的一个虚拟的或者是不存在的,而受众却认为其真实存在的社会中心"这一核心概念。

库尔德里曾写道:"对于媒介对社会生活的影响,有些现象非常奇怪,甚至不可思议……人们只知道自己对电视越来越熟悉,对电视呈现给我们的世界越来越熟悉;但其实他们并不知道,当媒介存在的时候,它给这个世界带来了什么变化,又是如何带来这些影响和变化的。想要理解媒介,首先需要产生好奇。"带着这样的好奇,尼克·库尔德里逐次为我们解开了媒体的权威性和影响力来源的问题。他的探索,让我们看到媒介仪式背后,媒介对符号资源和空间场域的控制,使我们有方法了解媒介如何给受众植入"媒介代表社会的中心"这一理念。这种研究路径和研究方法,无论是对媒介权力在传统媒体时代集中化的解读,还是对其在新媒体时代"去中心化"的探讨,都能够提供帮助和启发。笔者深切希望这本译著,能够为中国传播学界认识尼克·库尔德里的媒介仪式理论打开一扇大门。

孙琦

浙江越秀外国语学院讲师

纪念我的父亲

菲利普·库尔德里(1916—2000)

中文版序

得知我的《媒介仪式：一种批判的视角》中文版即将出版我十分高兴。这本书在我的学术生涯里占有重要的位置。那是我早期研究工作中的主线第一次呈现在传播学研究中更广阔的读者群面前。这本书已经被翻译成韩文，如今它终于能和中国读者见面了，这是一件大好事。

这是一个媒介和媒介机构的本质属性都在发生巨变的时代。这些变化对全球范围内的政治、社会和文化的组织形式产生了巨大的影响。我们都在这其中寻求对"媒介"的理解。那些我们称为"媒介"的内容和界面在变，这常常带来迥异的产业模式，但切记不要忘记媒介所做事情的核心是表达那些它们关于社会的主张，也不要忘记它们作为媒介机构，所极力维系的自身合法性。

中国是目前世界上人口最多的社会，她所面对的如何组织社会、政治和媒介之间关系的问题比其他任何地方都要复杂。所以，在思考这些重要的相互关系时，中国是一个不可或缺的参照系。在媒介机构如何获取社会重要性这个问题上，有一个关键的方面长久以来被忽略了，即媒介所展现出的仪式维度。当我早先在这本书里开始思考媒介的仪式维度时，我的实地研究主要集中在英国，尽管我试图构建一个更具普遍性的理论。后来，我很高兴地看到我关于"媒介仪式"的理论被一些中国学者应用于《超级女声》这样的中国媒介现象。尽管中国媒介、社会和政治系统的复杂性显然要远远大于英国，我还是希望这本书能够对于我们认识媒介机构如何声称自己"代表"整个社会，甚至是恩赐给我们通往社会"中心"的入口等主张有所裨益。在这本书的2003年版中，我第一次使用了我称之为"关于媒介化中心的迷思"这一说法，今天我仍在使用这个说法。事实上，我们可以说，在传统媒介机构（和依附其上的社会治理模式）受到越来越多挑战的时候，重申媒介机构及其所传播文本的社会中心性的需求非但没有减少，反而与日俱增。

这本书思考的是大规模机构化产生的媒介如何在大型社会中维系其作为全民注意力焦点（通往社会的一扇"窗户"）的角色。十年之后再读，它暗示出另一个问题：那个我称之为"关于媒介化中心的迷思"还会长久存在下去吗？如果不会，那么媒介化的社会将以不同以往的社会和政治形式呈现。例如说，媒介不再保证给予专注于国家的那种政治活动以"呈现空间"［用政治哲学家汉娜·阿伦特（Hannah Arendt）的话说］。尽管这种情况不大可能很快、很直接或不受抵抗地发生。

因市场与国家机构关系的盘根错节和复杂且备受争议的政治喉舌地位，中国的媒介机构在未来的不确定性比其他任何国家或地区都更引人注目。这本书并不伪称能提供这些问题在中国的答案，但它确实能提供一些框架用于思考中国媒介机构在未来十到二十年会如何发展。

我期待看到本书可能带来的学术争鸣。我确信如果我有幸能追踪到它们，则它们将对我未来关于媒介仪式维度的思考产生重要影响。

最后,我要感谢本书的译者崔玺博士的出色工作,使这本书能到达你们——我的中国读者——手中。同时,感谢中国人民大学出版社高效地出版了本书。

尼克·库尔德里
伦敦
2016年4月

我们的行为准则与我们的社会生活方式一样充满了矛盾与不和谐,就像我们的社会结构一样。

——诺波特·埃利亚斯《文明的进程》

(Norbert Elias,1994:520)

当代社会恰恰因其自身的动态关系而变得愈发不可捉摸。

——埃内斯托·拉克劳《对我们时代的革命的重新思考》

(Ernesto Laclau,1990:67)

"这……这是真的吗?"我环顾屋里,寻找着摄像机、灯光的迹象,或者其他什么隐藏的证据能证明之前或者现在正有剧组在隔壁房间,通过特意在红黑相间的墙上钻好的小孔偷拍我。

"沃德先生,你说'真的'是什么意思?"帕拉孔问道。

"我是说,这跟电影一样吗?"我一边问一边在椅子上挪动身体,"这个正在被拍下来吗?"

"不,沃德先生。"帕拉孔礼貌地说,"这不像电影一样,你也没有被录像。"

——布雷特·伊斯顿·埃利斯 *Glamorama*

(Bret Easton Ellis,2000:425)

前　言

"媒介仪式"这个标题预示着一个已经存在但需要解释和整理的媒介研究领域。事实上，情况更加复杂。人们常用有关仪式的语言谈及媒介。有一些与媒介相关联，并且可以恰当地叫作"仪式"的东西正是本书的主题。但我们需要批判地对待那些关于社会"秩序"的假定，以及媒介在这种秩序中的位置。这些都是谈论媒介仪式的基础。我将开拓一条反对把媒介仪式或更广阔的媒介过程浪漫化的学术路径。

"媒介仪式"这个题目纵贯传统的媒介研究的组织结构，也与社会有一个"中心"，或媒介是通往这个"中心"的路径这样的假设相交。这些假设通常充斥着媒介研究和媒介社会学。我们需要从多个角度挑战这些假设：不是通过哲学阐释（比如后结构主义者德里达的精妙论述为诠释一个电视脱口秀或者某个国葬的电视直播提供了一些思路），而是从最微观和最宏观的角度，对媒介"代表"（stand in）社会的中心这样的想法是怎样被建构起来，并且这种想法是怎样被自然化的来进行社会学研究。从这个另类的出发点，我们可以更清晰地了解媒介机构自身在分配社会权力方面的优势地位。

这本书延伸了我前一本书《媒介权力的所在》（Couldry，2000a）的观点。该书论点的某些角度在本书里得到了更全面的陈述，但在很多其他方面，特别是我做出的与人类学的连接，这本书是很新颖的，扩展了我早先论断的范围，也阐明了其启发意义。

自从 2001 年 1 月以来，我极大地受益于伦敦政治经济学院的氛围，特别是得到罗杰·西尔弗斯通（Roger Silverstone）带领的 Media@lse 里一群杰出同事的大力支持以及很多天才学生的激励。我特别要感谢我"媒介、仪式与公共生活"（Media, Ritual and Public Life）硕士课程上的学生所带来的启发和洞见。

还要非常感谢劳特利奇（Routledge）出版社的瑞贝卡·巴登（Rebecca Barden）和克里斯托弗·丘多摩尔（Christopher Cudmore）对这本书的支持，感谢安妮特·希尔（Annette Hill）和劳特利奇出版社其他匿名评阅人大有裨益的评语。

本书的一些内容已经以不同形式公开发表过。第五章的一部分是 2000 年 6 月在伯明翰大学的"文化研究的十字路口"（Crossroad in Cultural Studies）学术会上"关于地点、规模和权力的对话"（Dialogues on Place, Scale and Power）讨论组里的发言，也是 2001 年 5 月在美国华盛顿特区电影研究学会年会上关于"边界工作：当代电影与电视生产"（Boundary-Work: Contemporary Film and Television Production）讨论组的发言 [感谢安娜·麦卡锡（Anna McCarthy）和薇姬·迈耶（Vicki Mayer）分别组织了这些讨论组]。第六章的一部分是 2002 年 1 月在威斯敏斯特大学 MeCCSA 大会上一个关于"真实电视"（Reality TV）节目的发言（感谢安妮特·希尔的组织工作）。还有一些内容是在纽约大学文化与传播系媒介权力讨论课上（2000 年 4 月）、在伦敦政治经济学院媒介研究讨论课上（2001年2月）、在SOAS媒介研究讨论课上（2001年11月）的发言：感谢组织者泰德·马格德尔（Ted Magder）、罗杰·西尔弗斯通和马克·霍巴特（Mark Hobart）。感谢这些活动中的听众，他们的意见对我有很大启发。

我非常感激罗伊·比盖（Roy Buegi）、温蒂（Wendy）和大卫·莱恩（Dave Laing）允许我转载他们网站的两个网页。这个网站专门刊登人们走访《恶徒》（*The Sandbaggers*，格兰纳达电视公司，1978—1980）拍摄地的照片。

还有很多朋友和同事与我讨论过与本书有关的问题。对本书论点有莫大帮助的（值得特别感谢的）有马克·安德烈耶维奇（Mark Andrejevic）、克里斯·阿东（Chris Atton）、卡琳·贝克尔（Karin Becker）、约翰·考德威尔（John Caldwell）、亨利·吉鲁（Henry Giroux）、托德·吉特林（Todd Gitlin）、大卫·赫斯蒙德霍（Dave Hesmondhalgh）、马特·希尔斯（Matt Hills）、马克·霍巴特、布莱恩·凯利（Brian Kelly）、索尼娅·利文斯通（Sonia Livingstone）、彼得·伦特（Peter Lunt）、安娜·麦卡锡、凯文·罗宾斯（Kevin Robins）、克莱门西亚·罗德里格斯（Clemencia Rodriguez）、罗杰·西尔弗斯通、蒂奇亚娜·泰拉诺瓦（Tiziana Terranova），还非常感谢加里·霍内尔（Garry Whannel）阅读了第六章的草稿并提出了宝贵的意见。我要特别感谢马特·希尔斯在最后阶段阅读了一些章节，提出了很多深刻的批评和意见。当然，所有遗留的错误都是我的责任，而绝不是他们的。

我要真心地感谢我的妻子露易丝·爱德华兹（Louise Edwards），感谢她在这段特别繁忙和吃力的日子里给我的支持；简单说，没有她，这本书不可能写得出来。

这本书要献给我的父亲，菲利普·库尔德里（Philip

Couldry)。他深深地知道个人为了坚持自己的良心，而非接受所谓的社会和媒介的现实所需要付出的代价。

尼克·库尔德里
伦敦
2002 年 7 月

目 录

1　第一章　媒介仪式：长的和短的路径
24　第二章　仪式与阈限性
42　第三章　仪式空间：解开关于中心的迷思
62　第四章　对媒介事件的再思考
85　第五章　媒介"朝觐"与日常的媒介边界
108　第六章　现场直播的"真实"与监视的未来
131　第七章　媒介化的自我表露：在互联网之前和之后
153　第八章　超越媒介仪式？

164　注释
175　参考文献
189　索引
208　译后记

第一章 媒介仪式：长的和短的路径

……熟悉的并不一定是了解的……

——勒菲弗（Lefebvre，1991a：15）

关于媒介对社会生活的影响，有些东西有点怪异，甚至是让人迷惑的。从首相拉姆齐·麦克唐纳（Ramsay MacDonald）对英国的电视"发明者"[1]约翰·洛基·贝尔德（John Logie Baird）的反应就能看得出。麦克唐纳为电视这个"绝妙的奇迹"而感谢他，因为这个奇迹"带入他屋里的那些内容时刻提醒他这个世界是多么怪异和陌生"[2]。但现在，要理解前面说的那种迷惑，我们必须抛开我们所熟悉的电视和电视里展现的那个世界。那种怪异感来自别处，来自我们对媒介对社会影响的无知。理解媒介意味着谨记这一点：熟悉的并不一定是了解的，所以首先要把它当作陌生的东西来看待。

这本书通过理论，不是抽象的理论，而是基于实证研究的理论，来了解我们认为媒介最难被理解的一面：即使把所有媒介文本和它们在媒介工业中的来源研究个遍也很难触及这一层面。我们仍然需要解释媒介在给我们的生活施加秩序、对我们的社会空间进行组织时的角色。当我们给予媒介不寻常甚至不必要的注意力时，当媒介作为一种社会存在，看起来代表着我们共有的生活中最本质的东西时，我们要问为什么。为此，我们必须透过超乎寻常的广角镜来审视社会生活是如何通过这个拥有特殊权力的媒介系统得以"传递"（mediated）的[3]，同时，我们的行为和想法又如何被卷入这个过程。这里，我引入"媒介仪式"（media rituals）一词来探讨这个领域中的一个方面。

我并不用"媒介"（media）一词泛指所有媒体或中介的过程，而是特指那些处于中枢地位的（central）媒体（主要是电视、广播、报刊，但有时也包括电影和音乐,也越来越多地指以计算机作为中介的传播,比如互联网)。近来有人论证,比如托德·吉特林(Todd Gitlin, 2001: 10),对各种媒介的分开研究忽略了我们媒介体验中的一个维度,那就是我们"与躲不掉的媒体同在"的感受。这是对"媒介本身"(*the*① media)的常识性认识,尽管在媒介数字化的时代,这种认识的精确的参照点已经开始发生变化。媒介(在这个意义上讲)其实是我所谓"关于媒介化中心的迷思"(the myth of the mediated centre)的基础:这一观点或假设认为我们的社会有一个中心,并且,从某种意义上讲,媒介代表那个中心发言(speaks for)。我们把电视、广播和报刊(越来越多的是互联网)当作社会中心,接受其占据我们生活的合法性,这些观念完全植根于这一迷思。如果符号权力是社会认可的"构建社会真实的权力"(power of constructing reality, Bourdieu, 1991: 166),那么我所批判的这种迷思可以有另一种表述:我们对符号权力集中于媒介机构是合理的这一观念的接受。我敢断言,媒介仪式正是这种假定的合法性得以复制的关键机制。

"媒介仪式"是一个有艺术性的词,可以用长、短两条路径去解释它。长路径会在第二章和第三章里从理论上展开,然后在第四、五、六、七章中从不同角度做探讨。之所以需要一条长路径,是因为,如这本书的副标题"一种批判的视角"(a critical approach)表明,我既要利用也要批判我们对这个术语下意识的理解。我希望重新思考"仪式"的常识性意义,从而论述当代媒介对社会空间影响的复杂性。理解"媒介仪式"不是简单地把某些特殊的表演(仪式)拎出来进行解读,而是要把握整个社会空间。在这个空间中,任何涉及媒介的东西都可能成为类似仪式的东西。我把这种更广阔的空间叫作"媒介的仪式空间"(the ritual space of the media)(本章后面会做详细讨论)。

简单地说,"媒介仪式"指任何围绕关键的、与媒介有关的类别和边界组织起来的行为。这些活动的表现形式强化着这样一种价值观,即"媒介是我

---

① 本书英文斜体凡未作说明的,均为作者所加,以示强调。——译者注

们通往社会中心的大门",并使这种价值观合法化。通过媒介仪式,我们把媒介是社会中心这一迷思付诸行动,实际上是将它自然化了。"媒介仪式"这个术语涵盖了丰富的内容:从某种"仪式化"了的电视收视行为,到人们谈论上电视上报纸之类的事情,再到当得知某位媒体名人走进来时我们"下意识地"投去关注的目光。即使是通过这样一个短路径来理解这个术语,我们也需要一点背景解释。

理解"媒介仪式"的短路径

在人类学里,"仪式"有三种广义的解释。

(1) 习惯性的行为(任何习惯或重复的模式,无论其是否有特殊的意义)。

(2) 形式化的行为(例如,在某一文化里对餐桌有规则且有意义的摆放方法)。

(3) 涉及某种更广义的价值观的行为(比如圣餐,在基督教中它包含着与终极价值——上帝——直接接触的意味)。

第一种解释没什么意思;有的时候在日常用语里,我可能谈到下班回家我总是先喝上一杯,并吃点零食这一"仪式"。但在这个例子里,"仪式"这个词指的不过是规律性的行为或习惯。第二和第三种解释更有意思,而且可能有所重叠。形式化的行为超越了习惯,因为它意味着"仪式"涉及赋予行为以意义的一种可辨识的模式、形式或外观。第三种看待"仪式"的角度——一种涉及或是把更宽泛甚至是形而上的意义寓于其中的行为——能兼容第二种解释(其实正是仪式的形式性使其与某种形而上的东西相关联),但这里把关注的重点从纯粹的形式这一问题转向了仪式性的行为所表达的某些价值观。

为什么对"仪式"的第二和第三种解释(或者是二者的结合)能帮助我们理解当代媒介呢?这难道不是对我们生活在一个"去传统化"(de-traditionalisation)的时代这种论断(Heelas et al.,1994)的公然挑衅吗?这种解释是不是忽略了媒介内容生产和媒介技术的逐渐倍增与多样化这一事实呢？最后，有人说"信息社会"里不可能存在像仪式性中心这样稳定的东西，在全球化"流动的空间"（space of flow）(Castells，1996；Lash，2002)中只有暂时性的规律。这种解释不是对这一论断的无视吗？

全面回答这个问题是整本书的任务，但我们目前暂时有一个简短的答案。就像仪式化的行为把我们的注意力转向"其他东西"——一个超越了（over and above）具体行为细节的、更广义的、形而上的模式[4]——从而提出了关于形式的诸多问题；同样，媒介对当代社会生活形式的影响——那些，只有寓于其中时社会生活的具体细节才算合乎情理的、更广阔的、形而上的模式——才是我想通过"媒介仪式"这一术语所捕捉的东西。现有的概念框架不足以为媒介实践提供更详细的描述；我的观点是，只有通过一个新的概念，我们才能深入到日常媒介实践那看上去无序的表面之下。我希望，一旦这样做了，我们将会发现更多预想不到的秩序和规则，并在这个过程中为媒介与社会理论以及人类学理论添砖加瓦，因为如今不仅仪式，就连媒介化（mediation）也成为其中心议题。[5]

"媒介仪式"这个术语可以指很多情形。在这些情形里，媒介自身替代，或看上去替代了更广义的、与基础层面的组织形式相关的东西。在那个基础层面上，我们是，或者把自己想象成是相互关联的（connected）社会成员。我将用几个具体的例子来探讨这个概念的有效性：从媒介事件（第四章）到去媒体现场朝觐（第五章），到媒介宣称自己能反映现实（第六章），再到媒介作为公开展示自我的场所（第七章）。但是，我决不想通过引入"媒介仪式"这一术语来把媒体和媒体在权力问题上的意义神秘化，而是意在把"媒介仪式"与它的通常的意义相剥离。

人们通常说"仪式"制造或维系社会整合（social integration）。这种解读与从伟大的法国社会学家埃米尔·迪尔凯姆①（Emile Durkheim）发展而来的对社会的认识相关联。迪尔凯姆是19世纪晚期和20世纪早期重要的法

---

① 迪尔凯姆又译作涂尔干。——译者注

国社会学家，比其他任何人对我们理解复杂的现代社会是如何凝聚在一起的——如果事实确实如此的话——这一议题的贡献都大。他在《社会分工论》(*The Division of Labour in Society*，1984)和《宗教生活的基本形式》(*The Elementary Forms of Religious Life*，1995)这两本相对照的书中探讨了这些问题。对后者的一种解读强调了迪尔凯姆思想中认为仪式与社会整合牢不可破的联系。对迪尔凯姆的重要性，我将提供另一种解读。我将追随莫里斯·布洛克（Maurice Bloch）和皮耶尔·布尔迪厄（Pierre Bourdieu）这样的人类学理论家。他们认为仪式并不在于确认我们共同分享了什么，而在于巧妙处理冲突和掩盖社会不平等。遗憾的是，在媒介分析中，每次"仪式"都被放在一个相当传统的语境中（这来自对迪尔凯姆的宗教社会学的某种特定解读）。仪式的"功能"被看作确认一个已经建立的、多少是自然而然的并且毋庸置疑的社会秩序。

相反，我们需要重新思考"仪式"，包括"媒介仪式"，以及迪尔凯姆关于仪式的社会重要性的模型，从而为新的概念关联腾出空间：当代媒介机构的权力与现代社会治理形式之间的关系（Giddens，1985），对仪式的认识与作为监视的纪律性行为惯习（the disciplinary practices of surveillance）的关系也即迪尔凯姆与福柯（Foucault）之间的关系。长久以来，媒介理论家们一直在分析媒介权力中极其引人注目的案例（那些实况转播的加冕或国葬之类的盛大的媒介事件），却从没考虑治理、统治的问题。如阿芒·马特拉（Armand Mattelart，1994）所说，其结果是我们对媒介在现代性中所扮演角色的解释苍白无力。相比之下，那种纯粹的福柯式话语分析强调流动性、离散性和间断性，则很可能低估了当代媒介化社会中面向秩序的内驱力（pressures towards order），这种压力真实存在且始终如一。（这只是我们对福柯的猜测，因为如同迪尔凯姆一样，福柯没有分析现代媒介。当然这要比迪尔凯姆更不可原谅！）[①] 这就是为什么本书要同时援引迪尔凯姆和福柯的理论，以及

[①] 作者指福柯主要生活在 20 世纪中后期，那时现代电子媒介已经相当发达，并成为社会生活不可或缺的一部分。而迪尔凯姆主要生活在 19 世纪，那时候现代意义上的大众传播还不发达。——译者注

他们之间的很多其他观点，来理解媒介是如何与当代"社会秩序"的话语相缠绕的。我们有必要先讨论一下"社会秩序"这个艰深的术语。

理解媒介化社会的"秩序"

不立足于更广阔的社会理论，我们就无法分析当代媒介的社会影响。毕竟，媒介在凝聚当代社会的过程中扮演怎样的角色是一个基础性问题，如果事实上它们确实扮演了角色的话。我采取一种后迪尔凯姆观和反功能主义的路径来处理这个问题。

我这么说是什么意思呢？首先，采取后迪尔凯姆观的角度并不是不拿迪尔凯姆的社会理论作为一个参照点，而是彻底地重新思考我们与迪尔凯姆思想的关系。其次，采取"反功能主义"视角意味着反对以任何形式对社会做本质化的理解（essentialist thinking about society），不仅反对以功能主义解读社会运作方式（以及媒介在其中的作用），也同样反对把社会看作本质上无序和混乱的东西。这两点是相关联的。当对迪尔凯姆进行反功能主义解读时，很多社会学者看不到社会秩序这个概念能如何帮助他们理解当代媒介修辞。这些观点需要进一步解释。

从迪尔凯姆开始

诚然，除迪尔凯姆外还有其他研究"仪式"的源头，但是要通过仪式研究更广阔的社会秩序问题，迪尔凯姆的宗教社会学（特别是《宗教生活的基本形式》）是躲不开的参照点。正是迪尔凯姆本人坚持要抓住那种超越日常生活的社会生活维度。他称之为"严肃的生活"（the serious life, *la vie sérieuse*）（Rothenbuhler，1998：12-13，25），并把宗教看作它主要的，虽然不是唯一的表现形式。但是，迪尔凯姆对"宗教"一词有特殊的理解。他认为宗教，

首先和本质上是一个理念体系，通过它人们可以想象自己作为其中

一分子的社会，以及自己与社会既模糊又亲密的关系。

(Durkheim，1995：227)

于是，宗教对于迪尔凯姆来说并不是关于宇宙秩序的（无论宗教声称自己是什么），而是社会成员想象社会纽带的途径，人们作为群体成员共享这个纽带。没有分析当代宗教，迪尔凯姆却从土著社会对宗教习俗的"起源"作了某种推测，这恐怕是"扶手椅人类学"(armchair anthropology)① 里最杰出的成果了 (Pickering，1984：348)。迪尔凯姆认为，我们是社会中相互联系的成员，这种体验是我们对这个世界进行最重要的类别区分的基础（例如，但不局限于，神圣与凡俗的区分。迪尔凯姆认为这种区分是所有通常意义上的宗教的基础）。

这个论断可以分成三个阶段：

（1）在某些重要的时刻，我们会明确地感受到自己作为社会成员的体验，感觉到自己身处其中的那个社会整体。

（2）至少在迪尔凯姆对土著部落的想象中，我们在那些时刻所做的事情是一种仪式。这些仪式专注于某些引发敬畏的事物，比如图腾，以及专注那些用来确认这些事物的神圣意味，或保护它们免受其他（凡俗）事物的亵渎。

（3）那些对社会生活起组织作用的最重要的分类过程正是因这些区分——首先就是"神圣"和"凡俗"之间的区分——而产生的。在迪尔凯姆看来，这解释了宗教和宗教行为的社会起源，以及神圣与世俗的区分在社会生活中的中心地位。[6]

迪尔凯姆在当代的适用性

为什么今天我们还对迪尔凯姆的论述有兴趣，或者是广义而言，或者是对一本关于当代媒体的著作而言？尽管迪尔凯姆的（如果确实算得上是）洞见所依赖的研究方法既算不上靠谱的人类学研究，也算不上真正的对现代宗

---

① 一些人类学家常年在办公室里依赖第二手资料，主要是其他人类学家的田野笔记和论述，进行研究。他们常被称为"扶手椅人类学家"。——译者注

教的分析（即使和它自己比）[7]；但是为什么那么多从不同角度研究社会秩序的当代表现形式的学者对迪尔凯姆的思想如此着迷呢？矛盾的是，迪尔凯姆的洞见，尽管从过去的时代得来，却在事实上指向了当代社会学中一个紧要的问题：社会是如何凝聚在一起的，如果确实凝聚在一起的话，社会成员又怎么能感受到那就是（as）社会呢？更具体地说，到底有没有某些中心性的类别，使我们能通过它们感受到现代社会呢，它们又来自哪里呢？

关于媒介的社会权力的某些有影响力的解释以此为起点，我们就称之为"新迪尔凯姆观"（neo-Durkheimian）。它有两个版本，一个是鲜明的迪尔凯姆主义，另一个强调得少一些。第一个基于对媒介事件这样的特殊时刻的分析。其观点是，在这些特殊时刻，当代社会中的成员通过媒介聚集在一起，并认识到他们相互之间构成一个社会整体（Dayan and Katz, 1992）。显而易见的例子包括通过电视直播的国家大事，比如国葬、加冕、就职等等。与之相比，第二种论述从日常收视向外推展（Silverstone, 1981; 1988）。如果电视［借用迪尔凯姆（Durkheim, 1995：222）关于图腾的语汇］是"社会生活中永恒信守的元素"（the abiding element of social life）[8]，那么通过电视（以及广义的媒介）里各种不同的叙事和解读模式，我们每天都与更广阔的社会相连。

新迪尔凯姆观的第二个版本，我想论证，它比第一个更令人满意，因为它坚持关注媒体，特别是电视在把社会生活组织为一个整体方面所扮演的角色（Silverstone, 1994）[9]，而非只关注那些不寻常的媒介事件。那些媒介事件的修辞形式也许总是被一部分人拒斥（见第四章）。但这两个版本是一个硬币的两面：我们通过媒介事件所感受到的那种超乎寻常的同在感（togetherness）正是一种更明显的（仪式化了的）浓缩了的团结凝聚。当我们例行公事地打开电视或收音机、上网查看新闻以了解"世界怎么样了"的时候，我们便把这种团结凝聚付诸行动了。

这些新迪尔凯姆观的论述有一大优点就是：不像很多其他研究媒介的手法，它们对我们与媒介的关系给予了严肃对待。这比我们对影像的各种纷繁复杂的消费形式重要得多。这些论述与本书都试图探讨媒介的社会影响中这个"超乎寻常的"（excessive）维度，但它们又都与我的论述有重要的不同。不同之处在于我提出对迪尔凯姆的使用［我们可以称之为"后迪尔凯姆观"（post-Durkheimian）］应该强调社会建构的过程。这一过程正是对仪式进行迪尔凯姆或新迪尔凯姆式的分析能恰当解释当代社会的原因，也是我们所说的"媒介仪式"的基础。

我将在全书中论证，我们其实不是如新迪尔凯姆观所说的那样被当代媒体召集到一起。即使在媒介事件这样最戏剧性的案例中，那也只是看上去如此；在大多数情况下，那纯粹是"习惯性的期待"（conventional expectation）（Saenz，1994：576）。要解释媒介仪式性的一面，我们必须颠覆对迪尔凯姆的解读，或者至少颠覆迪尔凯姆那些最有影响力的解读者。关键不是"仪式"一词所昭示的什么古代的东西，甚至都不在于那个古代的东西对今天的影响，而是一种现代性里——其实是后现代性里——本质的东西，即权力和社会组织大规模的集中化。

重读迪尔凯姆

然而，我需要明确我具体将如何使用或不使用迪尔凯姆关于宗教生活"起源"的著作。

第一，迪尔凯姆关于宗教的社会起源那些推测性的和笼统的主张饱受批评（Gluckman，1971：9-10；Pickering，1984：354ff.）。在套用其某些观点的同时，我们必须提出比他更好的观点。尽管困难，我们也必须试着把迪尔凯姆观点里不够明确的实证链条具体化，即介于我们对世界的类别化与我们对仪式和作为一个群体（Lundby，1997：147-148；Pickering，1984：401-402）的共同体验之间的链条，还有媒介对类别化和我们的体验这二者的介入。这意味着对迪尔凯姆观点的某种复杂化。

第二，既然至少有两种解读迪尔凯姆的途径，我们要澄清我们选择哪一个。一种解读强调集体情感的基础性重要地位——作为集体的成员同处一地的集体感——迪尔凯姆称之为"集体欢腾"（collective effervescence）(Pickering，1984：407）。另一种解读强调的不是集体感受而是知识：我们对世界的认识所依赖的那种认知过程和类别化（这在空间上不可避免地更加分散，且不要求我们在一个地方聚集）。两种途径都对我们思考媒介更广阔的社会影响有重要帮助。但我的重点将主要集中于第二点，"认知"解读（Maffesoli，1996a；1996b；Mestrovic，1997）。[10] 只有从认知方面的解读才能抓住媒介仪式与社会生活之间无处不在的结构性联系，因为这种解读以日常实践中的类别化为参考。简单地说，那种作为媒介仪式基础的思维过程在日常生活的思维中得到共鸣，这远远超出了局部的、有时是情绪化的媒介仪式情境本身。[11]

第三，迪尔凯姆关于"原始"的社会体验——一场在沙漠里临时性的集会——只能被看作了解大范围的、离散的、复杂的现代社会，以及它如何凝聚的起点，如果它确实凝聚的话。事实上，迪尔凯姆自己已经在《社会分工论》（1984）中论述过，现代社会的凝聚不依赖于机械团结（mechanical solidarity）（即当人们聚集在一起时所表达的对相互的相似性的激动情绪，这是他后来从仪式与宗教起源中看到的）。他论述，现代社会主要是被基于经济生活和劳动分工的"有机团结"（organic solidarity）连接在一起的：那是一种社会角色完全不同的人之间的系统性关联。

新迪尔凯姆观者认为电视代表了一种对早期社会习俗的"回归"，技术是强化"机械团结"的新形式。[12] 他们对媒介的这一论述基本上忽略了迪尔凯姆本身论著中的复杂性。乍看起来，这种对当代社交形式的解读非常不合理。我们能把某个社交集会，比如一年一度的音乐节，当作更广阔的社会分类化的来源（source）吗？就像迪尔凯姆想象的"原始"社会里的集会那样？环顾一下任何类似的集会，你会很快从人们的衣着、身体装饰、语言等方面发现数不尽的其他空间和历史的迹象，所有迹象都和那个集会无关，且不是为了专门在那个场合展示的。他们简单地认为空间被"代表"了。这一观念与文化地理学里的洞见相抵触。文化地理学认为任何地方都有很多互不兼容（incompatible）的历史交错在一起（Massey，1994）。所以，当代社会并不存在一个与迪尔凯姆所说的那种社会中所有中心意义和价值都极其重要的、与沙漠里的图腾崇拜仪式类似的东西。但迪尔凯姆的论述仍然能帮助我们抓住社会归属感在当代的修辞形式,以及媒介在其中的作用,前提是我们要用更复杂的模型解释那些修辞形式。

超越功能主义

这意味着避免那种功能主义,即许多人对迪尔凯姆及其后继者的批评。[13]

既不是过于强调秩序

当对社会性也就是我们的社会价值观以及它们与社会秩序的关系[14]进行功能主义的解释时,我们在对那种关系直白的描述之外做出如下额外的假设:

(1) 任何这样的关系都不是偶然的,而是社会整体及其组成部分"发挥功能"的必然结果。

(2) 存在所谓的"社会整体"这一事物,通常认为它存在于国家领土这个层面上。

(3) 社会整合是人类社会的主要社会学特征,而非次要或偶然性的。

后面我会逐渐澄清,在思考媒介仪式的时候,我不想做任何以上这些假设,而且我也不想过分强调社会凝聚力在多大程度上实际存在。相反,我希望利用迪尔凯姆对社会秩序的关注来帮助我们分析当代对社会凝聚力的认识,以及媒介机构和媒介实践对社会凝聚力的贡献。这意味着追随皮耶尔·布尔迪厄(Bourdieu, 1991: 166)对迪尔凯姆彻底的重新诠释。布尔迪厄认为迪尔凯姆作为一位思想家对社会分类感兴趣,不仅仅因为那些类别体现了关于人类思维或社会结构一些普遍性的东西,而且因为迪尔凯姆把这些类别内在的普遍性看作关于社会"秩序"的根本性但又高度政治性的维度。

这意味着把那个指引迪尔凯姆研究的、关于社会秩序的问题放到台前:以怀疑的态度看待当代媒介化的社会是否真正团结凝聚(在或不在媒体的帮助下),以及(由此引申)警惕把关于当代社会整合的修辞表述应用于"西方"的现代性版本之外。将历史维度加入这种分析[15]中意味着考虑其他非常不同的、通向复杂的社会组织的路径,以及减少对冲突与权力的条块分割式的学术分析(Sahlins, 1976: 120)。建立在仪式"整合"社会这一观念背后的"社会性"概念本身也是不断被生产的结果（Hall，1977：340）；那种我们通过媒介在某些特定的"地点"和时间"聚集在一起"的观念也是一样。最后一章（第八章）会引用西方以外的观点以跳出媒体是社会中心这一观念。

也许我的论点仍然有被看作功能主义的危险，因为它非常严肃地对待媒介有某种功能这样的论断，不是说这一论断是真的，而是说它很有影响。但正如以色列人类学家唐·汉德尔曼（Don Handelman）解释的那样，严肃地对待公众事件具有代表性这一论断（他觉得公众事件比"仪式"一词更好）并不说明我们有义务站在功能主义立场上。我仅仅是承认任何社会网络都倾向于拥有媒体。

> 成员们通过它相互传达他们一致认同的集体的特质，仿佛这些特质确实在某段时间内构成一个明晰的实体。公众事件就是这样一种集会。
>
> （Handelman，1998：15）

在被高度集中的媒介形式主导的当代社会中，迫使人们相信这种"集会"的话语压力非常大。任何事情的运转仿佛[16]都是因为有一个运作正常的社会整体的存在，媒介和媒介仪式在不同程度上建构着这一观点，这也是我们要研究它们的原因。所以，尽管困难，迪尔凯姆的"原始"模型还是能帮助我们抓住一个完全是现代性的论断，即当代媒介使国家和社会团结统一。

也不是不讲秩序

我的研究路径也应该与后结构主义者的立场区分开，他们主张社会秩序存在的可能性本身已经被彻底动摇了。反实在论的观点，比如那些受德勒兹（Deleuze）和瓜塔里（Guattari）影响的观点，有可能掩盖那种教人相信社会秩序的社会压力，认识不到那种压力是多么普遍和持久。埃内斯托·拉克劳（Ernesto Laclau，1990）在他《对我们时代革命的新反思》（*New Reflections on the Revolution of Our Time*）一书中有一篇短文《社会的不可能性》（The Impossibility of Society），其中很好地表达了这种矛盾。他指出即使在哲学上我们把"差异"看作基础性和根本性的东西（幸运的是，我在这没有必要非得论及这个问题），我们仍然需要意识形态这个概念，把它作为因情况而定但又反复出现的社会过程。这一过程使我们看到有意义的"秩序",即使它并不存在。不可否认,德勒兹和瓜塔里的著作强调了他们所说的去领土化(逃避秩序)力量与再领土化(重新强加秩序)力量之间的对立。这与本书的观点有一点微妙的不同。信息、资金和人在全球范围的加速流动"摧毁了通过长期的、缓慢的建构过程(对社会)的再生产",也就抹杀了"符号性的东西"(Lash,2002:215)。即使这一论断一开始听上去很有道理,但它却忽略了一个事实,即秩序的原则在某种程度上仍然存在。这些原则不仅仅弥补了隐含的无序,也植根于我们是谁、我们属于哪里这些观念的中心。当然,关于这个复杂的问题要说的还很多。最近,哈尔特(Hardt)和内格里(Negri)在"帝国"理论里对德勒兹和瓜塔里进行了彻底的反思。他们论证,并且,也许在某些方面解决了一个类似的问题(Hardt and Negri,2000:especially chapter 1,section 2),但在这里无法进行详细探讨了。

图1—1也许可以帮助总结本书在这些令人费解的抽象问题上的立场。

图1—1 社会秩序/无序的迷思/模式

要论述媒介在维系我们对社会秩序的感知中所起的作用,我们需要时刻盯住那两条实线。第一条代表事实上的秩序水平(权力的集中程度),第二条代表与秩序并存的社会相对无序和混乱的程度。同时,我们要拒绝(并且看透)关于社会过程的两种对立的迷思,由图中两条虚线代表。第一条代表关于根本性秩序的迷思(功能主义),第二条代表根本性无序的迷思(一些后结构主义立场)。两种迷思都掩盖了当代社会生活中真实的(尽管是相对的)秩序和无序。两种迷思里都有媒介的身影,特别是在第一种中。这就是为什么我们在思考媒介仪式的时候需要跳出媒介仪式，而不是和它们站在一起。面对当代媒介仪式的盛宴，我们要做存疑的旁观者，而不是不假思索的赞美者。我们在第八章中会看到，理解媒介仪式的远期目标是帮助我们想象一个没有媒介仪式的社会。

本书针对媒介仪式的视角不是同情的而是批判的。然而，这个版本的媒介批判与之前很多版本的不同在于，这个视角不认为媒介不断生产某种来自媒介系统之外的特定意识形态（统治阶级或其他什么）。马克思主义模型直截了当地对当代社会如何维系秩序进行了分析（其实其中隐含着功能主义），其局限性已经被批判很久了（Mann，1970），但在媒介社会学里我们还没能发现一种明晰的替代理论来完整解释媒介化社会中无处不在的趋向秩序的引力。我试图通过解构"媒介权力的意识形态"的一个方面来提供这样一种解释。"媒介权力的意识形态"是一种综合的意识形态，它自然而然地认为媒介是通向当代社会现实的大门。[17]当然，这种关于"中心性"的意识形态并不阻碍对其他特定的意识形态（对于"自由市场"的迷思或国家民粹主义）进行有效的再生产，事实上还在很多方面与它们紧密互动。但它需要一种独特的分析：这些特定意识形态展现于某种框架之中〔"媒介框架"，参见库尔德里（Couldry，2000a）〕，我们要对这个框架进行分析，即解构媒介仪式里那些通常是很普通的细节，这种分析具有更大的潜在批判力。[18]

在整个社会空间中追踪媒介仪式

如我前面所提议的，要想彻底重新思考（radicalising）迪尔凯姆对"社会秩序"的分析，我们需要超越他提出的局限于对仪式如何起作用的因果分析。具体怎么做呢？

仪式（包括媒介仪式）研究中的非功能主义视角不大关注仪式本身作为对这种或那种观念的表达——毕竟，那能说明什么呢？——而是更关注社会中更宏观的"仪式化"过程，像（媒介）仪式这样的东西完全是在这一过程中形成的。"仪式化"（ritualisation）这个词与近来宗教人类学中对仪式的思考发生转变有关。特别是凯瑟琳·贝尔（Catherine Bell，1992；1997）的著作不仅吸收了迪尔凯姆，而且还有布尔迪厄和福柯的理论。"仪式化"引导我们关注仪式行为和更广阔的社会空间之间的关系，且特别关注行为实践和观念信仰之间的关系[19]，第二章将对这一点做更全面的解释。仪式化存在于整个社会生活中，并使得具体仪式行为成为可能。

媒介的"仪式空间"

重要的是把仪式分析的重点从意义的问题转向权力的问题。[20]权力与某种当代仪式的关联，正如同"媒介权力"（也就是符号权力在媒介机构中的集中）[21]与媒介仪式的关联。迪尔凯姆的著作里有一个维度就是对符号权力的关注（它被新迪尔凯姆观的解读忽略了）（Bell，1992：218；Bourdieu，1991：166），但要将其彻底展开，需要关注仪式发生于其中而迪尔凯姆又没有提到的"空间"（space）概念。重要的类别是如何和在哪被塑造的（worked upon），这些类别如何在通过仪式表演而进行的形式化区分中得以使用？不研究更广阔的仪式空间我们就无法回答这个问题。同样，只有分析我称之为"媒介的仪式空间"（the ritual space of media）这个更广阔的空间，我们才能把握与媒介有关的行为是怎么被作为仪式行为理解的。

我在这里暗喻性地使用"空间"这个词[22]，是为了便于指向各种相互关联的行为实践。这些行为实践必须"到位"（in place）才能促成面向媒介的仪式行为。"媒介空间"这个术语不仅帮助我们认识什么可以被称作"媒介仪式"的本地语境，还可以帮助我们超越本地语境在更大的社会规模上进行思考，大到可以涵盖个人在任何时间点上的仪式行为。在复杂的社会中，被严格定义的、正式的仪式语境，比如宗教仪式，是相对少见的。最好把仪式想象成跨越多个场合（sites）的过程，其实跨越的是作为一个整体的多个社会空间（Silverstone，1981：66-67）。这个更广阔的空间，为了方便，我称之为媒介的仪式空间，它是高度不均衡的。它围绕着一个中心性的不平等（历史形成的符号权力在媒介机构中的集中）而形成，但又通过很多具体的模式被本地化地塑造。这些具体的模式指的是一些类别区分［比如"媒体人"与

"普通人","现场感"(liveness)等,参见库尔德里(Couldry,2000a:42-52)],我们通过这些区分来理解自己关于媒介的行为和认识。没有这个更广阔的视野,我们对我称之为媒介仪式的模式化行为(当一个媒体人或名人在场时我们的行为方式,媒介事件和电视演播室的组织方式等等)就无法理解或如事实所见那样产生共鸣。

媒介仪式研究的非功能主义视角反对把特定时刻分离出来,将之上升为特别甚至是"有魔力"的重要事物。相反,它意味着通过模式、类别和边界来探究媒介仪式无处不在的先决条件(antecedents),从报纸杂志评论到电视新闻播报,到我们日常谈论名人,再到我们上电视时如何表现。如图1—2所示,"媒介的仪式空间"是一种比喻,用来说明媒介仪式如何提炼聚焦于媒体的、无处不在的(或几乎无处不在的)隐性思维和行为模式。

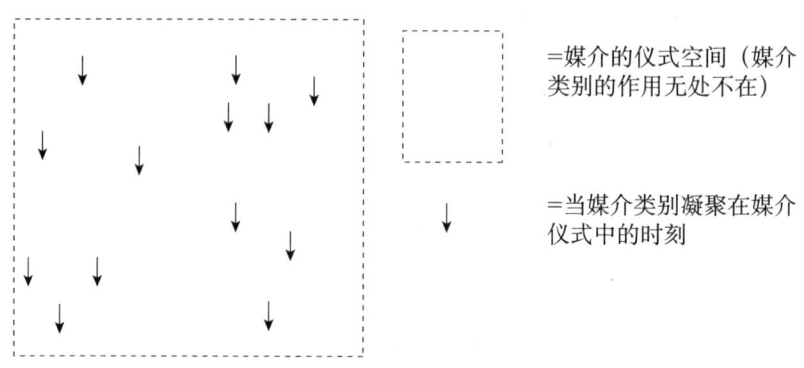

图1—2 "媒介的仪式空间"与"媒介仪式"的关系

然而,即使是在后迪尔凯姆观中,媒介仪式仍然把我们的注意力引向一个与"媒介本身"相关联的先验的价值观上,即媒介"自封的"(presumed)代表整个社会的能力。这种能力的背后就是日常生活中类别化的模式。这些模式的最终效力就是把媒介"里"的事物高于不在媒介"里"的事物这一等级结构自然化(Couldry,2000a:chapter 3)。我对"类别"(categories)这个本质上是迪尔凯姆观的概念的关注,看起来可能令人感到奇怪。在充满那么多对立信仰系统的复杂社会中,会有与社会秩序具有优先(privileged)联系的中枢性类别吗?貌似矛盾的是,这确实有可能。而且,媒介仪式(排除万难)把一些观念自然化的方式正是它的一个突出特点。这个被自然化的观念就是社会是集中于中心的。与此相关，一些与媒介有关的类别（"现实"、"现场感"、"媒体人"等等）具有高于其他一切的重要性。这是后现代性中媒介社会角色的矛盾，但要理解这种矛盾，我们就不能孤立地研究"媒介仪式"。

如人类学家莫里斯·戈德利耶（Maurice Godelier）所说，我们必须"依靠我们的理论想象力来穿透那个黑匣子，在这个黑匣子中，相同的社会表达能在部分或根本不同的各种社会利益集团中得以传播"（1986：14）。媒体对世界的再现能在地理上分散、文化上多样的人口中不均衡地流动。[23]要理解使这种不均衡流动合法化的机制同样需要理论想象力。但是，和面对任何谜团一样，没有正确的工具我们就无从下手。

仪式类别

迪尔凯姆意义上的"类别"是打开后现代世界里媒介化修辞这个黑匣子的钥匙。迪尔凯姆意义上的"类别"是什么呢？它们是〔引用迪尔凯姆的主要合作人马塞尔·莫斯（Marcel Mauss）〕：

> 无须检视的原则，（因为）离开这些原则，我们将不可能得出任何判断和结论。
>
> （Bourdieu，1996：8）

一个有趣但却很少被问及的问题是：当代媒介化社会里，这些思维里的类别是什么？我会在后文中提供一些具体答案，但政治社会学家查尔斯·蒂利（Charles Tilly, 1998）最近在迪尔凯姆框架之外强调了这个问题的重要性。他认为很明显是那些"有边界的类别"（bounded categories）不自知地（innocent）再生产着"持久的不平等"（*durable* inequality）。持久的不平等来自在无数微观的情境下对那些类别持续不断地再生产，且通常我们的意识监控不到这种再生产。

然而，社会再生产的实现（在任何层级上的）从来都得不到保证；所以，前文讨论媒介类别隐性存在于整个社会空间中的时候，我写了"几乎无处不在"。这里我们可以有效吸收后结构主义者，特别是德勒兹和瓜塔里的洞见。他们的模型描绘了无处不在的去领土化力量如何在再领土化过程之中和两者之间起作用（Deleuze and Guattari，1988）。然而，如何确切地认识这种关系是一个难题。比如说，对某个名人局部性的讽刺（localised irony），虽然非同小可，却不大可能使跨越社会空间的、更大的明星生产模式"去领土化"；事实上一定程度的讽刺和嘲笑已经成为社会秩序在更大空间里复制时常规的甚至不可或缺的部分（Bakhtin，1984）。另一方面，有时去领土化过程变得紧要，甚至占统治地位，例如，当局部的无序模式造成了一个更大的崩溃时（最近反对一些公司品牌的示威的扩大可能可以算作一例）。我将在第四章讨论"媒介事件"时回到这一话题。

"媒介仪式"这个术语既不是用来指一个简单的秩序，也不是一个简单的无序，而是两者之间复杂且从未完全稳定下来的互动。然而我们毕竟要使用"仪式"这个词，所以要抵制在人类学里（Goody，1977）和在媒介研究中（Becker，1998；Corner，1999a）对这个词的含糊性的怀疑态度。我会在第二章中给出对媒介仪式更加正式的定义，但现在我希望已经讲清了：相比"媒介仪式"这个概念对帮助我们把握当代"社会秩序"的本质和媒介在其中的位置的重要贡献，这个概念中明显的含糊性是次要的。

在展开论证这个概念时，我将不得不有所取舍。所以，比如说，我将不会系统地考虑"粉丝"的行为，尽管粉丝的所作所为可以扩大仪式分析的视野（见第五章）。我也不会详细讨论新闻的生产和消费。我的主要案例将集中于对媒介场所的朝觐、"真人秀电视"和通过媒介（不仅是电视，还有互联网）的自我表露。因为，在我看来，这些是仪式分析能产生最直接影响的领域。

下一章中，我会更详细地解释理解媒介仪式所需要的主要概念，但首先请让我解释本书的背景，即长久以来关于如何评价媒介对社会生活的总体效果的论辩。

在更广阔的媒介研究领域里的媒介仪式

如果我们回望过去的三四十年，两种关于媒介对社会生活影响的不同评价持续争论，尽管通常不在台面上。有些人认为媒介影响从根本上是负面的，而其他人则坚持正面评价。我们也许可以说，这样笼统的争论分散了我们对更重要问题的关注，即媒介文本或生产过程中的具体细节，但不重视这个争论也是不对的。因为，关键是我们如何评价媒介系统对社会生活和个人体验的影响，这绝不仅仅是一个关于技术发展的问题（Robins，1995a：chapter 1）。无论多难回答，这一直是关于媒介"效果"的根本性问题（Lazarsfeld and Merton，1969）。

如果分析媒介仪式归根结底是重要的，那是因为它能帮我们更好地把握这个根本性问题。让我在媒介研究和媒介社会学中其他正面或是负面答案的背景中来回答这一问题。

对媒介效果的负面解读

对媒介社会影响的负面论述本身足够填满一两本书。这里举几个典型的例子足矣。丹尼尔·布尔斯廷（Daniel Boorstin）在早年的论著《图像：美国梦怎么了》（*The Image*：*Whatever Happened to the American Dream*，1961）中论述道，纵观几个领域，媒介已经有效地降低了社会生活的价值，把政治缩减成"伪事件"（pseudo-events），把公众人物缩减为"伪人民"（pseudo-people），把旅行缩减为无止境地穿行于已经在媒体中见过的各个地方。很明显，布尔斯廷的观点和让·鲍德里亚（Jean Baudrillard）后来且更知名的对媒介造成的社会萎缩（social atrophy）的分析在广义上存在相似性。鲍德里亚也认为社会空间已经被无处不在的媒介图像和媒介模型彻底改变了。另外一位法国媒介批评家、情境主义者居伊·德波（Guy Debord，1983）认为，"精彩盛事"（the spectacle）（不仅仅是大众媒介，还有整个消费主义的外表）之所以有作用，是因为它声称自己涵盖了整个社会空间：

> 在精彩盛事中，世界的一部分把自己展现给整个世界，且高于整个世界。精彩盛事只不过是描绘这种区别的用语……精彩盛事是这个新世界的地图，准确地覆盖整个领土。

(Debord，1983：paragraphs 29，31)

对鲍德里亚来说，德波的分析，从某种意义上讲，过于简单化了，因为它仍然紧抓两个观念不放。第一，对于媒介再现仿佛可以从社会洪流中分离出来加以分析；第二，使用这种分析来支撑对媒介输出的批判立场。相反，鲍德里亚认为，在"仿真（simulation）的社会里，没有存在于媒介模型之外的立场"；他的那句"地图先于领土"（it is the map that precedes the territory）（1983：2）让人记忆深刻。对于鲍德里亚来说，媒介形式和社会形式已经完全融合了。尽管鲍德里亚在他晚期的著作里显得几乎是欢迎这一结论的，但其背后根本的分析却并不是正面的。鲍德里亚认为媒介对社会生活的影响这一问题没有结论，恰恰因为（没人知道是好事还是坏事的）[24]那些影响是那么普遍和彻底。

另一个负面评价来自后来皮耶尔·布尔迪厄的书（Bourdieu, 1998）。讽刺的是，该书基于他在电视上的两场讲座。他谴责了电视对于其他媒体（特别是严肃的新闻媒体）和对其他文化生产领域（包括学术界），以及对总体社会生活的影响。尽管受到媒介学者和法国媒体的广泛批判，但是这本书标志着对鲍德里亚宏观哲学思考的一种推进，因为它把媒介的社会影响这一问题与文化生产的社会学模型联系了起来。我无法在这详细讨论，但无论他的论述细节中有多少弱点，布尔迪厄的书中至少有一点是宝贵的：他专注于电视的符号权力，特别是其构建社会现实的特权这一简单但意义深远的问题。我们会在第三章回到这个问题。但布尔迪厄的分析也同样漏掉了对媒介作为一个社会过程的深入理解，这不仅仅涉及生产者，还有受众。

对媒介效果的正面解读

那些对媒介过程有正面评价的作者们以为如何呢？后面的章节里我会详细讨论戴扬和卡茨对媒介仪式的研究。那是对媒介的社会影响进行评价的最重要的著作之一，同时也代表了分析媒介的新迪尔凯姆观的模型的价值（第四章）。这里我想专注于其他作者提供的对媒介过程正面评价的重要论述。

帕迪·斯坎内尔（Paddy Scannell）关于电视和广播的著作是针对当代媒体的最广泛、最丰富的著作之一，涵盖了历史、现象学和对广播谈话的分析。

他在全书中对媒介与另一个他始终认为具有正面地位（positive status）的重要概念"日常生活"（ordinary life）的联系做了正面评价。斯坎内尔认为当代媒介一个具有中心性和积极性的维度就是成建制地（institutional settings）在日常生活的语境里对亿万听众发表具有说服力的言论。他说"媒介研究能把握的现实仅仅是政治现实。……它很难理解普通、非政治性的日常生活，以及人们每天关心和享受的事情"（Scannell，1996：4）。如果我们使用"权力"而不是"政治"（言外之意就是尽指正式的政治），则这种修辞举动有一个问题。斯坎内尔认为我们不仅可以简单地把日常生活中的权力维度分离出来（bracket out），更重要的是，把媒介对什么算作"日常生活"这一建构的影响分离出来。

斯坎内尔的《广播、电视和现代生活》（*Radio，Television and Modern Life*，1996）一书进一步阻挡了对"日常生活"和媒介对"日常生活"的再现的批判分析。书中引用马丁·海德格尔（Martin Heidegger）关于存在的哲学思想（Heidegger，1962）。斯坎内尔引用海德格尔（其主要议题之一就是有必要认识到我们的存在的历史性）分析日常媒介如何一小时一小时、一天天、一年年地把我们与更广阔的历史过程相联系。斯坎内尔暗示，海德格尔深刻的整体哲学框架支撑了他自己对媒介过程的正面评价。但与此同时，在另一种意义上，历史——作为一个可能影响我们对媒介过程评价的维度——却被绕开了。海德格尔关心的是笼统的，不受具体时间、地点里任何权力斗争影响这一层面上的"存在"[25]。其结果是，真实的历史（媒介过程及其对社会权力的影响的唯物史）被斯坎内尔对媒介的海德格尔式分析忽略了，和鲍德里亚哲学视角下的分析忽略得一样完全。如果说鲍德里亚提供了一个负面的媒介"神学"（theology）（Huyssen，1995：188），斯坎内尔则提供了一个正面的媒介"神学"，我们不需要这样的"神学"。

约翰·哈特利（John Hartley，1999）关于"电视的用途"的论点虽然精彩，但它对待权力问题更是既不虚心也不耐心。哈特利想要削弱当代媒介文化对教育和公共生活有负面影响的论断。他认为在分散，且通常充满讽刺的形式中，媒介辩论能够起到教化作用，因为它维系了一个公共空间。公共和私人话语在其中有超越正式的政治控制而进行磋商的空间。这一论断和斯坎内尔的观点一样神学化。尽管哈特利拒绝对大众媒介持悲观态度有一定道理，但他却从没论证符号权力在媒介机构中的大规模集中这一问题。这如何影响我们对电视的社会化用途（social "uses of television"）的解读呢？除非我们不厌其烦地依赖市场自由主义的修辞，否则，如果不考虑像流行脱口秀节目既对观众也对嘉宾说教这样不平等的符号世界，我们就无法理解当代媒介的真正影响，正面的或负面的（见第七章）。

总而言之，对媒介过程的正面评价很好地论述了媒介如何渗透私人和公共日常生活的纹理，但没能考虑媒介权力的社会影响。相反，负面评价论述了媒介权力，却没有结合媒介在日常生活中的位置。然而，对媒介总体社会影响的评价仍然是媒介研究的中心议题，也是社会理论中日益重要的问题，甚至也是哲学的问题。[26]我们如何向前推进这场论辩呢？

媒介化的"现实"与权力

答案寓于矛盾之中。亨利·勒菲弗（Henri Lefebvre）专门在他的著作中探讨了电子媒介初期日常生活的"模糊性"（ambiguity）(Lefebvre, 1991a：18)。这种模糊性是无数权力（经济、政治秩序、媒介叙事）的轨迹穿越日常生活的私人空间的方式所带来的。也许为了分析媒介，我们应该给予这个矛盾更多关注。在评价媒介的社会影响时，我们必须把握的中心性矛盾是我们无法把我们的希望、我们的迷思、我们团结或冲突的时刻从媒介化的社会形式中分离出来。那些东西几乎总是以这种社会形式呈现的。社会形式反过来又无法从媒介过程所依赖的、不平衡的权力场景中分离出来。

这里有必要向美国媒介理论家詹姆斯·凯瑞（James Carey, 1989）寻求帮助。他的著作与迪尔凯姆的社会秩序理论有一种有趣的关系。凯瑞以呼吁媒介研究少关注媒介的"传输"模式（即媒介讯息跨空间传输），多关注"仪式"模式（即媒介在"在时间中维系社会"方面的角色）而闻名。这一论断看上去与迪尔凯姆对维系社会纽带的考虑很接近（Rothenbuhler, 1993）。凯瑞拒绝称自己是迪尔凯姆观者是因为迪尔凯姆没有给予权力问题足够重视，反而事实上提供了一个对社会运作方式功能主义的解释。这恰恰是我要发展的一种对媒介仪式的解释是后迪尔凯姆观的（反功能主义的）而不是反迪尔凯姆观的原因。

虽然凯瑞偶有对一般意义上的"传播"的浪漫化[27]，但他比别人更好地解释了媒介的社会影响中的矛盾和挑战：

> 现实是一种稀缺资源……权力的根本形式就是定义、分配和展示这种资源的权力。
>
> （Carey，1989：87）

我们怎么能怀疑关于媒介的最根本问题就是权力问题——影响社会"现实"再现的不平等的权力分配——这一论断呢？然而，凯瑞的"仪式"分析缺乏关于结构化模式（*structured patterns*）的一个详细模型。我们生活在这一模型中，甚至接受它所揭示的、定义现实的权力在媒介机构中的集中。媒介仪式这个概念的意义在于揭开这些模式的面纱。在媒介仪式中，权力与归属感咬合在一起，如菲利普·埃利奥特（Philip Elliott）在可能是最早但仍然是本领域最具洞见的论文中所说，"仪式……是一种结构化的表演，但其中的参与者却不都平等"（Elliott，1982：145）。媒介仪式为迪尔凯姆的根本问题——什么是社会秩序？——提供了一个新的语境：迪尔凯姆写道，"社会的影响只能在它运作的时候被感知，且组成社会的人们如果不聚集并共同行动，（社会）就没有运作"[28]；在当代媒介化的社会中，几乎所有有可能的"共同行动"都必须通过社会形式（媒介形式）。这些形式与高度不均衡的权力密不可分。我们会看到，即使在明显变得去中心化的新媒体世界里，这个矛盾很可能会继续伴随着我们。

第二章 仪式与阈限性

"仪式"这个词和"艺术"一样，没有一个广泛认可的定义。

——刘易斯（Lewis，1980：19）

在本章和下一章中，我将选择性地援引人类学理论来介绍我们分析媒介的仪式空间所需的关键概念。仪式理论不仅是人类学中争论最多的领域之一，它同时也是比理解媒介仪式所需的图式大得多的一个领域，所以抓住要点，尽量减少技术细节是很重要的。毕竟，这里的主要目的不是就其本身来理解媒介"仪式"，而是要理解媒介对当代社会进行组织的权力，媒介仪式正是其中的一部分。在我们纵览这些概念时，某些批判人类学理论家（比如皮耶尔·布尔迪厄和莫里斯·布洛克）的重要性会逐渐清晰起来，在媒介研究探讨仪式问题的时候，这些人常常被忽略。这里的探讨会为后面章节中对媒介事件、媒介朝觐、真实电视和通过媒介的自我表露的详细探究提供基础。

仪式

"仪式"一词在人类学研究中有着错综复杂的历史。在第一章中，我总结了"仪式"中三个互相区别的基本角度：作为习惯性行为的仪式，作为形式化行为的仪式和作为与某些先验价值相关联的行为（通常，但并不一定，是形式化的）。就我们如何定义"仪式"而言，我总体上倾向于第三个传统，即广义上是迪尔凯姆观的，正如美国人类学家维克多·特纳（Victor Turner，1974；1977a）早年著作中所论述的那样。相对于那种专注于越发精细地定义具体仪式行为的形式特性的分析传统（Lewis，1980；Rappaport，1999；

Tambiah，1985），这一传统强调仪式过程，作为一个整体，更广的社会重要性。但是，如我暗示过的那样，我希望，与迪尔凯姆式的路径相悖，为其增加一些对仪式作为权力工具的关注，这也将引入仪式研究的第二种路径的某些方面。

仪式与更广阔的仪式化空间

有必要先就"仪式"一词的第一个、最平常的用法——"习惯性行为"——说两句，因为它总是和其他两种更重要的用法混淆在一起。仅仅作为"惯例性"和"重复性"的行为，"仪式"这一观念常常与这样一种看法有关，即当代、去中心化社会中"真正的"典礼仪式在衰落，取而代之的是为了履行仪式而履行仪式：早先"仪式"一词中那种具有本质性的用法已经蜕变成一种纯粹名义上的用法。当然，关于现代社会中仪式行为衰落的可能性，以及媒介在其中扮演的角色，已经有很多认真的论述[1]，但它们的起点都不是把"仪式活动"松散地定义为任何重复性和习惯性的行为。如果我们那样做，日常生活中不计其数的事情（从驾驶汽车到查阅邮件，是的，到收看电视）都被自然而然地被包括进了"仪式"的定义，但又没有任何区分它们的方法！在媒介社会学中，"仪式"一词已经被用来形容人们收视行为中的一些习惯性方面[2]；但是，既然那些用法并未严肃地援引人类学理论，且用法本身也不过是习惯性的而非本质性的，我将不再对它们进行讨论。

在讨论媒介时，对于那种可以被称为"仪式"的"次要"用法，即媒介呈现既有的仪式行为（例如对宗教仪式的电视转播）[3]，我也没什么兴趣。很显然，如果我们仅在这种次要意义上使用"媒介仪式"这一术语，那么我们就没必要去探讨"仪式"的根本意义了。但我确实希望给予"媒介仪式"一种重要意义，在这种意义上，"媒介"向我们所理解的仪式注入了某种重要的东西（超越了仅仅是传播报道这一事实）。（同理），本书也不仅仅是关于媒介如何再现这种"阈限的"（liminal）社会实践（Martin，1981：77），本章最后会对"阈限"一词做出解释。相反，与大多数其他本质化的视角一样[4]，我想强调"仪式"（以及"阈限"）一词区分了几种不同的行为和实践；而因其与媒介过程的特殊关系,我们需要解释作为一种特殊仪式行为的"媒介仪式"。

厘清这种概念性问题非常重要,不仅仅是出于学术的需要,而且尤其是因为在大型、分散的社会中,要从大量日常行为中准确地识别出仪式行为非常困难。[5]记得我在第一章中引入的一个词汇,我们的目的是要研究更广阔的仪式化空间(Bell,1997),也就是,媒介的"仪式空间"的生成原则以及这些原则又如何使具体的媒介仪式成为可能。但这就像想一下子就看清长期地貌变迁的原因一样困难。在媒介权力的地貌里既有令人目眩神迷的高山,也有深藏不露的峡谷。在为我们提供认识媒介的基本语境的同时,这样的地貌和其他任何地貌一样,也被我们的行为所改造着。同时,我们都不得不去面对我们继承下来的媒介地貌的后果,以及媒介仪式将事物自然化的能力。[6]我们的任务是给那个地貌去自然化。

首先,要实质性地使用"媒介仪式",我们需要借用人类学理论中的一些概念作为基础原件:行为的模式化过程(the patterning of action)、注意力的框架过程(the framing of attention)、边界(boundaries),还有仪式类别(ritual categories)。对媒介的"仪式类别"的全面讨论会被放到第三章中引入"符号权力"和"符号暴力"之后。

行为的模式化过程

正如我已经解释的,我的主要兴趣在于那些通过蕴含在仪式中的更广阔的价值观和社会类别来理解仪式的角度,但人类学传统是通过一类具体行为的形式化特征来理解仪式的,我们也能从这个角度学到一些重要的东西。它主要关注宗教仪式,也就是说很多对细节的分析并不是我们所关心的,但这并不重要,因为通常认为的"仪式"超越了宗教仪式,要对媒介仪式的观点有所发展,这是必需的!这种延伸的用法已经在迪尔凯姆对宗教和宗教仪式的宏观诠释中有隐约体现,但1970年一次对世俗仪式的讨论使得这个观点明确起来(Moore and Myerhoff,1977a;1977b)。玛丽·道格拉斯甚至论述道,"我们的仪式行为中只有很少数发生在宗教语境下"(Mary Douglas,

1984：68）。[7]

仪式作为区别于观念、思想或者感受（Lewis，1980；Rappaport，1999：38）的一类或一种形式的行为也是被公认的。要使论述集中，有必要简要了解一些关于"仪式"一词的权威定义。研究仪式最系统的理论家，已故的罗伊·拉巴波特（Roy Rappaport）（在这里我不得不把雄心勃勃地对仪式行为在人类文明的发展中具有更广阔的文化重要性的论述搁置下来）对仪式的定义是：

> 对并非完全由表演者制定的、或多或少具有固定顺序的形式化的行为和话语的表演。
>
> （Rappaport，1999：24）

与其他主要强调仪式行为的程序性定义一样（Tambiah，1985：128），这一定义的首要目的也是抓住宗教仪式的核心，尽管这个提法还涵盖了比这个核心多得多的东西（Rappaport，1999：24）。就正式的宗教而言，这种对程序性和精确（或近乎精确）的重复的强调是可以理解且不言自明的。我认为，这种角度如果不涵盖程序性略差的仪式化，比如围绕媒介的仪式化，那它的用处就会小很多。但是，再仔细看，我们应该注意到拉巴波特定义中很有用的两个点。一是，他坚持认为仪式行为总是比直观看上去要复杂。他说，仪式行为是那种"并非完全由表演者制定的"行为和话语的表演。换句话说，在仪式中，我们认为更广阔的意义范式被表演了出来，尽管表演者并不一定意识到或说出来。仪式行为的潜在意义比其显性形式要宽泛很多，这一点在后面的讨论中很重要。二是，与大量的人类学论述相左，拉巴波特强调仪式行为而非符号象征或观念（Rappaport，1999：26）。尽管我也会使用符号权力这一概念（以区别于经济或政治权力，参见第三章），但拉巴波特的观点有所不同。克利福德·格尔茨（Clifford Geertz）确立了符号性活动在所有人类学分析中的中心地位（1973，chapter 1），这就意味着每一个仪式行为的核心都是通过该行为"表达"的某种符号或观念。这一观点并没有什么建设性。相反，拉巴波特强调仪式在本质上终究是行为而不是观念这一点对于把我们称之为"媒介仪式"的行为理论化很重要。

所以，远远不是说每一个仪式都表达一种表演者确信的隐含的本质，仪式通过他们重复性的形式再生产着观念的模式和类别，无需明确的信仰作为中介。相反，如果很多显然是通过仪式表达的观念被明确，那么这些观念很可能会被拒绝，或至少被质疑。正是仪式化的形式，使得它们被成功复制而不必面对"内容"的质疑。这会帮我们理解仪式如何在与媒介的联系中运作，很显然，人人有份的媒介中并不存在某种共同的信仰，但存在与媒介相关联的行为、思想和话语模式，这些模式（尽管悄无声息）却使得媒介权力合法化。

所以，单纯基于其表达功能对"仪式"的定义没什么帮助。比如说，美国宗教社会学家罗伯特·武特诺（Robert Wuthnow）就不把仪式看作一种行为，而是仅仅看作"行为中的符号性表达，社会关系是它所传递的某种东西，且通常通过相对戏剧化和形式化的方式"（1987：109）。如果这么看，媒介仪式就成了媒介中任何能表达社会关系的东西。但这种松散的定义忽视了仪式区别于其他事物的主要方面："实践"的维度（Asad，1993）。媒介仪式是一种特殊的、形式化的、与媒介相关的行为，远远不只是媒介内容的表达方式，（我们会在后面看到，相反地）它完全不需要涉及媒介内容。

比拉巴波特的定义对我们有更大帮助的，是美国媒介社会学家埃里克·罗滕比勒（Eric Rothenbuhler）在为媒介和传播理论所做的关于仪式的文献综述中所提供的定义：

> 仪式是一种对有的放矢的模式化行为的自发表演，用以符号性地生成或参与庄严的生活。

（Rothenbuhler，1998：27）

罗滕比勒同样明确了仪式行为是一种模式化的行为，而非表达方式，它以某种方式与"庄严的生活"相关联（罗滕比勒采纳了迪尔凯姆的这一词汇，以表达社会生活的形而上的维度，参见第一章）。那么，我们也许可以说，媒介仪式是围绕关键的、与媒介相关的类别或边界组织起来的形式化的行为。

我们会在后面阐明这些类别都是什么，媒介仪式如何基于它们运作，以及为什么"类别"对于理解仪式包括媒介仪式这么重要。

框架

媒介仪式这个临时性的定义已经暗示了一个在仪式行为的形式特征和更广阔的社会空间之间的联系。我们需要一种途径来把这种联系变得实在起来。这里，我们援引另一个对仪式分析非常重要的人类学概念："框架"（framing）的概念。

仪式行为与更广阔的价值观或认识世界的框架相呼应；在仪式活动里，我们通常能感到更宏观的事情是焦点所在。恰恰是因为我们能感知到这种惯常的联系，仪式的形式才成为对更宏观的价值观的合法性进行确认和传播的重要途径。这对我们最终理解仪式如何与权力相连有很大帮助。

媒介是把我们的注意力指引，或"框架"到仪式表演中那种"紧要的"、更宏观的东西上的途径；许多人类学和媒介学者已经强调过这一观念[8]。如玛丽·道格拉斯（Mary Douglas，1984：64）所说，"仪式通过框架使注意力聚焦，它唤起记忆，把当下与过去有关的东西联系起来。这样它就为认知提供了帮助"。"框架"是个有用的术语，源自社会学家戈夫曼（Goffman，1975），并最终可追溯到格里高利·贝特森（Gregory Bateson，1973：179-189）。它指出，在一个层面上可以直截了当地加以描述的行动——给另一个人的手指戴上戒指——是如何被所有在场的人理解成象征着别的意思的，且那个具体意思依赖于语境（一个婚礼的环节，话剧里的婚礼场景，小孩子的游戏？）。如戈夫曼（Goffman，1975：79）所说，在一个领域中的行动被"重新引入"（rekeyed）了另一个领域。

"框架"的概念之所以重要是因为它准确地描述了仪式行为与宏观社会价值的联系，这在迪尔凯姆的宗教和仪式观中占有中心地位。按照迪尔凯姆的理论，在仪式活动中，能感觉到宏观社会价值的高度重要性（但如我所说，不一定是明确具体地感受到的）：仪式在某种意义上涉及的是我们作为社会成员的共性。这类将框架看作连接的视角（指明行为被理解的方式）在受迪尔凯姆影响的学者中很普遍，如特纳（Turner，1997a：96；1974：239），麦卡卢恩（MacAloon，1984：251，274），武特诺（Wuthnow，1978），以及媒介研究学者里尔（Real，1989）。相同的观点也在詹姆斯·凯瑞对"传播的仪式模型"的分析中得到体现（Carey，1989：18，21），尽管如我们在第一章中看到的，凯瑞不承认自己的理论是标准的迪尔凯姆式的。仪式活动镶嵌于更宏观的意指框架中，这一观念在维克多·特纳的理论中也是中心性的，特纳认为仪式过程与社会冲突和社会的戏剧性属性相关，或能对它们进行表达。后面，我会回到特纳理论中"阈限"这一概念。

当我们说"在'仪式'的语境中进行框架"时，这到底是什么意思？这一点，我们可以通过前文提供的对媒介仪式的临时性定义来展现。因为仪式是模式化的，这些活动实际上代表了更宏观的价值和理解事物的框架。这种联系（或"框架"）的机理如下：

（1）仪式所组成的行为是依照某种类别和/或边界而结构的。

（2）那些类别暗示或者代表着某种根本的价值。

（3）我们对仪式中处于核心地位的社会属性的感知来自这种"价值"。

所以，关于仪式的"框架"，我们指的是比仪式表演中偶然性的联系更加具体的某种东西。我们指的是一种常规的对世界分类的机制是如何对具体的仪式表演进行组织的，并通过这样的组织来使得更加广阔的模式、价值或者等级关系具象化。反过来，"框架"这一概念还依赖于仪式的另外两个方面：边界（我下面会谈到）和与媒介相关的类别（第三章会展开讨论）。然而，首先让我来解释一下，具体到媒介仪式，它是如何框架社会的。

媒介领域里的例子之一就是围绕着"媒体人"（或名人）与"普通人"的区别而组织起来的名人的仪式化会见活动。对这种活动的更宏观的反映或框架，来源于媒体人与普通人的区别是如何复制媒介"里"的人/事/地点与不在媒介"里"的人/事/地点之间的更宏观的等级关系；这种自然化了的等级关系，反过来又巩固了媒介本身的特殊地位，并强调了一些共同的认识，例如说，人们通常认为名人和他们的故事反映了"更多的东西"，某种关于当代社会生活更核心的东西。[9]这种边界或类别的区隔暗示着一个更宏观的、根本的价值观，即媒介不知怎么地"代表着"或再现着整个社会生活。图2—1再现了这种从仪式到类别再到根本价值观的链条。

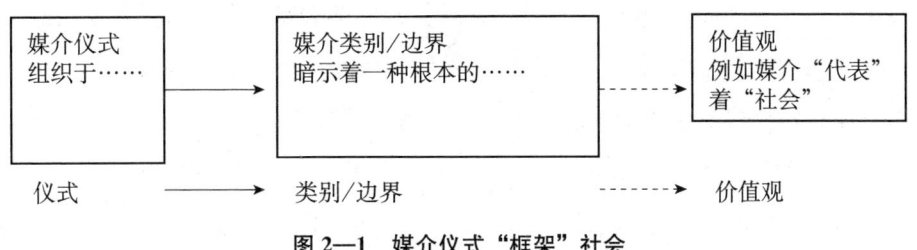

图2—1　媒介仪式"框架"社会

边界

与其说仪式表达秩序，不如说仪式将其自然化；仪式通过表演将类别，以及类别之间的边界或区别形式化，以使得这些类别和边界看上去自然而然，甚至是合理合法的。粗看上去，这好像不过是以另一种方式重申仪式是形式化的活动，但是，如皮耶尔·布尔迪厄所说，重要的事情远远不止这些。

在《语言与符号权力》（*Language and Symbolic Power*）一书中收录的一篇短小但很重要的文章——《机制性仪式》（Rites of Institution）中，皮耶尔·布尔迪厄（Bourdieu，1991）对迪尔凯姆仪式的观点进行了彻底修正。通过对范热内普（van Gennep，1977）的过渡仪式和维克多·特纳的改造性仪式的讨论，他认为通常对仪式影响的分析应该被推翻。一般来说，它们的分析重点在于仪式性所带来的转变（比如说，从年轻男孩到成熟男人，或者从危机状态到社会秩序的恢复）。但布尔迪厄认为，重要的不是个人从一个状态到另一个的过渡，而是所跨越的那条线或边界，即仪式边界的社会重要性。这个边界如其他所有自然边界一样，也是随意设置的，它基于对社会的某种特殊的建构。而在仪式活动中跨越它这一事实复制了其重要性，也就帮助它延续了自身的合法性；这种跨越使得边界看上去更加真实，且不是随意设置的（Bourdieu，1991：117-118）。但同时，至少在男性成年礼这种过渡仪式上，另一个群体（女性）在原则上甚至根本不可逾越这一边界（后者的情况更加复杂)。所以,男性和女性这种根本的区隔,以及这一区隔"本质"上的合法性,就通过单个男孩转变为一个男人的仪式得以复制了。这样,与其说仪式所巩固的是仪式的"内容"——仪式根本就不需要有内容——还不如说是边界和界限。(无论我们是否参与仪式)我们都必须遵守;它巩固着我们个人对界限的感知,使得它们变得自然而然(Bourdieu,1991:123)。对布尔迪厄而言,仪式所涵盖的远远大于对日常活动的形式化;他们是机制的仪式,使得某种重要的类别差异和边界显得自然,并看上去合理合法。

布尔迪厄视角的另一个优势是强化了前面提到的仪式的权力意味(宽泛地讲,"意识形态效果"),而无须借道于显性的意识形态"内容"。具体结果上,仪式表演也可能带来冲突的意味。任何仪式规则都可能是参照社会经验中一系列具体或抽象的特点凝结而成的:特纳认为,象征性的东西本身具有多极的(multi-valent)和潜在的冲突(Turner,1977a)。另外,仪式还涉及另一种迥然不同的模糊性。这种模糊性一方面看上去是必要的,另一方面又可供个人反思和利用,因为每一个仪式表演都仅仅是假想的形式的粗略近似物。莫里斯·布洛克的分析就植根于仪式这个具有潜在迷惑性的方面。莫里斯·布洛克〔把普通的看待仪式的视角翻转过来,让人想起了巴特(Barthes,1972)把迷思看作"现实"和"迷思"之间连续的旋转门的想法〕声称恰恰是仪式的这种模糊性对其有效性至关重要(Bloch,1989:130);正是仪式在永恒的历史和当下的适应之间的摇摆才使得我们相信了其中超越一切的"真理"。尽管我所讨论的媒介仪式没有一个明确声称是"永恒"的,布洛克关于模糊性的观点还是抓住了某种重要的东西,在第六章讨论《老大哥》(*Big Brother*)这种真人秀竞赛节目时我会回到这一点。

当仪式的运作恰恰是为了确保一个更广的边界的时候,其内部要看上去是开放的:这是一个关于形式而非仅仅是明确的信念的问题,这有可能帮我们抓住媒介(特别是媒介仪式)最迷惑人的一方面。更宽泛地说,这能帮我们解释为什么剑桥人类学家杰克·古迪(Jack Goody)想要揭穿仪式这一观念的企图既是对的,又是错的。古迪认为通过仪式展现出来的人们明确的信念比我们想象的要少,但他错在认为我们必须放弃仪式这一概念。当从权力的角度解释行为的某种形式时，人们的信念——无论是不是通过仪式表现的——不如寓于仪式化的行为中的组织原则重要。

媒介仪式和"社会秩序"

现在我们可以正式定义媒介仪式了：媒介仪式是围绕关键的、与媒介相关的类别和边界组织起来的形式化的行为，其表演表达了更广义的与媒介有关的价值，或暗示着与这种价值的联系。这个定义结合了前面讨论的对仪式的第二和第三种观点（形式化的行为和与更宏观的、共有的价值观相联系的行为），但略去了第一种看法（仪式只是"习惯"）。此外，还有另外几点需要说明。使某种仪式成为媒介仪式的不在于这种仪式是否在媒介中上演，或者是否涉及媒介生产或消费的行为，而在于那种对仪式行为起结构作用的、与媒介相关的类别区隔，以及仪式引导我们关注的、与媒介相关的价值观。那么，在理解媒介仪式的时候，我们的主要关注点不应该是，比如说，由媒介文本可能"表达"的"观念"，而应该是在某种具体行为中蕴含的、媒介与价值观之间的形式化的关系。

鲍德里亚在早先一篇论文中认为当代媒介的权力意味在一定程度上总是关于"形式"的问题（Baudrillard，1981：169），也就是媒介所带来的再现生产与消费之间的"社会分工"的问题。布尔迪厄也独立地论证过"在符号领域里，对影响力的控制看上去其实是对形式的控制"（Bourdieu，1991：213），而莫里斯·布洛克对迪尔凯姆把宗教看作一种社会形式的观点进行了重新评价，将仪式看作"利用形式来获得权力"的行为（Bloch，1989：45）。这种关于形式的观点对媒介仪式又意味着什么呢？为第三章做个铺垫，媒介仪式是这样一种行为，它把能否参与到媒介领域中的界限自然化，而那个界限其实是毫无依据地恣意而来的，是符号权力高度集中于媒介机构的结果。每个媒体都声称它"代表我们所有人"，这掩盖了总体上我们并不代表我们自己这一事实。

然而，与其他普通仪式一样，对媒介仪式的分析不能脱离媒介化这一宏观背景。也就是说，不能脱离对所有行为、思想和话语模式的宏观分析，无论这些模式是常规的还是特殊的，正是它们生产了媒介仪式所依赖的类别和边界，也构成了媒介的仪式空间。正是大量的日常行为、思想和信念为媒介仪式这一特殊类别提供了可能性。

如凯瑟琳·贝尔所说（她讨论的是宗教仪式，但其观点同样适用于媒介仪式），仪式化的中心特征是它如何依据空间来组织我们的行动，使我们对环境中那些建构的东西认为是真实的，从而再造蕴含于仪式所依赖的类别区隔中的那个重要的符号权威。媒介仪式背后那种对实践的仪式化也遵循类似的运作机制：通过对围绕着与媒介相关的类别（"媒体人/事/地点/世界"，"现场感"，"真实"；详细讨论见第三章）产生的各种社会活动进行组织。这些类别在各种社会空间中得到复制：我称之为"媒介的仪式空间"的腹地。"媒介的仪式空间"这一理论术语使得我们有可能在普遍联系中抓住这一更宏观的模式化过程。

所有的社会生活都依赖于浓缩的仪式行为，包括媒介仪式。这解释了本书论点之宽泛的原因：跨越了电视节目、新闻评论、网站，人们在旅游景点的活动、在演播厅的行为等等。所有的社会空间都有仪式化这一维度，就媒介仪式而言，仪式化包含了社会的分类逻辑，而这种逻辑愈发围绕着媒介"中心"而组织。如凯瑟琳·贝尔所说：

> 仪式中精心协调的对权力和权威的建构……把社会对象客体化成二元对立，并使有效复制社会秩序中这些区别的图谋得以实施。与仪式的共鸣和遵守仪式的后果都寓于这一客体化过程中。
>
> （Bell，1992：215）

注意，尽管"社会秩序"在这里指的不是无可争辩的"根本"社会秩序，而是一种遵循某种相对秩序的社会生活。这种社会生活的一个维度恰恰是，持续地把其自身的那种相对秩序建构成让人感觉起来"更"重要的东西，一种必需的东西，一种价值观（见图1—1）。这种建构是一个真实的（不是建构的！）过程，对于我们如何行为、思考和表达都具有实际影响（Peters and

Rothenbuhler，1989）。

从这个视角，我们可以彻底地重新思考人类学留给我们的仪式分析思路，从而摒弃早先媒介研究中对仪式的看法。如约翰·科纳（John Corner）所说（1999a），这不是一件坏事，因为媒介研究到目前为止缺少一个对"仪式"一词清晰、基本的认识。在迪尔凯姆的模型中，仪式的重要性来自它与社会凝聚力之间的特殊关系，但是，众所周知，当谈到媒介时，一直以来这个关于"效果"的论题都很难成立。这也是为什么"媒介仪式"直到现在都有名无实，因为我们无法解释媒介仪式如何植根于日常实践，反而依赖于迪尔凯姆模型所暗示的那些关于"效果"的含糊的假设。

相反，（遵循凯瑟琳·贝尔对宗教人类学中仪式研究方向的调整）我们的焦点转向了分类实践中最微小的细节，通过它们，媒介作为社会"中心"的权威被强化着。现有与我的媒介仪式观点最接近的是瑞典籍美国人类学家卡琳·贝克尔（Karin Becker）的。另一个很有趣的、与我相似的观点出现在保罗·利特尔（Paul Little）关于里约全球峰会的文章中（Little，1995），尽管在此文中媒介并不像在贝克尔文章中那么重要，限于篇幅，这里无法对其观点展开论述。在一篇思路清晰并很有启发意义的文章中，卡琳·贝克尔（Becker，1995）分析了瑞典人生活里的一个事件——提交瑞典的年度退税表，目前这是一个直播事件。例如说，她描述了人们手拿表格，在投递箱上方停顿一秒，以便相机记录下交付的一瞬间。贝克尔刻意从微观层面，在迪尔凯姆的宏大结论之外展开了她的论点，但这很好地展现了在媒介中仪式化是如何通过身体而发生的（见第三章）。贝克尔的宏观观点是电视摄像机的存在赋予行动一种新的形式，我们可以称之为仪式化。

我们在论证过程上的共同之处在于，我们都持续关注媒介仪式中行为的模式化和这些模式所暗示出的观念上的类别。但是，我所得出的结论与她的有所不同。在某些情况下，摄像机的存在促使形式化的形成以及对名人、真实、直播等媒介类别的利用（Becker，1995：639-644）。但这一过程的关键并不是摄像机的存在，这一过程可能是其他途径促成的。我们很容易想到与贝克尔的例子类似的媒介仪式，仅仅是由电视"名人"主持，而没有播出的那些。同样，仅靠摄像机的存在并不能把事件的方方面面转变成一个媒介仪式；很多足球比赛都是电视台转播的，但这并不一定使得整个比赛变成一个媒介仪式，即使仪式化有可能成为比赛的某些细节的一个维度。贝克尔所强调的电视摄像机的存在只是面向媒介的行为有可能被形式化和仪式化的许多途径之一。

第三章中我们会对这一点做详细探讨，但首先，我们必须引入另一个媒介分析中的关键词汇："阈限性"。

阈限性

和仪式一样，阈限性（liminality）这个词从非功能主义的角度讲仍然有其作用，尽管在维克多·特纳早期的著述中其用法与新迪尔凯姆观理论中的仪式有着明确的联系。

"阈限性"的背后是一个隔离的概念，并通过这种隔离发挥"框架"的作用。"框架"很明显地意味着仪式活动与日常活动的某种分离（见上文）。仪式活动区别于，甚至隔绝于日常生活这一观念（da Matta, 1984：236-237；Tambiah, 1985：132）可以被直白地表达出来。所以，有些仪式活动发生在分隔开的实体空间里，远离日常活动［参见达·马塔（da Matta, 1984：221）关于狂欢节的论述；也参见第六章关于媒介朝觐的论述］。更广义地说，仪式活动在很多方面是"非凡的"活动，区别于"普通的"生活（Bell, 1992：74；Durkheim, 1995：222；Smith, 1987：109）。然而，"阈限性"的概念把分隔这一观念进行了很大的延伸。

阈限性与社会秩序的临时性中止

"阈限性"一词试图抓住仪式行为为整个社会带来更宏观影响的方式，这与日常活动的重要性仅限于本地很不同。维克多·特纳用下面这段话来形容这种时刻：

常规的、约定俗成的社会关系被打破之后，危机临头的阶段随之产生。这期间，除非这种裂隙能很快被封锁在一个有限的社会交往空间中，否则这种裂隙就有扩大和延伸的倾向，直到扩大到和冲突或敌对双方所有相关的社会关系中最主要的裂隙一样大小。

(Turner，1974：38)

"阈限"（liminal）一词在人类学研究中最早见于阿诺德·范热内普（Arnold van Gennep，1977）对传统社会中"过渡仪式"的经典分析。范热内普使用 Limen（拉丁语，门槛、界限）来表达这类仪式所跨越的边界，无论是男孩和男人之间的边界还是（范热内普自己对这个词的引申）尚未朝觐过的人和已经朝觐过的人之间的边界。这个词在人类学中的广泛使用开始于维克多·特纳。他用这个词来指包括最严格意义上的仪式在内的一系列情形，例如严重的社会冲突等情况（Turner，1974；1977a）。特纳的洞见（Gluckman，1971）在于指出了范热内普的过渡仪式模型能够用来解释过渡性社会危机通常的表现形式，甚至是更加复杂的社会中这种危机的表现形式。

上面的引文来自对特纳发现的"社会戏剧"三阶段中第二阶段的描述：

（1）初始的社会裂隙。

（2）裂隙扩大成一般性危机，所有的社会关系都被囊括在内。

（3）危机的解决，这时更宏观意义上的社会关系同时得到了恢复，事实上是得到了再确认（Turner，1977a：91）。

将迪尔凯姆式的把仪式看作社会形式进行分析的手法扩展应用于更复杂和混乱的公共事件的发展变化上，特纳克服了迪尔凯姆关于社会纽带的理论中的一个谬误：其过于依赖两厢情愿的情况，而缺乏对冲突情形的关注（Ettema，1990；Rothenbuhler，1989）。除此之外，特纳指出了冲突和社会秩序在结构上是相互关联的，它们存在于两种社会组织形式在更大范围内的循环往复之中。这两种社会组织形式是：（1）主要存在于正常情况下的社会（societas），它相当于正式的社会组织；（2）所谓共同体（communitas），一种松散、缺乏结构、主要存在于危机情况下的社会关系或"聚集"（togetherness）（1977a：96-97）。对特纳来说，阈限性（和它所涉及的共同体）不仅是一个反映社会纽带的过程，而且其实是一个建构和重建它的过程："重要的阈限情形是一个社会审视自己的好机会"（Turner，1974：239）。这里，特纳抓住了"戏耍"（play）的模糊性最重要的意义：通过这样的形式，另类的社会秩序形式得以想象，即使它们并不能被确立（Silverstone，1999：59-67）。这解释了为何特纳晚年的著作越发专注于表演（包括剧场表演），而丢下了早年著作中对社会秩序的迪尔凯姆式的关心。

特纳的阈限性概念非常重要，它试图为一系列几乎无法分析的公共事件提供理论框架。它对于理解高度媒介化的公共事件（所谓的"媒介事件"）的作用非常明显，这会在第四章中详细讨论。也许有一点不太合理的是，"阈限性"被不同的理论家用来解释更加普通和不太具有冲突性的事件和与媒介有关的实践：从电视转播的奥林匹克仪式（MacAloon，1984：252）到里约狂欢节（da Matta，1984：224），到迪士尼世界（Moore，1980），再到电视媒介作为一种深入日常生活的迷思的总体作用［参见西尔弗斯通（Silverstone，1988：22）关于作为"阈限的空间"的电视的论述］。尽管没有使用这个词，亨利·詹金斯关于迷文化（fandom）的著作也有这种日常阈限性的痕迹，特别是粉丝们试图通过"只有周末才存在的世界"摆脱普通工作日生活的束缚（Jenkins，1992：282-283）。

"阈限"和"类阈限"

所以，"阈限性"一词的适应性很强，但如果忽略特纳自己都很警惕的几点注意事项，则它又有被滥用的危险。如特纳指出的，在较为原始的社会中，关于仪式的阈限性很重要的一点是仪式的参与是强制性的，而观看奥林匹克比赛、参加里约狂欢节，更何况日常的电视收看行为都是自愿的（Turner，1982：42-43）。因此，"当用来解释大型复杂社会中的过程、现象和人时，（对阈限一词的）使用必须总体上是比喻性的"（Turner，1982：29；1977b）。与迪尔凯姆一样，特纳把劳动分工的机制化，以及其带来的戏耍或称"休闲"与工作的分割（1982：36-37）看作一种根本的历史性变化。然而"阈限"这一概念却在复杂社会的各种事件和消遣活动（如英格兰足总杯决赛、超级碗决赛等等）中留存了下来，特纳使用了"类阈限"（liminoid）一词，即意为阈限似的。

类阈限是阈限比较分散的形式，并不严格地与其他社会生活相隔离，且通常与商业组织紧密地结合在一起，比如体育赛事。在体育赛事中，特别是重要体育赛事的高潮时刻，如果声称更宏观的社会价值蕴含其中，那基本上是修辞性的，尽管这并不是说那种说法不重要。维克多·特纳的类阈限一词正是抓住了这种对宏观社会纽带主张——重大体育赛事和壮观场景里的"仿佛是"（as if）——巧妙的使用。特纳还把"类阈限"延伸到包括朝觐在内的当代宗教体验中的某些方面（Turner，1974；Turner and Turner，1978）。特纳把朝觐看成大型社会对过渡仪式这一理念的调整。我们会在第五章中回到媒介"朝觐"这一话题。

当代社会更多的是基于"阈限似的"（类阈限）经验，而非真正的阈限，这很重要吗？如果我们不再强调仪式能在某些时候真正传达社会本质这一主张，它就没那么重要了：从后迪尔凯姆观的视角看，重要的是仪式和仪式化带来的关于整个社会的主张，而这种主张在类阈限的休闲活动中和大多数严肃的、强制性的仪式中一样常见——事实上，在现代社会中，这两者之间的边界变得越发模糊了。然而，新迪尔凯姆观的视角仍然认为阈限和类阈限的区别很重要，即那恰恰代表了虚假仪式与真正仪式的过程（理论上讲，它确实将我们与社会的中心相连）之间的区别。而这一点是存疑的。

事实上，特纳对阈限和类阈限的区分申明了新迪尔凯姆观的一个更大的问题，特纳可能是第一个认清这一点的人。通过明确区分真正的阈限和仅仅是类阈限的情形，特纳提出了真正的阈限性，真正的仪式在当代、高度分散的社会中是不是还存在的问题。这里确实有一个问题：我们怎么能区分日常生活中的"仪式"（或"阈限"）成分与"非仪式"（或仅仅是"类阈限"）成分呢？[10]在特纳的观点中，阈限性的痕迹，无论它是否确实发生了，并不是真正的阈限性；我们必须避免简单化地认为体育赛事或流行文化仅仅是接管了从前由宗教仪式扮演的"阈限"角色（Goethals，1997）。那样说毫无依据，事实上，那个提法本身的含义都很模糊。一方面认识到很多仪式活动的形式已经弱化了，而且发展出新的仪式形式的先决条件可能也已经弱化了（Douglas，1984：69；Durkheim，1984：106）；另一方面认识到媒介有可能促成仪式体验的新形式。这些新形式与日常生活节奏的关系可能不同但同样重要。在这两个方面之间达到平衡是件难事。同时，第二个方面对本书的观点至关重要。

结论：后现代时期的仪式再造？

阈限性这一概念，以及特纳对其被滥用的警告，提出了关于仪式分析在当代社会中的价值这一更大的议题。

很多学者谈到过虚构的媒介内容向日常生活每一个毛孔的渗透，媒介创造了拉丁美洲"魔幻现实主义"创始人之一阿莱霍·卡彭铁尔（Alejo Carpentier，1990）所称的"真实中的奇迹"（the marvellous in the real）。[11]甚至可以确定地说，随着仪式的正规环境（包括对仪式活动起结构作用的正式的社会分化）的弱化，通过其他"仪式"形式进行代偿的需求在增加，比如那些可能是另一种类的仪式，仅仅为了"在一起"（being-together）的仪式，或者如玛丽·道格拉斯所说的"热情的仪式"（Douglas，1970：154）。最近法国社会学家米歇尔·马菲索利（Michel Maffesoli）发展了这一观点，认为某一种"阈限性"可能正在增加，而非减少；他认为，媒介对于他所说的对"社会性"的新"部落式"的体验至关重要（1996a；1996b）。[12]在某种意义上，如迪尔凯姆观学者皮克林（Pickering，1984：410-411）就道格拉斯早先的类似观点所指出的，这与迪尔凯姆最初的观点相悖。迪尔凯姆的原始观点是正规的仪式对于维系社会秩序至关重要。尽管如此，这种新观点仍有可能以一种有趣的方式描绘了某种关于集体性（togetherness）的话语（或仪式）不断强化的语境，就像共有经验所依赖的物质基础正越发易变。

我们会在第六章讨论《老大哥》时回到这一议题，但现在我想强调一下我的观点不同于马菲索利观点的发展方向。我并不关心当代社会是否有凝聚力的议题，即使这种由共享的世界观和价值取向构成的凝聚力可能以非常复杂的方式出现。我的兴趣在于为什么在大型社会里声称社会凝聚力的压力在增加，特别是在这一论断的基本可信度反倒可能在降低的情况下。这一观点与权力的诸多层面密不可分，这些权力包括控制经济和维系消费的要求，政府对民众注意力和顺从的要求，但也包括媒介机构对受众和社会地位的要求（在媒介中，来自政府和经济的压力相交叠）（这一点与我们的关系最直接）。换句话说，藏在公认的社会"中心"的迷思背后那种权力的集中化才是问题所在。如果是这样的话，那么和从前相比，对仪式包括媒介仪式的分析，若不联系到更宏观的权力分析便没那么重要了。

第三章 仪式空间：解开关于中心的迷思

尽管每一代人都在变化，但情形却是一样的。这就是社会生活中永恒信守的元素。

——迪尔凯姆（Durkheim, 1995: 222）

意识形态特有的构成元素之一就是在其他事物变化时保持不变的权力。

——布洛克（Bloch, 1989: 134）

对比这两则引言，前者选择把仪式看作对某些永恒和普世的东西的表达，后者选择将其看作依特定历史情况而产生的（即使是持久而稳固的）权力模式。这一章里，我将更深入地论证后者，也是更令人不安的一种解读。这一章将结束我们对理解"媒介仪式"所需要的理论词汇的探讨；我们将在以后章节中使用它们。第一章介绍了用后迪尔凯姆观理解媒介仪式的基本步骤，并将其置于更广阔的语境中；第二章讨论了媒介分析中借用人类学理论的重要概念，特别是仪式和阈限。这些综述的结果是针对媒介时代对很多概念做出了彻底修订。这一章里，我想更全面地解释为什么研究媒介仪式必须植根于对媒介权力的批判分析之中。只有这样，我们才能更具体地对待"媒介仪式"这一术语所涵盖的各种行为，也才能更具体地指出怎样把对媒介仪式的批判分析与其他对媒介生产的批判解读联结起来，比如阶级、性别或种族角度的批判。

符号权力与符号暴力

仪式性表演和仪式性实践是如何与权力差异以及资源的不均衡分配相联

系的？经济的或政治的（即强制的）权力常常使用仪式，但最紧密的联系还是发生在仪式与寓于仪式表演自身之中的权力形式即符号权力（*symbolic power*）（Thompson，1995：15-17），或如另一位社会理论家所说的"意识形态控制"（ideological domination）（Scott，2001：25）之中。[我倾向于使用"符号权力"一说，首先是因为它强调这种支配和控制总是需要符号形式作为其中介的（讲话、著作、表演、图像等等），且行使这种支配和控制可能会也可能不会涉及明确的意识形态内容（见第二章）[1]。其次也是因为，考虑到生产符号的能力并不是平均分配的，"符号权力"暗示着符号形式自身的权力意味。]

"仪式"与"符号权力"即因符号资源分配不均而造成的人与人的区别，二者在某种意义上是有明显关联的，仪式形式向来涉及拥有特殊权力和权威的神职人员或公务人员。但很多对仪式传播的分析忽略了符号资源分配不均这一仪式行为所依赖的基础。在当代媒介化社会中，符号资源如此集中于特定机构（即媒介）之中，要使我们的论证站得住脚，我们就不能忽视仪式与符号权力的联系。这一点恐怕没什么异议。我在这一章中要论述的更有争议的一点是：媒介机构的存在（*existence*）本身所表现出来的符号权力的不均等是，媒介仪式的组织（第一）和仪式的社会影响（第二）的核心所在。如果这个论断是对的，则不深入探讨符号权力及其相关概念即符号暴力，我们就无法分析媒介仪式。

符号权力

新迪尔凯姆观者对仪式的解释并不注重"符号权力"，一个简单的原因就是他们并不关心因权力的占有而产生的冲突。但他们却认定仪式有"强有力的"效果。他们的确把极大的、能外化社会现实，甚至使得某些体验成为可能（Douglas，1984：64；Rappaport，1999：119-121，138）的权力归结于仪式，但却忽略了符号权力这个潜在的引发不公的问题。类似的，玛丽·道格拉斯（Douglas，1984：114）说道"社会这个概念是一种强大的想象……它有外部的边界，有边缘（margins），有内部结构。它勾画了奖励顺从、排斥异己的权力",但她并没有展开讨论这种"权力"的属性——谁拥有它,谁没有,以及是在何种情况下。很显然,道格拉斯认同对仪式行为的组织涉及权力的问题,但这在她的论述里是次要的。

"符号权力"这个概念被忽视的程度令人惊讶。我们可以在迪尔凯姆传统之外找到另一个对"符号权力"的解释,约翰·汤普森(John Thompson)在《媒介与现代性》(The Media and Modernity,1995)中对"符号权力"的解释总体来说是有益的分析,但这个解释也缺乏力度。通过援引布尔迪厄,但同时也引用了迈克尔·曼恩(Michael Mann)的著作,汤普森坚持把符号与政治和经济一起看作权力的维度,这一观点是很宝贵的。但他对"符号权力"的精确定义却不能令人满意。他将其定义为"通过生产和传输符号形式,介入事件的过程中、影响他人的行为和其实是干预事件的能力"(1995:17)。这个定义抓住了一些社会机构(媒体、教会、教育机构)的所作所为,但没有抓住符号权力的集中化可能具有的更广泛的影响。相比之下,一个对"符号权力"有力的定义应该坚定地指出符号权力的集中化(例如给当代媒介机构带来利益的那种集中化)是如此严重以至于它控制了整个社会景观;其结果是这种集中化看上去自然而然,而被误认(misrecognised,借用皮耶尔·布尔迪厄的用语)[2],同样难以辨识的还有这种集中化背后的非理性(underlying arbitrariness)。

符号权力具有和其他形式的权力所不同的效果,我们要在这里追寻这一情况所带来的后果。所有形式的权力都在社会空间中引发难以计数的后果。比如说,经济权力不是局限于生活的一个方面(经济生产),而是通过对休闲和其他东西的商品化影响生活的所有方面。但符号权力对社会的影响更广泛,更是无处不在,因为社会符号资源的集中化不仅仅影响我们做什么,而且影响我们描述(describe)社会本身的能力。它影响我们对社会中不平等,包括符号资源自身的不平等分配的感知。符号权力的集中,其本身既是事实,也影响所有(all)社会事实(包括符号资源本身)的表现。与其他形式的权力(经济的或政治的)不同,"误认"(misrecognition)的效果是符号权力的分配不均本身所固有的。这也是为什么我们需要一个对符号权力强有力的定义,以揭示其在总体社会空间中的分配不均所造成的影响。

符号暴力

"误认"这个概念——我们会看到其在分析媒介仪式的权力影响中的特殊重要性——经由布尔迪厄的"符号暴力"概念得到了确切的解释。最初引入时，这个概念的适用范围很有限："符号暴力，那种温和的、不可见的且从不被当作暴力的暴力形式，并非被特意选择的，关于声望的、自信的、责任的、个人忠诚的、殷勤好客的、天赋的、感恩的、虔诚的暴力"（1977：192；1990：127）。于是，"符号暴力"开始用于形容非直接的、不通过正式的排他和暴力来运作的支配形式。但从这个角度看，符号暴力在有广泛的机构化、契约化的控制形式的复杂社会里并非不可或缺，尽管布尔迪厄确实注意到，经济控制的运作方式被暴露后，新的掩盖形式或符号暴力变得越发必要（1977：196-197）。近几十年来许多跨国公司重金捐助慈善、环境保护或力推"以人为本"（putting people first）的策略可能例证了布尔迪厄所说的情况。

对于有发达的劳动分工的复杂社会，布尔迪厄最初的定义很难抓住与媒介这种专门进行符号生产的社会部门相关的"符号暴力"。然而，哪还有比媒介的符号暴力更好的例子呢？这种暴力"只能通过被统治者不得不（cannot fail to）给予统治者的赞同而实现……同时，被统治者只能使用他们与统治者共有的知识作为工具来理解这种形势和关系，这种知识使得统治与被统治的关系自然化"（Bourdieu，2000：170）。如果我们从另一个角度看待媒介再现，把它看作一个由有限的社会部门发出的却号称代表我们所有人的声音，媒介在社会中的地位就会完全不同了（在极权国家中，媒介明确地从属于一种很容易被辨认出的国家权力形式，媒介的地位确实不同）[3]。但在多数情况下，我们根本无法看出媒介仪式在起作用。

从这个角度看，大多数迪尔凯姆观者和新迪尔凯姆观者关于媒介仪式论述的弱点就更清晰了。问题并不在于他们没有符号权力这个概念，而是他们缺少对权力与符号暴力密不可分这一点的认识。例如，戴扬和卡茨对媒介事件的分析依赖符号权力的概念；没有它，他们关于电视使得新的社会归属感成为可能的论断就讲不通了（Dayan and Katz, 1992：17）。但他们没有对符号权力的不平等分配提出挑战。没有这种不平等，媒介的效果就不可能实现（见第四章）。"我们"① 都以某种方式通过媒介仪式和媒介事件参与到构建"我们的"现实这一过程中，这是一个让人感到欣慰的观点，但关于权力的问题就被这个观点掩盖了。下面我们以另一位新迪尔凯姆观者为例：

> 媒介充当现代社会的中枢神经。对这些媒介的探究把我们引向了对 20 世纪全部生活的中心的搜寻。我们的媒体，我们自己。
>
> （Real，1989：13）

这种视角的功能主义倾向再明显不过了。下面这段詹姆斯·凯瑞的话明确了这个观点，布尔迪厄也很可能写出这样一段话：

> 在我们的时代里，现实因难以接触到而稀缺；那么少的人掌控着决定现实的工具。一些人有机会说，一些人则听着；一些人写，一些人则去读；一些人摄像，一些人则收看……传播过程里不仅有阶级的冲突，还有地位的冲突。
>
> （Carey，1989：87-88）

"现实"稀缺是一种形象的说法，如果有点泛泛的话。它的意思是社会不断地被误认。符号资源的分配不均既是其原因也是其特点。因此，符号暴力是内在于媒介运作之中的，但它只能通过关于具体的仪式和仪式化的理论才得以分解。这些具体的仪式和仪式化让符号暴力日复一日地得以维系。

超越对中心的迷思

首先，我需要分离出并命名一种误认的形式。这种形式为我们认识所有其他有关媒介仪式的具体误认提供了框架。我将称其为"对中心的迷思"，并将解释它与另一个我称之为"关于媒介化中心的迷思"的关系。

---

① 社会集体。——译者注

对经典的迷思建构的动摇

爱德华·萨义德（Edward Said）对美国社会的"中心性"（centrality）图景进行过论述（Said，1988：159）。其他与媒介文化更密切的对美国社会的诊断不计其数，从鲍德里亚在"超真实"（hyperreal）美国的游记到尼尔·加布勒（Neal Gabler）最近对被娱乐"征服"的美国现实的分析（Baudrillard，1988；Gabler，2000）。但萨义德描绘的图景最入木三分，对我们的分析也最有用处。美国社会的媒介饱和达到了超乎寻常的程度；关于中心性的图景，如果确有其事，也必然与此有关。但关于社会"中心"的观点也是所有迪尔凯姆和新迪尔凯姆观者解释社会如何通过仪式凝聚的理论基础，所以，这里重要的远远不止是对于某国电视消费的分析。

爱德华·史尔斯（Edward Shils）的《中心和边缘》（*Center and Periphery*）是对中心的迷思的经典论述。史尔斯是帕尔森学派（Parsonian tradition）的杰出社会学家，他和迈克尔·扬（Michael Young）对电视在当代仪式中的角色进行了最早的分析（Shils and Young，1956）（见第四章）。经典的迪尔凯姆和新迪尔凯姆观者论述的合理性就恰恰依赖于社会的"神圣中心"这一观念。史尔斯写作该著作时仍然很谨慎，因为他还没有一反迪尔凯姆的历史分析方向而采纳新迪尔凯姆观来论述当代媒体，特别是电视可以"重建"这种中心感。相反，这却是戴扬和卡茨（Dayan and Katz，1992：viii，23）通过援引史尔斯而明确论证的。他们坚持认为媒介通过整套协调社会的现代科技手段（广播时间表、卫星传输等等）再造了"机械团结"。

在第二章中，我指出了这种看法既正确又错误：正确在于它关注了晚期现代性中（媒介牵涉其中）构建社会中心感的巨大压力，但错误在于它忽略了这些压力恰恰是建构的过程。但是，分析不能到此止步。如果社会的"中心"确实是一个迷思，或者如果〔换句话说，采用哈贝马斯（Habermas）著名的对"系统"与"生活世界"（lifeworld）的区分〕当代媒介没能把生活世界的真相告诉系统，因为从某些关键的方面讲，媒介是那个"系统"的一部分；那么我们必须解释为什么这个迷思根深蒂固，以及它怎样与更广泛的媒介权力的合法化相联系。为此，我们需要把"符号权力"和"符号暴力"的概念链接到仪式性身体（ritual body）的建构上：媒介的仪式类别是怎样被吸纳到具体的仪式行为和对仪式的习得（mastery）里的？

注意，媒介分析开始从媒介文本转向更广阔的治理术（governmentality）（Rose，1996：42）和晚期现代国家中对社会行为规范的问题。一旦我们放弃了社会有一个"真正的"、等待着被"表达"的社会价值这一假设，我们就可以自由地重新解读对当代那些本身就没有结论的争执进行社会和文化定义的过程。也许根本的争执集中于"真实"本身的定义。当然，尽管"真实"在不同语境中有不同的表现方式：政府的社会控制政策所指向的"现实"，经济"现实"，民族情绪的"现实"，时尚和娱乐界的"现实"。因为社会的符号资源分配很不均衡（媒介机构是这种不均的主要受益者），这些关于定义的持续争执都有符号暴力的痕迹：某些定义有足够的分量和权威将多数其他选项从视线中抹杀（close off）。尽管这种抹杀从来不可能是完全的，且在原则上总是可能受到挑战的。正是在这里，对媒介仪式的解构得以与其他更加具体的对媒介产品的意识形态解构相联系，因为这种解构挑战了我们对媒体的信念，即媒体正是对社会的不同理解之间的具体冲突以及冲突解决方案的表达空间。

反规则与监视策略

如果我们想抓住围绕符号权力的冲突以及抓住符号暴力的运作，但却不依赖任何"对中心的迷思"或其他功能主义的假设，我们就需要一个更进一步的概念，以抓住隐藏于显而易见的社会"共识"之下对局部定义的争夺。这就是近期意大利社会学家阿尔贝托·梅卢奇（Alberto Melucci）引入的"命名"（naming）这一概念。置身迪尔凯姆传统之外，事实上是整个仪式研究之外，梅卢奇强调了晚期现代性中关于对现实进行"命名"的持续的竞争。他的观点是，当我们生活在一个完全没有神圣感的社会中时（1989：62，109），我们的生活确实是被其他的、更可疑的共识形式所组织的，这种组织是通过消费和市场的力量（1989：55）以及治理的策略实现的。在这样的社会中，存在关于"信息生产和符号资源"的冲突（1989：55）且"获得知识的机会成为一种新的权力"（1989：84）。这些冲突对人们的重要性表现在人们通过挪用共有的符号资源来各自尝试着定义自己（local attempts to define themselves）。在他 1996 年出版的《挑战规则》（*Challenging Codes*）中，梅卢奇把注意力更具体地转向了媒介。他论述道，媒介对当代社会的控制使我们"需要一种新的思考权力和不平等的思路"（1996：179）。这种思路要能认清对他所谓的"总体规则（master codes）的控制和影响"。"当今真正的控制，"他说，"是剥夺命名的权力。"（Melucci，1996：182）

梅卢奇的主要兴趣点是，当"命名"的权力向政府、企业和媒体的集中变得常态化时，社会运动在迎难而上对抗这种集中过程中扮演的角色。他论述道，社会运动在再现系统（system of representation）的内部和外部同时运作。命名和就命名的斗争为我们提供了一个不同的视角，它可以帮助我们研究在"媒介事件"中看到的对关于历史事件的"现实"的垄断。这些竞争不止发生在本地或者本国媒体，而且也是跨国媒体和互联网这种分散的新媒体所固有的。近些年来，我们目睹了一系列关于对中心性社会现实"命名"的符号冲突，比如 1999 年西雅图和 2001 年热那亚反全球化示威，以及内奥米·克莱因（Naomi Klein，2000）支持且给予分析的对企业权力的抗议。

"命名"这个概念还在其他两方面对后迪尔凯姆观的媒介仪式分析有帮助。如果我们把仪式化看作一种对社会命名的特别方式，这就把仪式化与其他和"仪式"关联不大的日常惯习联系了起来。我指的是那些平时起分类作用的统治实践（categorising practices of governments）。以色列人类学家唐·汉德尔曼（Don Handelman，1998）最近对这些话题做了评论。他倾向于使用"公众事件"而非"仪式"一词，因为他完全不同意这种事件表达了对"更广泛的社会秩序"的一致赞同（1998：xii）。汉德尔曼的兴趣不在这里，而在于某个事件是如何被建构成公共事件的，即"它们的组织形式背后的逻辑"（1998：xi）。汉德尔曼的更大目标是要分析公众事件赖以实现的协作模式和这些模式与"官僚逻辑"（bureaucratic logics）的联系。汉德尔曼的观点很有道理：与其被促进"社会团结"的媒体节目搞得目眩神迷，比如那些体育赛事或者嘉年华，不如我们更认真地思考这些事件的组织是如何准确利用官僚类别（bureaucratic categories）的（1998：xxxviii，xxxix）。

我想在这里和其他地方唤起一种对迪尔凯姆思想遗产的反面解读，不是强调"象征物"（the symbolic）的共识性本质，而是关注符号权力固有的竞争性本质。如皮耶尔·布尔迪厄在《语言与符号权力》（*Language and Symbolic Power*）[4]中转载的《关于符号权力》所说：

> 迪尔凯姆的功绩在于明确赋予了符号象征以社会功能：这是一种真正的政治功能，不能被约简为交流中的结构主义功能。符号是知识和传播的手段……它们使得对社会生活的共识性理解成为可能，一种从根本上帮助社会秩序进行再生产的共识。
>
> （Bourdieu，1991：166）

唐·汉德尔曼支持这种观点："对等级划分过程的控制是建立和控制社会秩序的一种最强大的手段"（Handelman，1998：xxxi）。这意味着，要分析仪式，特别是媒介仪式，我们应该特别小心公共的精彩盛事。当代的公共盛事，远不是揭示关于社会生活根本的、永恒的"真理"，而是可以被看作：

> 在监视、控制之下的对社会秩序的再现。这种再现为制作者和审查者……通过对直播和录播的事件采取精确的、临床式的、镜片下的注视所放大。
>
> （Handelman，1998：xxxix）

仪式化与监视之间的联系很重要，我将在第六章中利用它们的联系来思考"真实电视"的仪式维度。

对迷思的解构还是对意识形态的分析？

为了清晰起见，我们有必要澄清目前为止对我观点可能产生的一种误读。它可能把我的观点看成现世马克思主义对媒介仪式作为掩盖基础层面上支配关系的意识形态过程的回击。媒介以及媒介仪式，将成为媒介之外的利益——尤其是经济利益——的工具。比如说，这种观点有可能从莫里斯·布洛克那里得到支持。他将仪式解读为在意识形态层面上对权力关系的歪曲（Bloch，1989）。菲利普·埃利奥特 1982 年发表了引人注目的关于"报刊仪式"的文章，但遗憾的是他的去世使得论述没有得以展开。他为媒介背景下的"仪式"提出了类似的定义，尽管他首先强调的是政治的而非经济的支配关系。

> 仪式是规则支配下的活动，它神秘的符号特性把参与者的注意力引向社会或团体的统治者赋予特殊重要性的思想和感受的对象物上。
>
> （Elliott，1982：147）

这种观点的危险在于，通过极力反对迪尔凯姆视媒介为社会黏合剂的观点，它以另外一种形式重复了功能主义假设：它声称媒介仪式的作用是提供一种根本的、功能性的必需品，这种必需品产生于经济基础但表现为治理结构。埃利奥特自己在他文章的最后也显现出对这种还原论的不安。

如我在前言中所说，本书阐述媒介仪式的角度不同于马克思主义传统下的意识形态解读。我不是说媒介仪式一定是任何特定意识形态的工具，如对这个词的通常理解那样（巩固某个国家、企业或其他比如宗教机构等实体利益的信息）。我的分析不关注通过媒介仪式传达的具体讯息内容，而关注更根本的那种媒介仪式的形式所固有的迷思化，无论仪式的内容是什么，或有没有内容。这一观点认为社会中存在一个"中心"。当然，在当代社会生活中，很多中心化的过程是类似且相连的，有些在国家范围内运作，有些越发在全球规模上运作（政策管制的压力、市场的压力等等）；但毕竟，我们还有政府这种中心！这一观点走得更远，认为在这些真实的中心化的压力之下，有一个我们应该珍视的"真相"的核心，一个"天然"的中心（当然，不同的"中心"，取决于我们生活在哪里），它成为"我们的"生活方式的中心，"我们的"价值。这是关于中心的迷思，它与另一个迷思紧密相连，即"媒介"。媒介作为一个高度集中化的符号生产系统，享有与那个"中心"的特殊关系，其"天然的"任务就是代表或框架那个中心。这叫作关于媒介化中心的迷思。

尽管存在使社会中心化的各种竞争性压力和（不要忘记）作为对手的去

中心化压力，现实生活中，并没有那么一种社会中心来扮演社会及其价值的道德基础或认知基础，所以也就没有媒介与生俱来的、作为那个中心的发言人的角色，但各种压力却迫使我们相信中心的存在和媒介的角色。这些压力如此之大，以至于将其称作迷思听上去是造谣诽谤（scandalous）。然而，这样做很重要。既然社会具有一个中心，那么那种我们拥有或需要媒介来"再现"那个中心的想法就变得很自然了。媒介声称自己是社会的"解释框架"，使得社会确有一个"中心"要被无数的媒介文本"再—现"（re-presented）给我们这一观念显得顺理成章。[现实情况不同且更加复杂。现代国家里，那种高度（但并非完全）集中的强制权力与现代媒介机构中高度（但并非完全）集中的符号权力并肩发挥作用，尽管步调不总完全一致（见图1—1）。]

这两个相关联的迷思成为一些媒介仪式中的类别、边界和等级区分的基础。这些类别、边界和等级在媒介仪式中的应用有助于媒介话语的组织。所有这些区分植根于一个中心性的原则，即在媒介"里"的东西高于不在媒介"里"的东西（Couldry，2000a：17）。我稍后会对这些类别进行详细讲解，但我们必须认识到这与标准的对媒介意识形态的分析有何不同，以及它如何支撑而不是弱化独立的意识形态分析。各种具体的意识形态通过媒介仪式的运作来互相竞争，媒介仪式的运作便使得"媒介化的社会秩序"这一理念变得自然，并使媒介（作为一种生产和传播图像、信息和观点的中心化系统）在再现社会方面的特权合法化。

媒介仪式，在这个方面，仍然是"意识形态的"，但词义有了变化，如埃内斯托·拉克劳（Ernesto Laclau）在《社会之不可能性》（收录于《对我们时代的革命的新反思》）——对当代马克思主义的修订中所说："意识形态性的东西包含那些基于对意义的固定和封闭以及否认差异化表现的话语形式，我们的社会试图将自己构建成话语所说的那样（*through which a society tries to institute itself as such*）。"（1990：92）媒介代表整个社会这一断言，从新闻简报到市场营销攻势，在总体意义上几乎总是意识形态性的，内在于媒介机构的自我形象中。当然，媒体所做的还不止这些：在特定的地点，为了特定的目的（无论是针对特定受众的有线电视频道，还是女性或男性杂志市场），另外一种碎片化和分割化的话语也很重要。但这很少，即使有的话会削弱人们对媒介所代表的、人们应该关注的注意力中心的感知（"发生什么了"）。当代社会表现为各种资源的高度集中化——经济的、政治的、符号的——且这些集中化需要被合法化，以便人们愉快地接受这种现实。媒介机构，作为社会中符号资源集中化的受益者，其重要任务之一就是使这种集中合法化。它们通过传播某种话语使媒介看上去是天然的社会"中心"的代言人。媒介仪式正是这些话语浓缩的和自然化了的形式；如此说来，媒介仪式是对媒介权力的误认进行再生产的首要手段。

所以，这里不是要取代对媒介生产的具体意识形态的解构，无论是局部的还是全局的。相反，关于媒介化中心的迷思恰恰是这些具体意识形态的强有力的工具（无论是在性别、阶级、民族、人种方面持续的不平等，还是基于性取向差异的不平等）。媒体的目标受众坚信，在特定的时间和空间里，"媒体"有能力解决特定的意识形态的冲突，这一看法可以被冲突各方利用以达到自己的目的。所以，对关于媒介化中心的迷思进行解构是分析那些争论的手段，这并不是要否认，在特定的斗争中，为了特定的目的，在媒介机构之内和之外，我们可以有策略地使用这种迷思。但是，所有这些都不应该掩盖在具体意识形态之外进行分析的重要性。

当然，我的观点也有自身的矛盾性：要发现媒介化的社会中心及其权力所使用的语言，你就必须学说这种语言，于是从某种角度讲，就是延续它的生命。但当我们反思媒体的时候，使用"中心"的语言和学习使用其他语言是兼容的。这一点我会在第八章里探讨。

媒介的仪式类别

"关于媒介化中心的迷思"是一个对更复杂和混乱的东西的描述：这个东西就是使得媒介权力合法化的大量实践。媒介权力看上去合理合法，因为它通过对言语、思想和行为的组织，被建构得看上去顺理成章。如我在《媒介权力的所在》（*The Place of Media Power*）（Couldry, 2000a）中所说，这个过程有很多维度，只有某些维度与媒介仪式相关。那些我称之为"日常的排序行为"(banal practices of ordering) (Couldry, 2000a: 48) 指的是媒介信息源和媒介入口越来越多地对社会实践进行组织的方式。媒介已经成为很多公共和私人生活领域的"必经点"(obligatory passing point)[5]，这成为社会组织方式的日常事实。然而，所有这些都不需要媒介仪式这么形式化的东西。

相反，"媒介仪式"是行为形式的浓缩。在这些形式中，与媒介化中心的迷思有关的那些类别的区分和界限被高强度地使用。在媒介仪式中，并没有真正的社交网络被直接创建或者加强，相反，使媒介权力自然化的认知类别 (categories of thought) 被付诸行动。为了方便，我们姑且称之为媒介的仪式类别 (*the media's ritual categories*)。它们是什么？首先且最重要的是，那是在媒介"里"或"上"或与"媒体"相关的东西与那些不在媒介"里"或"上"的东西之间最基本的类别差异。原则上讲，这个差异适用于所有事物，这就是为什么说它是类别差异。如迪尔凯姆关于"神圣"与"世俗"的区分，它贯穿社会生活的一切；任何东西都可能在媒体"里"。所以，在媒体"里"和不在媒体"里"的区别就不是天然的了，而是通过不断使用被建构为天然的 (Couldry, 2000a: 41)。

我们可以观察我们自己和其他人把媒介"里"的物、事件、人、地点或世界建构成有别于我们的东西。在第四章里，我们会看到某些事件被建构成"媒介事件"。在第五章里，我们会详细研究媒介地点作为"朝觐"之地的特殊性。在本书的其他地方，我们会碰到在建构名人、巨星和"大咖"(personalities)① 的过程中媒体人物与非媒体人物的类别差异。

就此我们已经讨论了类别差异以及媒介里和媒介外之间的等级区分。通过这个首要的区分，关于媒介化中心的迷思被自然化。但还有一些重要的次要区分，它们源自媒介里的比媒介外的东西具有更高地位这一假设，但具有不同的参照点。例如，直播的"直"即"现场感"(liveness) 一词（详细讨

---

① 咖来自 cast，大咖的说法来源于港台娱乐界。这个新兴的名词用来表达在媒体中成长、出名的艺人比较合适，所以用来翻译"personalities"。——译者注

论见第六章）源自被媒体呈现的内容的状态，但却更明确地暗示媒介事物更重要的原因，因为它们是社会实时（current）"现实"的一部分。这个"现实"每时每刻都随着媒体报道的变化而变化，这就意味着现在正在演的，无论是什么，一定比不再被演的东西有相对更高的地位，于是就有了直播（live transmission）的重要地位。更明显，但仍然是自然化的是，媒介所展现的关于各种事物的"真实"程度之间有显著的差异。比如，第六章要讨论的关于"真实电视"（reality television）的争论，或电视脱口秀（见第七章）对"真"（true）情流露的"真正的真实"（really real）一刻的追求。

媒介的仪式类别，就像所有重要的组织性类别一样，在无数不同情境中被复制。它们已经变得自动化和令人不假思索：你可能对你的同事或者队友说，"给她打电话，她上过那个节目，她可能有助于我们的形象"，却不进一步去想你正在复制的类别差异。在媒介仪式里，我们看到这些类别差异被内化于特殊的行为方式中，这些行为方式既证明了类别的效力，又自然化了类别的重要性。下面，我将转向媒介的仪式类别如何通过身体的表演被内化这一问题。

仪式行为和仪式身体

如果说意识形态的概念一般被认为直接涉及意识形态里人们所相信的具体内容，那么仪式和信念之间的关系就没那么直接了。类别差异会被应用于行动中，会被镶嵌在对空间的组织或身体在空间中的安排（orientation）中，但这并不意味着那些类别必须通过行动者的信念才能被表达出来。相反，一旦我们反思这些类别差异，它们身上就显出了争论的可能性；但当它们通过身体的行动被自然化时，那种可能性是不会出现的。仪式行为存在于纯粹内化和明确表达之间；仪式行为对某些东西的强调和暴露可能激发对这些东西的争执和辩论，但这些争执和辩论倾向于停留在仪式框架之内，而仪式框架对社会生活的组织已经把最重要的类别区分自然化了。

对类别的内化

将日常仪式化空间和仪式行为连接起来的是穿越其中的身体：这个身体已经将仪式在类别区分上所具有的重要组织作用内化了。要掌握这种连接的运作方式，我们可以向皮耶尔·布尔迪厄借用更多的概念。例如，在讨论官方语言如何获得合法性时布尔迪厄写道，这种认可"蕴含在行为的实践状态中"（practical state），在"倾向性"中，像所有形式的符号支配一样（Bourdieu，1991：50-51）：因为"符号暴力……只能影响（在其惯习中）预置了这种感知的人"（Bourdieu，1991：51）。在这里，我们不需要详细论述这段话背后布尔迪厄晦涩的"惯习"概念；我们可以简单地采纳这个词的操作性定义，即它抓住了人们的个人行为是如何通过两个转变，被（1）对行为原则进行组织的力量所塑造，继而，（2）这些原则又限制了实践可以参与的范围。

这些限制（"惯习"）通过身体起作用；它们是我们行为实践的组织方式的一个维度，使得这些行为实践在我们执行、反思和表达它们之前就已经存在了。其作为先决条件运作于"我们的意识、表达和反思能力之外"（Bourdieu，1990：73）。布尔迪厄指的不仅是对孤立的个人身体的组织，也指对像家里这样的空间的组织，在那里，身体的体验与空间里其他事物是互相协调的（1990：76），他还指每个人在穿越不同空间时必须具备的"行为习得"（practical mastery）（Bourdieu，1977：87-95）[贝尔对此做了探讨（Bell，1992：107-108）]。

凯瑟琳·贝尔对这些观点的发展很有贡献，她提出行为习得正是宗教仪式化的终点，即"向身体注入仪式'感'"（Bell，1992：98）。对仪式——行为的某些被强调的形式——的感知是一个更宏观的等级制度通过表演被巩固的方式。如贝尔所说："仪式化通过设计和精心协调，使得所做之事区别于和高于其他，通常是更平凡的活动。"（Bell，1992：74）这样，仪式行为就能预示事物的"更高"等级：

> 所有仪式化的策略根本上都是对一种比当前情境涵盖更广的权威性

秩序的迎合。仪式化总体上是参与到某种广泛共识中的途径，此共识认为那些参与（仪式）的人所做的是一种对世界的自然反应，这个世界被设想或解释为受到超越它的力量的影响。

(Bell，1997：169)

你可能反对，并认为媒介仪式不能如宗教仪式（即贝尔的论题）一样引发先验性的秩序。但是别忘了，媒介仪式能促使媒介被看作社会中心的代表，这恰恰是那种沿着新迪尔凯姆观对媒介的解释而得来的先验性论断。虽然反对新迪尔凯姆观对媒介的观点，但我却严肃地认为正是类别差异使得媒介是社会中心这一观念自然化。

然而，要认识到很宏观的东西（关于整个社会以及媒介在其中的位置的看法）怎样通过细微的事情——无论它有多小——而得到巩固是有难度的。但这正是布尔迪厄"行为习得"这个概念的重要之处：他洞悉到身体的举止和语言里最微小的细节可以复制更大的社会秩序模式（或至少是社会秩序的映像）。这个原则适用于"简单"社会，也同样适用于"复杂"社会。布尔迪厄通过下面这段话阐述了这一关联：

> 如果所有的社会……都把看起来最不重要的关于着装（*dress*）、举止（*bearing*）、身体和语言的规矩（*manners*）妥善保管，那是因为，通过把身体当作记忆来对待，社会把本是随意发生的文化内容的基本原则以最简练和可行的形式，像记忆术一样，寄托于身体上。以这种方式被呈现的那些原则就超越了知觉的领会范围，也就不能被主动地、故意地改变，甚至不能被明白地解释；没有比我们赋予身体的价值更难表达，更难沟通，更难效仿，且更珍贵的了。通过一种潜移默化的教育过程中的隐性说服而实现的本质转换（transsubstantiation）使（*made*）身体能通过微不足道的指令，比如"站直了"或者"吃饭时不要左手拿刀"，来灌输整个宇宙论、一种伦理、一种形而上学、一种政治哲学。

(Bourdieu，1977：94，斜体为引文作者所加)

但你也许又会说，尽管当代媒体在微观层面上是各种机制化的领域里最受争议的，但是它的确像布尔迪厄所说的那样，是像充斥着意识形态的身体规训一样的各种社会指令的焦点吗？

为了解答你的疑惑，这里有一个思维实验。你阅读这一页的时候，想象有人告诉你一个电视名人正好走进楼里：你会继续读书，不受影响吗？如果你同意那几乎是不可能的，那么我们发现了"媒介仪式"所暗示的当代社会生活中的一个维度。媒介仪式（和仪式化）抓住了"特殊的"，通常是被自然化了的社会生活的一面，这个维度简明扼要地确认了"媒介"对社会生活的框架力量。我们对此都有直觉性的了解，但困难的是如何找到更精确地剥离这一维度的方法。

媒介仪式在哪里？

诚然，与宗教仪式不同，我们不能在一个教堂或者清真寺之类的单一的封闭空间里寻找媒介仪式。媒介过程太过分散于媒介空间中。事实上，当一个媒体名人进屋来，你转身并保持关注的动作还不是媒介仪式，但它的确是被某种原则（媒体人是特殊的，所以值得我们给予特别关注）所组织的，这种原则可以体现在形式化的行为里，比如在被高度组织的电视演播室空间里。小规模的媒介仪式甚至可以发生在更广但并非仪式性的空间里。所以，即使在媒体主题公园里，比如我在写作《媒介权力的所在》时分析的曼彻斯特格拉纳达影城，很多情况也并非仪式性的（排队买吃的、聊天、看展品），但有些事情确实是媒介仪式：偶尔会碰见名人，"上镜"（或假装上镜）的机会，等等。

我们寻找的不仅仅是正在起作用的类别，而是仪式化的行为。我们需要找出形式化地应用那些潜在的、与媒介相关的类别的行为，而且要形式化到足以被称作媒介仪式。尽管鲜有研究，但我们应该在以下几个地方寻找这样的仪式化行为：

● 人们从非媒体"世界"进入媒体"世界"的地点，比如摄影棚或者任何拍电影或制作媒体内容的地方；

● 非媒体人希望碰到媒体里的人（比如名人）（或物）的地方；

- 非媒体人在媒体面前表演的时刻，比如在照相机前摆造型，即使这个过程发生在并非形式化的行为过程中。

在所有这些情形中，人们以形式化的方式表现类别差异。这一类别差异以浓缩的形式复制这样一个观念或观念的衍生物：媒体是我们接触社会"中心"的那个点。这里有一些我能想到的类似的例子：

- 人们在得知自己"上电视"的时候欢呼（访谈节目演播室里主持人转向观众，请他们鼓掌，"展现他们的感受"）；
- 看到名人的时候，人们或者胆怯退缩，或者冲到前面去；
- 人们在进入一个和媒体有关的地方前停下脚步，以强调他们通过进入这个地方而跨越的那个边界（Couldry，2000a：111）；
- 媒体人物在媒介外的公众面前表演，以确认自己不同寻常；
- 在某些被形式化的媒介环境中，非媒介人物的表演，比如脱口秀（见第七章）。

别忘了，称一个事物为媒介仪式（比如一场脱口秀表演）并不妨碍它对个人具有非常重要的意义。在电视上忏悔这种仪式正是这样一种当代媒介情形，它是布尔迪厄的行为习得理论和福柯关于权力能生产自我管理的新体制这一理论的结合点。福柯（Foucault，1981a）分析了（面对神父、医生、精神分析师）忏悔的仪式是如何被忏悔者和谈话者（interlocutor）之间的权力差异所结构的。尽管受众很复杂，但是电视忏悔节目同样是一种仪式形式，是围绕着某些类别差异组织起来的（主持人对忏悔者，日常空间对演播室空间，日常故事对电视里播的故事），权力差异赋予类别差异意义，同时也被类别差异掩盖和自然化。基于这一点，电视忏悔节目是关于任何显著的社会差异（无论是性别、阶级、种族还是性方面）的争论的一部分，这种形式接纳各种个人性的、临时性的磋商。我的主要关注点将放在形式问题上，而非个人争论上，但我关于后者的重要性观点是一贯的。第七章将对这一点做更多论述。

所以，媒介仪式化囊括了从高强度的个人表演（一个人在成百上千万陌生人面前揭露个人隐私）到名人进屋时所有人都转头去看的这种日常琐事。两者以及介于两者的所有情况都在一定程度上展现了我们是如何在生活中把媒介化中心的迷思当作"真理"的。

一些合理的驳论？

在我们转入下一章更多详细案例之前，让我谈两个目前为止对此论点的反驳。

首先，重要的是，我论述媒介仪式这个概念并不是要否认对媒介的仪式类别进行抵抗和持续协商的可能性。从头至尾，我一直在阐述类别和迷思通过行动、思想和信念在整个社会空间中被复制，但这也预示着这种复制可能不会发生。在本书中，我不会详细考虑那些直接挑战符号权力集中化的行为实践，但它们都很重要，而且可能越发显著（见第八章）。

与抵抗的策略相比，对仪式类别进行挪用（appropriated）的普通途径多得多，它们实现着对权力的简单复制之外的其他目的。比如说，整个基于媒介的迷文化（fandom）实践就可以解读为这样的挪用。但这总体上并没有削弱媒介仪式这个概念，尽管有些迷行为的理念确有批判性的潜质；相反，仪式能被个人挪用正是它的一个本质性特点（与正式的意识形态不同）。

> 仪式化，和任何形式的社会控制一样……只有这种控制可以保持相当的宽松度时才是有效的。如果人们觉得仪式化经不起一定程度的个人挪用，那它就起不到社会控制的作用。
>
> （Bell，1992：222）

理解媒介仪式就意味着既要承认个人挪用的细节，也要承认通过那些挪用而被复制的无所不在的形式。虽然粉丝行为并非本书的主要关注点，但是贝尔的观点与这个领域最近非常详尽的论述相吻合（Hills，2002：conclusion）。

其次，我对关于"中心"的迷思的反驳看上去不过是以一种新形式，通过不断强调其重要性而复制了它，而证据显示，新的去中心化媒介形式正在成为主导，如万维网、移动电话和短信息系统等等。但无论这些新媒体有多大离心的潜力，它们时刻都可能被关于中心的迷思收编。新媒体，无论在形式上与旧媒体区别有多大，都与造成社会中符号资源集中化的物质过程密不可分，这也是为什么很多人担心商家对"网络伦理"的影响（Hamelink，1999）。这确实是我们同样需要把握新媒体媒介维度的原因（Jones，1998：30）。如果不假思索地认为新媒体的社会效果是"变革"，那可能正是媒介是我们通向现实和未来的中心这一迷思的最新、最时髦的版本。[6]

第四章　对媒介事件的再思考

在仪式中，一个人经历一系列事件……

——特纳（Turner，1982：86）

……（历史）教会我们的……（是）对事件的警惕……不要认为弄出最大声响的表演者就是最真实的；还有一些是沉默的。

——布罗代尔（Braudel，1972：25）

出于若干原因，媒介事件为应用我们的媒介仪式理论提供了很好的起点。首先，它是戴扬和卡茨的经典著作《媒介事件：历史的直播》（*Media Events: The Live Broadcasting History*）（Dayan and Katz，1992）的主题。它比其他任何著作都清晰地展示了媒介仪式研究的优势和困难。为做到这一点，它不是通过笼统的文化评论或文本分析，而是通过迄今为止将人类学理论应用于媒介的最系统的尝试[1]。其次，对媒介仪式的新迪尔凯姆观与后迪尔凯姆观视角的区别可以通过对媒介事件的分析得以鲜明展现。这部分源于戴扬和卡茨论点的修辞力量，但也是因为媒介事件与媒介的仪式空间的内在联系。如果詹姆斯·凯瑞所说的"传播的仪式观解决的是媒介在时间中维系社会的角色"是对的，那么媒介事件的发生，尽管它时常短到只有一周，却是媒介积极行使这一角色的时刻，或者至少看上去如此。因为，如果"在仪式中，一个人经历一系列事件"（Turner，1982），那么针对如何将媒介仪式理论化的最激烈的争论应该围绕着媒介事件而出现。沿着前三章的论述，本章将论证媒介事件在关键方面是对"社会秩序"的建构而非表达，是建构我们对社会"中心"的感知和媒介与那个"中心"的特权关系的过程。那么，媒介仪式是拥有特权的时刻，不是因为它们揭示了社会中最根本的凝聚力，而是因为它们揭示了当媒介化中心处于高潮点时,这个中心被建构成迷思的过程。[2]

我赞同那种对将"事件"视作更深层真理之源的观点进行质疑的人。伟大的法国历史学家费尔南德·布罗代尔（Fernand Braudel）对事件的怀疑部分是基于,作为一个结构主义者,相比于长期（*the longue durée*）模式,对短期模式（short-term patterns）有着天然的反感（他曾写道,"事件是尘埃"[3]),但这段话背后的动机与媒介仪式及其复杂性有更直接的关联。布罗代尔问道,当我们在诠释事件时应该听谁的：表面的声音还是表面没有的声音——那些"缄默"？布罗代尔思考的是对历史记录的抹杀,而当代关于媒介事件受到无情的审查这种事一点都不少。媒介的仪式空间里的结构（其永久性的不平等）是如何通过媒介事件实现的？认为社会真相通过那种结构得以"表达"的观点显然过于简单了。我们同样必须警惕对"仪式"一词在媒介事件的情绪化氛围中过于宽泛的使用（Becker, 1998；Corner, 1999a)。但即便如此,我们会看到,"仪式"确实抓住了构建媒介事件的压力以及我们对社会中心性的（明确的）感知。

公共事件和仪式在媒介中的延伸

首先,我们必须对"媒介事件"这一术语的历史做个回顾,这对理解其现在的用法很重要。

媒介事件的另类历史

戴扬和卡茨对媒介事件的分析不是凭空臆造的,而是来自一系列关于电视在转播英国皇家仪式中的作用的研究。史尔斯和扬（Shils and Young, 1956）关于1953年伊丽莎白女王加冕的文章就是起点。这篇颇有影响的文章诠释了加冕对战后英国的意义。史尔斯和扬从经典的迪尔凯姆式的视角将其解读为"对国家的再献礼"（Shils, 1975：137）,即"确认社会所系的道德价值观的仪式性时刻……一种国家团结的行动"（Shils, 1975：139）。该文详细描述了加冕仪式本身,以及它如何通过一种与以往皇家仪式非常不同的方式在更广大的观众面前被放大，即这个仪式可以在家庭环境中、在电视或收音机前被经历。在与所有其他关于媒介事件的记载的呼应中，史尔斯和扬强调了人们成群地观看电视的方式（Shils，1975：145），这制造了一种与全英国所有家庭一起收看的"全国一家"的感受。

史尔斯和扬并没有强调"仪式"一词，但却在事实上混合了好几种思路，供我们思考媒介是怎样建构仪式的。大卫·钱尼（David Chaney）区分了三种思路，它们与我们在第一、二两章提到的仪式的解释交叉，但并不抵触：

● 媒介所报道的仪式。
● 报道仪式时那些本身被仪式化的报道方式。
● "媒介自身可能就是一个仪式或公共典礼"的情形（Chaney，1986：117）。

1953 年对加冕仪式的媒介报道的引人注意之处在于，通过电视，一个本来已经成型的仪式可以为散布在多个地点的观众同时举行。

这一观点来自钱尼的历史研究（Chaney，1983），同时也来自大卫·卡迪夫（David Cardiff）和帕迪·斯坎内尔对英国广播公司（BBC）在报道英国国家仪式时所获得的特权角色的历史研究（Cardiff and Scannell，1987；Scannell and Cardiff，1991）。除了做出特别说明的地方外[4]，这些论证基本是在迪尔凯姆式的框架下进行的。"仪式的本质，"钱尼说，"是使某种集体性得以主张或确认，否则其社会存在感就会模糊不清"（Chaney，1983：120）。尽管"主张或确认"一词的使用是谨慎的，但这种谨慎在钱尼的总体著作中相对来说并未得以展开。对卡迪夫和斯坎内尔，"仪式总是（*always*）在改造（社会）"，而且仪式在 20 世纪英国的改造作用依赖于电视"为碎片化的观众提供了一种共有的文化，一幅国家作为一个可感知的社区（*knowable community*）的画面"（Cardiff and Scannell，1987：168-169）。这些研究的重要性在于它们揭示了存在于皇家仪式的电视转播背后的历史较量。英国广播公司需要为自身建立一种与英国国家相称的地位，而使其摄像机有权进入皇室典礼则是建立这种地位的重要途径。钱尼在未经允许的情况下引用了英国广播公司宗教广播主管写给威斯敏斯特教堂教长的信，"让尽可能多的人通过电视分享

（share in the service through television）这一仪式有着重要的宗教和国家原因"（Chaney，1983：131）。正是通过这样的协商，摄像机在"符号性仪式中最亲密的时刻"在场的权力才得以实现（Chaney，1983：134）。注意在协商这些关于历史性转变事宜时，迪尔凯姆式的观点是如何被有效使用的。

推而广之，卡迪夫和斯坎内尔论述到，尽管电视在总体上已经不仅仅是"关于"那些特殊仪式的了，而且成为一种日常生活惯习[5]，电视却还保持着再现国家仪式的角色（Cardiff and Scannell，1987：171-172）。在今天有互联网和许多电视频道的时代，是否还如此尚不确定（见下文）。但这些早先的论述至少说明，公共仪式的本质本身已经被电视根本地改变了[6]，即大量不在仪式现场的人群通过接收信息而参与其中（Scannell，1996）。

对这种转变的意义最细致的探讨来自戴扬和卡茨的《媒介事件》（Dayan and Katz，1992）。他们把"媒介事件"看作从"远离"观众的地方"直"播的那些事件，是发生在社会"中心"的真实事件，而不是由媒介设置的。其转播一定是事先准备好的，但又是对日常播出顺序的打断（1992：3-7）。我们一会儿会回到这一定义的细节。在戴扬和卡茨看来，对公共仪式的电视化不仅仅是对一个公共仪式的原封不动的传输。电视将现场发生的事件转变为一个关涉多个地点的叙事，这在以前的仪式实践中是不存在的，而现在在家里就能观看到（1992：94-95）。戴扬和卡茨认为电视"为获得参与仪式的体验提供了一些前所未有的途径……并使得壮观景象的威力得以最大化"（1992：101），且这并不以丧失仪式作为一种地方性行为的特殊性为代价（观众与仪式事件之间的距离通过其他途径得以强化）。通过对仪式事件本身、对仪式播出的准备，以及对人们的反应等的高度选择性解读，电视为事件制造了一种"圣礼式的语境"（liturgical context）（1992：103）。这个中介过程显然不是简单的意识形态强化，戴扬和卡茨分析了成功的媒介事件背后复杂的协商过程［也分析了许多极不成功的案例（1992：chapter 3）］。但他们认为，一旦成功，媒介事件就能起到凝聚社会的作用。

在详细探讨戴扬和卡茨观点的细节之前，我们应该注意到，我们本可以选择一个非常不同的先例来研究媒介事件，这会把我们的论点引向一个很不一样的方向。我指的是早年美国关于公众事件媒介化的影响的著作：兰和兰（Lang and Lang，1969），以及莫顿（Merton，1946）的著作。罗伯特·莫顿（Robert Merton）的研究《大众说服》(*Mass Persuasion*)，为我们提供了研究媒介事件的另一个恐怕是最有趣的语境，因为莫顿在研究中完全没有把这样的事件看作具有任何更广阔的、具有改造力的意义。相反，他对那种主张持批判态度。现在，让我来简单概括一下莫顿著作的主要观点。

莫顿研究了家喻户晓的广播名人凯特·史密斯（Kate Smith）是如何通过广播在1943年美国政府战争债券推销活动中说服人们购买债券的。史密斯在覆盖全国的直播广播中开展了一个马拉松式的系列简短推销活动（每一次只持续几分钟，但在18个小时里每隔一段时间有规律地出现）。乍一看，这是一种比戴扬和卡茨所说的那种更纯粹的媒介事件，因为它是一种仅仅通过媒介建构的形式化的活动，但又带着引发公众情感的公共事件的意味（结合了钱尼分析的第二和第三种关于媒介"仪式"的角度）。

凯特·史密斯本是知名的职业演员；事实上她那时已经开展过几个较短的战争债券推销活动了（但这次她说她不收报酬）。人们认同史密斯的表现，以及她不辞辛劳的努力。莫顿辨别了这一事件里一些可以被称为"仪式化了"的特点：其形式化以及一种集体感，即寓于全国听众与作为表演者的史密斯的互动之中的更宏观的集体感受。最有趣的是莫顿并没有说某种更深层次的东西在这一过程中得到表达。他的分析更偏向尖刻：

> 正是那个制造异化和疏离感的社会使很多人心里产生了对心安的渴望，对信任和"投向信仰的怀抱"（a flight into faith）的强烈需求。
>
> （Merton，1946：143）
>
> 如果一个社会不停地受到"有说服力的"半真半假的信息的冲击和对大众焦虑的利用，它可能很快就会丧失那种对一个稳定的社会结构至关重要的对他人的信心和相互的信任。
>
> （Merton，1946：189）

莫顿的研究属于如今已不再那么时兴的"大众社会"的媒介批判的传统，

但这并不会损害他所提供的经验性证据（本章后面会回到这一点）。仅仅是为了平衡戴扬和卡茨对媒介事件社会意义的高度修辞化的分析，我们也应该记住莫顿的评论。

媒介事件还是媒介仪式？

在我们详细分析戴扬和卡茨的观点之前，还有最后一点需要厘清："媒介事件"和"媒介仪式"之间到底有什么联系？在第二章中，我们把"媒介仪式"界定为"围绕关键的、与媒介相关的类别和边界组织起来的形式化的行为，其表演表达了更广义的与媒介有关的价值，或暗示着与这种价值的联系"。在第三章中，我们论述了媒介仪式把我们的关注点所引向的、与媒介有关的价值其实来源于关于媒介化中心的迷思，即社会中心是建构的，媒介作为我们接触那个"中心"的特许路径或"框架"也是建构的。第二和第三章中所讨论的"媒介仪式"都是具体、本地化的行为，它们围绕着基于那种迷思的类别或边界组织起来。但"媒介事件"，如我们所见，是在很多地方的大量行为（直播事件，数以百万计的不同观看情境，围绕着直播事件的话语传播）的集合。那么，在什么意义上"媒介事件"包含着"媒介仪式"呢？

对媒介事件的确切定义的争论要贯穿整个这一章，且与戴扬和卡茨的观点相悖。但无论争论的结果如何，媒介事件与媒介仪式之间的根本联系都是很清楚的。媒介事件是大规模的公共事件，它们把存在于多个位置的行为统合于一个总体的行动框架之中，这一框架就是对中心性的直播"事件"（其本身并不一定是个仪式）的关注。它与"媒介仪式"的联系来自那个总体的行动框架的组织功能，也就是使得发生在很多地点的大量行为聚合起来，并可被称为一个"媒介事件"的这样一种事实或是建构起来的事实（我暂时把这一点放在一边）。这一事实是，通过那个媒介事件的叙事框架，社会的集体属性被确认、强化或者维系。换句话说，媒介事件是一种大规模的、专注于媒介的社会过程，通过对媒介仪式迪尔凯姆式的解读得出的价值或者至少是假想的价值，是这个过程的总体组织框架，通过这一社会过程确认社会凝聚力。所以，在媒介事件的框架下，会发生很多可以被称为"媒介仪式"的本地性行为，因为行为框架把这些行为与媒介展现的价值联系在了一起。其实，无论我们是从迪尔凯姆还是后迪尔凯姆的角度解读那些行为和更宏观的"媒介事件"，这一事实都是成立的。

然而，本章的关键问题恰恰在于，对媒介事件和发生于其中的媒介仪式的迪尔凯姆式的解读是否应该被一种后迪尔凯姆式的、反功能主义的解读所取代。

从这个角度看，戴扬和卡茨在研究中论述的两个观点无可辩驳：首先，电视（和更广义的现代媒介）改变了当代仪式的条件（Bell，1997：242-246）。其次，在媒介仪式的语境里，一种特殊的收看模式时常发生——通常是与他人一起，并伴随着形式化的行为（也许是饭食的陈列，还有肯定包括避免对直播的干扰）。这本身就称得上是"媒介仪式"。戴扬和卡茨称之为"节庆式收看"（festive viewing）（Dayan and Katz，1992：chapter 5）。"节庆式收看"在其他的媒介盛事研究中已有论及，如超级碗杯橄榄球赛（Real，1975）、奥林匹克运动会（Real，1989；Rothenbuhler，1988）。注意，戴扬和卡茨所说的"节庆"并不意味着欢乐或庆祝，因为它也包括共担悲伤的时刻。在1997年9月戴安娜王妃葬礼的那一天，当成千上万的群众（包括我自己）聚集在离仪式中心威斯敏斯特大教堂一英里左右的公园，在大屏幕上观看葬礼直播的时候，我观察到了这种节庆收看的另一例证。这里，人们通过共同的收看行为直接体验到"社会"，对于几百万在客厅里观看这一事件的家庭，他们的体验也不会打折扣（Couldry，1999：84），或者至少这种收看体验被建构出来是这样的。这些社会性收看的形式绝对算是媒介仪式：它们是一些形式化的行为，这些行为的组织方式基于它们与"普通"收看的区别，这种区别的情形确认了媒介作为通往社会中心的入口的角色。

界定媒介事件

介绍了戴扬和卡茨的"媒介事件"概念及其历史轨迹（或是多条轨迹）之后，在下文提出另一种思考媒介事件的方式之前，我想先做些更详细的阐述。

戴扬和卡茨的新迪尔凯姆式的解读

戴扬和卡茨把媒介仪式定义为事先计划好的，但非例行的对真实事件的直播。事实上它们远没有这么简单。截至目前，我的关注点一直在他们论点中没有争议的那一部分，即媒介特别是电视对公共事件和公共意识过去的形式进行了改造。"媒介事件"不仅传输即使不转播也会照常发生的事情，而且把既有的仪式过程中的要素和地点整合成一个完全媒介化的事件，这种事件的形式在电子媒体出现前是不可想象的（Dayan and Katz，1992：17）。戴扬和卡茨不接受丹尼尔·布尔斯廷（Daniel Boorstin，1961）关于电视留给我们的仅仅是无休无止的"虚假事件"的观点，这是对的。相反，戴扬和卡茨非常有力地论证了媒介仪式制造了一种复杂的，多作者、多地点的，有时是更强大的事件文本，布尔斯廷的还原主义分析根本就无法理解。到这里，一切都没问题。

但这仅仅是戴扬和卡茨关于媒介事件更广泛的重要性的论述的开始。在这个基本定义里隐藏着一些更广泛的主张。对"直播"的表面意义的坚持，其实并不必要，尽管作为一种历史巧合，在电视史的第一个十年里，媒介中的公共事件不得不是"直播"的（我会在第六章中详细探讨"直播"）①。戴扬和卡茨对节目表现"现实"的意义的坚持也是没有必要的。向数量巨大的全国电视观众首播言情电视剧的高潮剧集本来是可以算作媒介事件的，却出于这个原因不能归进来，为什么呢？

但是，其原因并不单纯是形式上的，这种局限性源于戴扬和卡茨在媒介事件定义中的本质问题，这与他们明确的新迪尔凯姆目的有关。媒介事件，在他们看来，通过电视制造了一种可能，即让人们在观看那些在社会"中心"发生的事件时共享一种非凡的体验。这就是为什么媒介事件必须"直播"和"真实"，且因为它们是直播和真实的，所以与所有人同时收看媒介事件的行

---

① 20世纪40年代前绝大多数电视节目都是直播的，人们或者认为没必要录制下来，或者由于合同原因，比如英国。个别录制下来的节目也是录制在电影胶片上的。——译者注

为本身就是非凡的。戴扬和卡茨引用了史尔斯关于社会"神圣中心"（见第三章）的概念。媒介事件：

> 是通过电视……叙述的事件……（然而）其根源并不在世俗的媒介理性常规中，而在于那"神圣中心"（Shils, 1975），这个中心赋予媒介事件优先占有我们的时间和注意力的权力。
>
> （Dayan and Katz, 1992：32）

通过媒介事件，观众们自主地"积极庆祝"（1992：13）。事实上，在这些事件中，我们目睹了"电子媒介技术罕见地发挥了"其作为一种社会凝聚力的"全部潜力"（1992：15）。电视，在戴扬和卡茨看来，回答了迪尔凯姆一个世纪以前对社会凝聚体验的没落的担心。在该书的序言中，他们秉承了"新迪尔凯姆式的宗旨，即'（电视所带来的）机械团结'……是差异化……政治的'有机团结'的基础"（1992：viii）。这是对仪式重要性的经典的新迪尔凯姆式分析，但是，当然，对迪尔凯姆而言，仪式是受到现代性威胁的（Durkheim, 1984）。于是，电视的宿命，至少对于戴扬和卡茨来说，就是把迪尔凯姆更宏观的论点中的碎片重新统一起来。

这一目的赋予了戴扬和卡茨的著作一些真正的修辞的力量，且需要在他们对"媒介事件"的定义中加入一些额外的限定条件。媒介事件并不仅仅是全社会"在一起"的时刻，而且是要让这种共存成为一种积极的体验（很显然"在一起"不一定是积极的，比如内战）。媒介事件"庆祝和解，而非冲突"；它们是霸权性的（hegemonic），但不伤及社会凝聚力。"这样的广播内容使社会团结一心，并重新唤起对社会及其合法权威的忠诚。"（Dayan and Katz, 1992：9）我们马上会看到，如果将其看作仅有的定义条件，这是非常武断的。媒介事件不仅仅是人们习惯性参与的、重复性的和纪念性的行为；至少在民主制度里，它们实际上是"说服性的"（1992：21-22）。在这里，在每一个成功的媒介事件背后，如作者所论述的，媒介机构、政治机构和受众之间复杂的协商与20世纪的法西斯政权试图通过广播媒介将赞同强加给社会的企图很不一样（1992：x）。戴扬和卡茨对民主社会里媒介事件的专注也同样需要我们警惕。最后，他们还认为，媒介事件把家变成公共空间（1992：22），事实上连接了社会的中心和边缘（1992：191）。戴扬和卡茨不得不做出这样的假设，否则他们关于复兴公共仪式的迪尔凯姆式的理想就有可能分裂成很多不同的且不一定相连的收视情景。

然而，戴扬和卡茨的模型也并非完全是迪尔凯姆式的。他们还在其中加入了韦伯的法理权威、魅力权威和传统权威。媒介仪式的三种核心脚本竞赛、征服和加冕（1992：24，43-45）对应并确认了那三种权威。然而，这并不是我在本书中所关心的，无论如何，他们的论点是基于迪尔凯姆的总体主张的（关于社会是如何被某种关于同在的核心体验维系着的）。在迪尔凯姆的基础上，把特纳的结论加进去，认为媒介事件是"阈限的"（1992：117-118，201-221，104-105，107）和有社会改造力的（socially transformative）（1992：160，167），只是很小的一步。当然，戴扬和卡茨很清楚特纳自己对于把"阈限"一词应用于复杂、分散型社会的怀疑（见第二章），但（依据迪尔凯姆）他们认为电视把分散的人们团结在一起的可能性超越了这样的怀疑（1992：118，145-146），甚至可以创造一种新的社会形式（1992：197）。对戴扬和卡茨而言，至少在媒介事件中，电视改变了可以称之为社会体验的东西；这里，他们事实上触及了玛丽·道格拉斯所说的中介的社会，即"在体验的塑造过程中，仪式可以先于其他"（Douglas，1984：64）。

这种大胆的观点至少在《媒介事件》（Dayan and Katz, 1992）最终成形并发表前十年就出现了，且一直很有影响。例如，迈克·里尔（Michael Real, 1989）就带点后现代意味地指出：在媒介饱和、共有的媒介素养很高的社会（他称之为"超级媒介"社会），媒介制作者和受众之间的界限愈发不重要，这使得通过媒介实现的社会同在的时刻愈发容易建构（戴扬和卡茨在这一点上恐怕没这么乐观）。约翰·麦卡卢恩在对电视转播的奥林匹克仪式里"新阈限"（neoliminal）维度的分析中（MacAloon, 1984）委婉地表达了相同的、宏观的迪尔凯姆式的观点。[7]事实上，"媒介事件"这一术语在以后对奥运会的分析中已经被广泛使用，产生了大量的相关文献。[8]要是我们只把媒介仪式看作电视在延伸当代（非中介）仪式和由媒介事件带来的社会化收看中的角色，那就没有问题。当我们检视戴扬和卡茨观点背后的更宏观的假设时，问题就来了。

新迪尔凯姆式解读的问题

除了其在修辞方面的效力和很多其他局部性的洞见之外，戴扬和卡茨关于媒介事件的观点有不少问题。因为它们代表着当前媒介研究中对新迪尔凯姆观最有力的论证，所以如果要展现其他角度的有效性，我们就必须首先认真逐一分析这些问题。

第一个问题在某种意义上仅仅是提法的问题，但也绝非不重要。我已经指出，戴扬和卡茨定义中的一些额外限定条件保证了媒介事件对他们来说总是正面的和具有霸权效用的。但是，鉴于他们不可能不了解媒介事件建构过程中涉及的意识形态冲突（Dayan and Katz，1992：chapter 6），这种限定有点武断。说一个媒介事件是不是霸权性的，在于对事件的解读；即使戴扬和卡茨也不能说他们所分析的媒介事件就没有反对者或者漠不关心的旁观者，他们对什么可以算作媒介事件的选择——要求它具有正面的"霸权"效果——本身就涉及一种价值判断。

如果我们拿最近显而易见的例子——对1997年9月戴安娜王妃葬礼的直播——来对比戴扬和卡茨的定义，关于它的"霸权性"的问题就绝非有或没有那么简单了。如罗伯特·特诺克（Robert Turnock，2000）的研究所展现的，仅就英国电视观众而言，仍然有很多人没有收看，在收看了的人群中，没有附会悲痛或其他共有情绪的人也多得是。对此，戴扬和卡茨可以反驳说，在任何大众典礼上（特别是一个多地直播的典礼），每个人的反应总会不一样。然而，当这种不一的反应在你时，认为媒介仪式具有霸权性效力的观点便成为一个问题。这个问题，如果一定要追根溯源，就在于戴扬和卡茨的迪尔凯姆式的假定。

一旦我们剔除掉那些假定，就会有非常多并不一定起社会整合作用的、潜在的媒介事件。如他玛·利布斯（Tamar Liebes，1998）所论，像对1996年3月以色列受自杀炸弹袭击的72个小时内不间断报道这种以色列电视里的

"灾难马拉松"就是一例。诚然，这些不是"预先计划的"媒介事件，所以无论观众情绪多么高涨，或者收看时多么专注，都不符合戴扬和卡茨强加在媒介仪式定义上的明确限定。可见，这说明那种限定是多么臆断。一旦将其去除，你就必须把这种（在很多其他国家非常多见的）灾难报道纳入媒介事件，这种报道根本不会促进社会团结。相反，它强化危机感，扩大冲突的范围，且不可能提供一个有头有尾的叙事（Liebes, 1998：74）。这种事件是特纳所说的"阈限的"，但通常不会有任何正面结果。

其他例子更加深了这种怀疑。（除了戴扬和卡茨的限制性定义以外）还有很多事件可以被我们称为"媒介事件"，但它们并不是整合社会，或者如果它们看上去是，那也仅仅是众多高度竞争性的视角之一。丹尼尔·哈林（Daniel Hallin, 1994）讨论了里根与戈尔巴乔夫在 20 世纪 80 年代的多次峰会；约恩·德弗罗（Eoin Devereaux）对 Band Aid 与 Live Aid 这种电视慈善募捐活动的分析（1996）也是一个生动的例子。在每个例子里，"媒介事件"逐渐融入更广阔的且显然是更有争议性的媒介化政治之中，再一次证明戴扬和卡茨对媒介事件的限制性定义是多么武断。为了辩护自己的立场，戴扬和卡茨可以把戴安娜王妃死后的一系列事件作为一个反例。可以这么说，这些事件涉及了一种显著的对比，即葬礼之前围绕着媒介所关注的冲突的不确定性和葬礼本身作为直播媒介事件的正面肯定意义之间的对比。如果是这样，那么可以说对戴安娜葬礼的共同的收视体验把之前一周的各种冲突尽可能地"按下了"，所以做到了戴扬和卡茨所说的标志着真正的媒介事件的社会整合作用。但我们没有证据去证明这一点，且这样的证据即使有（如已有的记录），至少也是含混的。再加上，直接把高度媒介化的情境中那些竞争性的情形从媒介事件的定义中排除出去，比如戴安娜葬礼前一周里所发生的，戴扬和卡茨排除了一些最有趣的案例，在那些案例里，媒介的叙事权威是受到考验和影响的。

所以，戴扬和卡茨对新迪尔凯姆观的附会扭曲了他们媒介事件理论的描述作用。也许一种更宽松的定义，加上总体分析和适合迪尔凯姆观的特殊案例的区分，是一条路径。但是，这仅仅是问题的开始。

戴扬和卡茨的论点作为一个整体，其背后的假设是有问题的。在他们的理论创立之前，一篇综述迪尔凯姆观点（比如史尔斯和扬关于 1953 年加冕仪式的观点）的经典文章中，史蒂芬·卢克斯（Steven Lukes，1975）展现了那些观点中的两个根本性缺陷。一个缺陷是对我刚刚探讨的描述性问题的延展，即通过只专注于政治仪式的所谓的整合作用，那些观点忽略了研究领域中绝大部分。那种与社会价值系统对立的仪式呢？或者那些加剧社会冲突，那些不如仪式生产者所愿，无法促成稳定的霸权性诠释的仪式呢（1975：300-301）？即使媒介事件确实很少对抗社会价值系统，这也只能说明媒介事件理论有多强的意识形态性，又是多么保守！它将以下事实当作自然而然，甚至是理想的，即媒介的仪式资源主要用来支持某一套，通常恰巧是统治性的那一套价值观。

卢克斯发现的另一个对政治仪式新迪尔凯姆式的解读的缺陷更加重要。迪尔凯姆观者认为类似的仪式之所以重要是因为它们通过确认一套共同的价值观"把社会整合在一起"。但这带来一系列问题："是否，在什么程度上，且以哪些方式社会确实是一个整体。"（Lukes，1975：297）社会稳定（就是说人们没有陷于内战的痛苦）并不意味着他们遵循一套共同的价值观（Mann，1970；Parkin，1972），或者（即使他们遵循）也不意味着是这些价值观，而非任何其他东西（惯性、各种方式的威逼、绝望等可能的原因无穷无尽）"把社会整合在一起"。那些处于冲突中，且缺少明确共识的社会呢？卢克斯提到了东欧（他写于 1989 年之前）；如今在很多其他事例中人们可能想说以色列，这令人想起利布斯的论述。

所以，关于政治仪式的新迪尔凯姆式的观点（戴扬和卡茨的媒介事件理论显然属于其中）的问题在于它模糊了关于社会是否，以及如果是，更重要的是如何凝聚在一起这一点上许多有趣的问题。换句话说，这些观点复制着我们所谓的"关于中心的迷思"。在卢克斯看来，唯一的答案就是把对政治仪式的分析重新放回到"一个由阶级构成的、充满冲突的、多元的社会模型中去"（Lukes，1975：301）。这对政治社会学而言是一个更宏观的任务，但对媒介社会学而言，我们可以适当地关注媒介事件是如何建构一种"中心"感的，以及媒介的仪式力量在这些建构过程中的纠缠。同样纠缠其中的是当代国家利用媒介事件来支持其自身权威的策略，但这又回到了政治社会学的主要议题。

另外两个担忧使得我们更需要重新思考媒介事件：第一个与频道和媒介的倍增有关，第二个与戴扬和卡茨理论模型的国际适用性有关。

戴扬和卡茨的论述回避了当代媒介受众日益增长的复杂性。例如，我们应该如何认识美国二十多年来的有线电视，英国十年来的有线电视和卫星电视，以及将近五年来两个国家互联网的普及对戴扬和卡茨所说的同步受众的可能性的影响？我们当然必须警惕那种声称媒介拥有大量受众的日子已经完结的草率的营销修辞；事情没那么简单（Couldry，2000a：chapter 9；Curran，1998）。随着媒介传输渠道的倍增，要注意一个重要的因素，即在重大危机和普通事件激发人们共同兴趣时，那些多种多样的频道很容易被互文性地（intertextually）连接起来，再造那种针对中介的"中心"的义务感，更何况还有无数从那个中心引出的支流。我想说，（当有线电视和卫星电视在很多国家普及时）在英国和其他地方，对戴安娜王妃葬礼的电视直播号称吸引了超过二十亿人，这是对那种"尽义务式的"收视最好的诠释。

当我们在全球范围内重新思考戴扬和卡茨的媒介事件模型时，另一个相关问题又来了。理论上，他们的模型应该是可扩展的。他们的书里没说这个模型不能在全球范围内应用，书中讨论的很多事件也具有跨国意义（比如，萨达特总统访问耶路撒冷），而且在该书出版后，一些看上去自然而然就可以成为"媒介事件"的重要国际事件已经发生了，包括1994年南非总统纳尔逊·曼德拉的就职典礼和1997年戴安娜王妃的葬礼的直播。但是，尽管戴扬和卡茨的观点具有潜在的国际视野，但是其前提假设在国际层面上越发显得不合理。我们真的能说任何在一百多个国家播出的公共事件在每一个地点都起到团结社会的效果吗？当然不能。如果是这样，要么从媒介事件的定义中去掉这一限定（但代价是导致危及其观点的新迪尔凯姆观的结论），要么维持这个条件，严格坚持只有在全球范围内具有积极的社会影响的国际媒介事件才能被包含进来。两种方式最终都削弱了新迪尔凯姆观的立场，特别是如果这一立场暗中依赖于受到越来越多挑战的国家层面的"社会"模型,其实是社会学本身(Urry,2000)。

面对所有这些问题,我建议,我们应该更谨慎地对"媒介事件"这一术语重新定义,只涵盖那些大型的、基于事件的、聚焦于媒介的,且高度强调与关于媒介中心化的迷思相联系的那些叙事。这能使我们保持戴扬和卡茨观点中很多描述性的洞见,同时将它们与越发难以辩护的新迪尔凯姆式论调分开。下面我将深入探讨这种可能性。

一个看待媒介事件的新视角

思考媒介事件,但又不依赖于那个关于媒介中心化的迷思,那会是什么样的呢?

建构媒介的权威

首要,也最显而易见的区别就是,在媒介事件(如我们刚刚定义的)过程中,要展现关于媒介中心化的迷思是如何在事实上被复制的。

这里,回到我们的另一个起点,莫顿(Merton,1946)关于美国战争债券推销的经典研究,对我们会有帮助。这个媒介事件的有趣之处在于,尽管它与那时政府的战争目的有明确的直接的关联,所以可以简单地解读为是被建构的,但它确实获得了一种更广泛的社会意义。具体是怎么做到的呢?首先,凯特·史密斯和电台始终在强调事件的特殊性:

> 我认为从来没有任何事情和这个有哪怕一丁点相像。
>
> (Merton,1946:22)
>
> (这是)我一生中最神奇……最值得自豪的……一天。
>
> (Merton,1946:23)
>
> 本台所有日常工作都被暂停了。
>
> (Merton,1946:23)

其次，事件中的一些表演成分（凯特·史密斯的声带问题）不知怎样被说成代表更宏观的东西，"一种特殊类型的总体性"（a totality of a particular type），莫顿称之为"加速赛跑或耐力比赛"（1946：29）（别忘了"竞赛"是戴扬和卡茨关于媒介事件的叙事类型之一）。可以说，听众也在参与这个事件：我们现在会说这个事件是"活动性的"。莫顿注意到了这种关于表演者的修辞是如何出现在听众的话语里的：

（我们）可以一起来……我们可以把这场最伟大的战争债券推销做到底。

(Merton, 1946：55)

（我）做到了，我曾是这个节目的一部分……我觉得其他人被感动并购买了债券。而且有那么多人和我有相同的感受，这让我感到很舒畅——我选对了频道。

(Merton, 1946：56)

除此之外，凯特·史密斯的真诚通过她回忆个人经历得以表现，并为多数听众所相信，尽管对她来说，这在很大程度上是个职业角色而已(Merton, 1946：82)。诚然，戴扬和卡茨对媒介事件的描述中也强调了修辞；但区别在于，新迪尔凯姆观把对媒介事件的修辞建构魔术般转换成了一种更"高大"且更具代表性的东西。如我们看到的，莫顿拒绝这样做。

类似的怀疑态度让我们在戴安娜王妃死后的事件中看到了同样的修辞形式：声明事件的独特性，整个国家沉浸其中，以及媒介具有对事件进行诠释的特权。下面的段落摘自戴安娜王妃去世后一周里的报纸报道。

在整个国家都在准备向戴安娜，威尔士王妃，告别的时候，可以看到前所未有的大规模人群今天开始在伦敦聚集起来。

（《标准晚报》，1997年9月5日：8版）

布莱尔先生无法言表他自己的心情，说戴安娜的死"比我这一生中记忆里任何事情都影响深远"。他继续说："在这个时刻，我们必须举国上下寄托一种哀思。不仅作为一个国家进行哀悼；对我们每一个人，这都是与己有关的。"

（《每日邮报》，1997年9月5日：2版）

昨天，消息令人震惊，人们嘴上念着，心里揪着。几百万人早上醒来无法相信广播和电视里的早间新闻和匆忙编排的周日报纸头版。

（《每日邮报》，1997年9月1日：10版）

在媒介事件里，这样的论调从一个机构传到另一个机构：我们在媒体和政府那里听到这些，且它们都将其归于公民个人之口。这里形成了一个反馈闭环，任何人的策略都只能部分地促成这样的闭环，因为它内在于媒介过程本身（Lang and Lang, 1969）：媒介、政府和受众互相接受信号，于是一个"事件"巨大的重要性就生发出来了。无论一个事件具体是怎么产生的，事件本身变成一个"框架"，人们知道他们可以和其他人一起参与进去，正如在戴安娜死后这位女士的话所反映出来的：

我不是保皇派。我敬佩（戴安娜），但我从来没意识到我是爱戴她的。我想全身心地参与其中。这是我这辈子里最感动的事了。

（《泰晤士报》，1997年9月6日：10版）

在结构上，复杂社会里的这种效果与迪尔凯姆模型里的"沸腾的集会"里的"感染力"是类似的。然而，这种反馈闭环与一种独特的、不平等的权力结构密不可分。就像通常在"媒介的仪式空间"里一样，在媒介事件背后也有一条媒介作为社会世界诠释者的特权身份和媒介以外的人们低一等的话语权力之间的鸿沟。事实上，我们可以说恰恰是通过媒介事件这种特别的语境，媒体在尽全力树立那种它们在日常运作中依赖的、再现世界的权力。[9]

这个观点可能听上去有些犬儒，但在某种意义上这是所有媒介事件研究者的共识，无论他是否持新迪尔凯姆观。帕蒂·斯坎内尔顺带承认过，"回头看，1953年的加冕礼被广泛地认为'成就'了英国广播公司的电视服务"（Scannell, 1996：80）。芭比·泽利泽（Barbie Zelizer）在她对肯尼迪总统遇刺后新闻权威的建构的批判分析中认为，美国新闻记者利用这个机会"强化了……他们在'真实世界'的事件中真正的权威地位"（1993：2-3）和作为美国公众对事件的集体记忆的塑造者角色。因此，通过对事件的回忆和讲述方式，媒介可以在媒介事件结束后很长时间持续建构其作为社会"中心"的优先诠释者的地位。

与此相关的是媒介声称自己替"普通人"说话的权力。这里有另一个来自戴安娜去世后媒体报道的例子：

> 瓦莱丽·亚当斯捧着书愣住了。她就是从新莫尔登来的。她在早班火车上不停演练和背诵。"在排队的一个小时里，我不停地对自己说。"她说。她流畅地写下："亲爱的戴安娜，安息吧。你是一位可爱的女士，而且你永远都是。"……昨天在伦敦，鲜花把你①簇拥成人民的王妃。鲜花来自（戴安娜）所深爱的孩子和普通人的手里。
>
> （《每日邮报》，1997年9月2日：2版）

在这篇报道形式化的措辞里（显然是为了显示庄重感和获得更大社会范围的肯定），注意那种在"媒体人"（观察和叙事者）和"普通人"（被观察者）之间那种居高临下的区别。这种效果肯定不是故意的，但也不是偶然的；记者的权威所依赖的正是这里以新形式出现的符号资源的不平等。

事实上，我们已经反转了戴扬和卡茨关于媒介事件的论点——通过这些特殊的事件，我们揭示了在正常情况下所看不到的当代媒介社会的"真相"。正好相反，对媒介事件的特殊性和媒介在诠释这些事件中的角色的主张仅仅是一种强化的版本，强化了关于媒介平时代表"那个中心"的主张。如布伦斯顿（Brunsdon）和莫利（Morley）对20世纪70年代英国晚间时事节目《全国》（*Nationwide*）的经典分析，媒介话语既在媒介事件的特殊语境里也在日常生活中复制着"关于'国家''当下'的迷思"（1978：87）。改写戴扬和卡茨的论述（1992：1），媒介事件展现给我们的不是在媒介里庆祝节日

---

① 戴安娜。——译者注

（它们从来不庆祝节日），而是媒介权力在"庆祝节日"。因为，恰恰是在媒介事件这种特殊的情绪化情境里，媒介每天所主张的权力才最有可能被如其所愿地忽略。

媒介事件与阈限性

在当代世界里，所有或者几乎所有"同在"的时刻都被影响着各个表达空间的媒介权力结构占领了。[10]当然，不能说媒介事件只能被解读为对那些权力结构的复制。与此相反，在媒介事件的框架里，真正处于阈限的、有破坏性的社会互动总是存在的。我想探讨一下我们如何能够在不依赖关于媒介化中心的迷思的情况下对其进行描述。

这种阈限性可能表现为直接的冲突，如拉森（Larson）和帕克（Park）对1988年在集权体制下筹办的首尔奥运会的细致研究（1993）。该书主要是一个政治经济学研究，但作者分析了在精心的媒介安排之外发生的几个公开争论。比如说，在一个牵涉韩国拳击手的事件里，美国一个据说是有倾向性的评论引发了一场争议。这位美国评论员缺乏外交策略的评论通过面向驻韩美军的广播传到了韩国，然后又从那传播开去。拉森和帕克虽然知道戴扬和卡茨对媒介事件的定义，但认为首尔奥运会是"一个以事件为中心的传播过程，而非一个简简单单的媒介事件"，因为除了那些计划好的内容，它"还……产生了意料之外的，并且至少在短时间内是破坏性的新闻事件"（Larson and Park，1993：238）。1953年英国加冕事件可能算是另一个案例（Scannell，1996：86），那时一个美国记者对典礼的"无理"评论被英国报纸报道出来，成为一起持续时间不长的丑闻。这两个例子都表明媒介事件的霸权过程是多么不稳定，特别是当它们冲破国界，进入那些共识得不到保证的国家去的时候，这在当今是很常见的。

媒介事件也可能依靠其规模为一些根本性的冲突提供表达或协商的机会，包括那种隐含的关于符号权力不平等的冲突，而这一符号权力又恰恰是叙述这些事件的媒介权威的基础。如约翰·菲斯克所说：

> 媒介事件……是话语可见度的最高点……也是动荡的最高点……它

还可能引来干预，会促使人们为使事件的趋势转向对自己有利的方向而斗争；所以它是大众投身和参与的场所，不仅仅是一个供人们拍照后离去的景致。

(Fiske，1996：8)

在媒介事件里，它们会为行动（而不仅仅是旁观）提供暂时的机会以挑战或者至少要求重新商议媒介的仪式空间的结构本身。如我在其他地方论述过的（Couldry，1999），悼念戴安娜王妃的那段时间里，关于大众符号生产的一个最值得注意的事情就是人们如何利用各种机会讲述（或者书写），并且保证可以哪怕是临时地被听到（或者被读到）（在伦敦市中心的纪念墙上以及其他地方）。在这一情况下，团结和分歧，表面上看，都在迪尔凯姆的框架内得以表达，但其长期后果却要不确定得多。权力结构和边界是不是永久性地受到了挑战呢？几乎肯定不是，更不用说媒介再现现实的权威了。在这样的情况下，即使是在后迪尔凯姆式的视角下，特纳的观点——那个阈限的阶段是非正常的，并引向社会秩序的恢复——仍然有力地提醒我们不要忘记那种趋向秩序的压力。[11]

即使媒介机构在话语生产空间中拥有特权地位，媒介事件也是一个由成千上万甚至上百万人构成的话语生产空间，所以仅仅是媒介仪式的复杂性，常常就超越了媒介关于事件具有社会凝聚力的修辞性主张。我们已经在戴安娜王妃葬礼直播的观众中看到了这一点。其他例子也说明一些媒介事件的巨大规模能使（表面上看）完全没有社会团结意义的修辞变成可能的观念和想象。最明显的例子就是那些针对媒介报道的大型灾难，在网络空间中充斥的玩笑[12]，但这只是更宏观的过程的一个例子。在这种过程中，媒介事件的基本框架可以被其他议程有策略地利用。其结果就是"阈限性"，但并不是特纳意义上的，而是和米歇尔·德赛图（Michel de Certeau，1984）对"战术"（tactics）的著名论点一脉相承的，指那些发生在边缘或边界线上（而不是越过它们）的意义生产。那么，很显然，社会凝聚并不是媒介事件框架的唯一利用方式。因此，（再次重申）有必要在经典的迪尔凯姆观的限制之外来分析媒介事件。

这里，德勒兹和瓜塔里（Deleuze and Guattari，1988）的著作提供了一种与戴扬和卡茨截然相反但却很有用的视角。如第一章中所说，德勒兹和瓜塔里的哲学性论著对社会理论具有重要影响。他们（与迪尔凯姆一样）着眼于"秩序"的问题，但并不把秩序看作是自然而然的，而是看作"去领土化"和"再领土化"这两种对立力量之间的互动（见第一章）。这为我们理解媒介事件表面上的混乱提供了一种崭新的视角。德勒兹和瓜塔里为事件发生的当下、非团结性聚集（non-unitary coming-together）的属性和事物提出了一个新词："即此性"（haecceity），例如（他们的例子）"下午五点随风飞来的一片蝗虫"（1988：263）！这种即此性（尽管奇怪，但是这个词的生造并不是什么问题！）与戴扬和卡茨理论里的媒介事件截然相反；这种聚集不代表或表达任何更深层次的意义。关于媒介事件的解读始终在拒绝这种平庸的可能性。这并不是说我们应该拒绝对媒介事件的团结性解读，因为其影响的确是真实存在的，只是说我们不能把其他的构想排除在外。在本书的最后我会回到关于媒介化中心的迷思以外的构想。

媒介事件以及现实中的符号冲突

我的观点是说媒介事件仅仅是建构的，或者说在某个具体的范围里根本就没有每个人都认同的意义？当然不是。每个人都认为自然灾害是有重要性的，对有些非自然事件（比如对政治和社会秩序的重大挑战）的根本重要性的认识也是普世的，尽管人们对它们的解读可能不同。首先并且最重要的一点是，这些都不是媒介事件，尽管它们发生后可能很快演变成媒介事件，并呈现给包括没被这些事件直接影响的观众［参见瓦克（Wark，1994）关于柏林墙的倒塌的论述］。作为一种意义建构的形式，媒介事件在全球化的媒介系统中只能变得更加重要。2001 年 9 月 11 日纽约和华盛顿特区遭到的那场恐怖袭击和这一点有点关系，我想做一些哪怕是试探性的解读。

一方面，对那些袭击地毯式的报道（以及人们对突发新闻的密切关注）极其符合戴扬和卡茨所形容的那种媒体介入的特殊形式，即使这些袭击本身并不是媒介事件，因为报道不是事先策划好的。起初对袭击的报道（不仅仅是袭击发生时的直播，还有其间的重播和后来几天的报道）[13]具有无可辩驳的即视性（immediacy）。在这种骇人的画面和几乎每个人对它们的生动记忆面前，我们还能说那个"媒介化中心"，如我所命名的，是个迷思吗？是的，而且要想反思那些可怕事件的影响更有必要这样做，尤其是因为那种即视性是高度发展的迷思的一个维度，这种迷思在袭击事件中至关重要。

当然，"9·11"袭击具有很多维度和动机，但显然其中一个是对符号中心的攻击。将这个中心作为袭击对象是因为它背靠聚集着全世界物质和符号资源的真实地点：曼哈顿的金融、政府和媒体中心的核心所在，纽约市的双子座大楼。当然，袭击本身并不是仪式，而是试图摧毁当今的媒介仪式的发源地。袭击真正的目标要远远超出那些不幸丧生的人，因为全世界数以亿计的人口以各自的方式坚定地把美国看作"我们这个时代无法超越的（符号）境界"（Mattelart, Delcourt and Mattelart, 1984：100-101）。当代表这种境界的具有天然合法性的知名符号受到真实的攻击时，这种境界便受到了挑战。与这种境界密不可分的是一种更宏观的符号不平等（Couldry, forthcoming）。那种不平等，尽管发生在全球规模的层面，但是与我们分析过的、媒介事件的意义表达背后的不平等是类似的。我说的是过去几十年里媒介和文化帝国主义学者以不同形式批判过的全球生产和分配的不平等。

当然，把"9·11"袭击的意义归约为有关21世纪初媒介生产（媒介事件）的社会评判的学术观点是鲁莽的。但有一点我想声明，即对"9·11"袭击的影响进行长期的分析是有必要的，尽管这超出了本书的主题。而且这个分析必须立足于一种我在本章中一直坚持的区分——在媒介再现和关于媒介再现的主张之间的区分。矛盾的是，这也是为什么我没有在本章中突出"9·11"袭击，即使在很多方面这场袭击的媒介维度符合我们对戴扬和卡茨的"媒介事件"定义的提炼。要理解当代社会任何形式的权力，在那些事件表达某种秩序的时候，我们必须看穿权力所依赖的秩序，并专注于权力缠绕其中的、充满冲突的现实。

结论

本章探讨了一种复杂的事件,即有时候媒介的仪式空间里牵扯着非媒介事件的历史随机性。下一章里,我想更仔细地考察,通过到媒介地点朝觐所表现出的媒介仪式与社会空间组织形式的复杂关系。我们会看到一些与本章所讨论的修辞模式相吻合的地方。

第五章　媒介"朝觐"与日常的媒介边界

（社会）秩序的空间隐藏在对空间的排序中。

——勒菲弗（Lefebvre，1991b：289）

　　上一章中，我们解构了媒介的"特殊时间"揭示了特殊的或普遍的所有事情这一观念。当然，那是最集中地建构媒介权威的一些时刻；既然媒介仪式正是以这种权威为基础的，我们便可以说媒介事件中，仪式化的象征作用也是最强大的。在这一章里，我将试图解构媒介的"特殊空间"，并挖掘其掩盖的空间的等级秩序。在探究这个不平等的地域时，我们会遇到被我比喻为"媒介的仪式空间"的真正空间的一面，那是藏在媒介仪式行为后面的起类别化和排序作用的腹地。

　　通过那些研究名人和"粉丝"的著作，特别是"粉丝"们前往曾出现在电视节目或电影里的地方旅行（Gamson，1994；Harrington and Bielby，1995；Hills，2002：chapter 7；Jenkins，1992；Couldry，2000a：part 2），我们已经熟悉了这个领域的一些方面。从另一个角度看，这个领域代表了笼罩在真实空间上"关于媒介化中心的迷思"，以及真实空间里某些特殊地点所享有的特权。然而，我对集中在这些地点的仪式行为，以及它们与更广阔的"仪式化"模式的关系特别感兴趣。我们会专门探讨媒介"朝觐"这个概念对描述这类旅行的用处。别忘了，更广大的人群都做过这类旅行，而不仅仅是粉丝们[1]，这也是为什么它们是媒介仪式研究，而不仅仅是迷文化研究的一部分。

　　朝觐这个比喻，饱含反讽和戏仿，已经司空见惯到失去了分析价值——我是说，如果我们把日常平庸的聊天看作空洞无意义的话。我更愿意追随社会心理学家迈克尔·比利希（Michael Billig）的论断。他认为，恰恰是平庸的（banal）语言模式，经过岁月磨蚀，巩固了更宏观的、同样是平庸的思维模式（1995；1997）。"朝觐"一词尤其是这样，如它的宗教用法所要求的，它不仅仅指观念，而且指通过在空间中旅行而表现出的形式。"朝觐"这个比喻把平庸的语言与（可能是）平庸的行为连接起来，有可能起到双重巩固的作用，但它们巩固的是什么呢？

深受记者和学者喜爱的"朝觐"这个陈词滥调总体的重要性（Reader and Walter，1993）——选择去探访一个重要的地方——源于当代社会被不均衡地笼罩在很多层共享的、重要的叙事中。我们去很远的地方"朝觐"，这些地方不仅对个人具有重要性，而且一定也有社会重要性；它们在理论上对一个想象的群体很重要，即使我出发时并不知道旅行中会具体碰到谁。"朝觐"地点有可能成为一个集合地点，在这里，高度抽象的当代社会关系可以通过人们在一个具体地点的相遇得到"救赎"。于是，通过这种有选择地到远方旅行的特定形式，朝觐地点成为晚期现代社群的"脱嵌"（disembedded）特质得以"再镶嵌"（re-embedded）（Giddens，1990）的地方。

"朝觐"在这种广泛的社会学意义上，远不止是现代国家一个微不足道的侧面，而是深深植根于其中的。比如说，在20世纪30年代希特勒在德国上台的过程中，这个现象就受到了注意。让我援引一段伊恩·克肖（Ian Kershaw）对"希特勒迷思"的开创性研究：

"上萨尔茨堡山（希特勒在巴伐利亚的居住地）已经变成某种朝圣的地方，"一份报告写道。瓦亨费尔德寓所（Wachenfeld House）周围总是被男男女女的崇拜者占据着。即使这位德国总理在别的地方散步，他也会被扰人的仰慕者和好奇的人群追随。

(Kershaw，1987：60)

克肖对这段话的脚注甚至指出，人们拆走了希特勒花园的一块块篱笆当作"纪念品"。

媒介朝觐（Couldry，2000a：Part 2）特指到媒介叙事中重要的地点去旅行。通过媒介朝觐，不仅媒介生产系统的抽象特质被"再镶嵌"于偶遇之中，比如经过电影拍摄地点或者碰到名人，而且这些媒体"里"的地点的重要性被更普遍地确认了。媒介朝觐既是在空间中的真实旅行，又是在"普通世界"和"媒介世界"之间被建构的"距离"空间中的表演。所以，媒介朝觐制定出了媒介的仪式空间一个重要的结构原则，毫无疑问，它也是很多细微的媒介仪式的焦点所在。

使用"朝觐"一词绝对不是要声明这种与媒体相关的旅行有任何宗教重要性（尽管，我们会看到，关于宗教朝觐的研究能通过结构性的类比带来有用的见解）。相反，这种用法的确是为了严肃地对待围绕某些有优越性的地点对空间进行组织排序所具有的社会学含义，那种优越性使得那些地点背后的边界和等级关系自然化了。如地理学家亨利·勒菲弗（Henri Lefebvre）所说，分析权力形式的唯一途径，就是分析它们在真实空间中的运作，因为它们的效力部分地依赖于其自身在空间中的抽象化（1991b：7，289）。要抓住这些权力形式，把媒介空间当作"文本"来"解读"是徒劳的，相反，我们必须研究真实的空间运作（特别是边界的运作）[2]，它们隐藏在媒介的符号权威之下。

这样做时，我们必须警惕两种危险：第一，以新迪尔凯姆观的方式，把这类旅行的重要性放大成对社会凝聚的表达；第二，将这种重要性与一些后现代主义论点保持一致。我们还需要认真思考互联网给媒介的仪式空间以及与其相关的旅行带来了或没带来哪些改变。

聚焦媒介朝觐

我已经抽象地解释了媒介朝觐这个术语，但这个术语具体是什么意思呢？我们周围到处都是例子，形式包括到媒介主题公园以及其他标榜为现在或过去的电影拍摄地的地方旅行（Couldry，2000a：31-34，65-66）。后面会讲到，粉丝们开始越来越多地在网上建立他们自己的朝觐圣地。事实上，任何探访媒介"里"的人或远方地点的旅行都是"媒介朝觐"。在详述我自己关于媒朝觐的角度之前，我想回顾一些其他的解读，这些解读仍然部分地把媒介朝觐留在了视野之外：首先，特纳把媒介朝觐解释为到与社会的中心价值相联系的地方旅行；其次，后现代主义对媒介朝觐的驳论将其看作在"超现实"中受蒙骗的旅行。

迪尔凯姆式的解读？

关于媒介朝觐的研究仍然很少（除了从迷文化这个有限的角度），所以看不到对它们的特纳式全面分析并不奇怪，尽管文献里偶有一些痕迹。然而，要构建这样的分析，可以直接把新迪尔凯姆观下表达社会"中心"的当代媒介运作（Real, 1989）与维克多·特纳有影响力的、把现代朝觐看作到与中心价值相关的地点做特殊旅行的理论（Turner, 1974；Turner and Turner, 1978）结合起来。对于特纳来说，即使是宗教朝觐，严格地讲也是类阈限的（仅仅是"像阈限一样"），而不是阈限感受；它们从一开始就是被加工和商业化的。除此之外，依据迪尔凯姆把宗教体验当作社会性体验进行的总体反思，特纳的朝觐概念涵盖了与宗教没有任何关联的旅行：

> 不论对个人还是团体而言，特意到一个与旅行者内心深处最珍视的、不可置疑的价值观相联系的遥远地方做某种形式的旅行，这看起来具有某种"文化普遍性"。旅行如果不是宗教支持的、建议的或鼓励的，就会采取其他形式。

(Turner and Turner, 1978: 241)

所以，把朝觐一词延伸到世俗形式里某种意义上的强制性旅行并非"亵渎"（sacrilege）（Reader, 1993: 233-235）。事实上，一旦（按特纳所说）我们把"朝觐"放在亲身去寻找与我们共有社会成员身份的抽象群体（abstract multitudes）的需求中，那么任何形式的朝觐都可以追溯到迪尔凯姆关于确认社会纽带的需求这一洞见中去。[3]新迪尔凯姆观的媒介朝觐概念没什么新奇的：那是到在媒体里被珍视的特殊地点的旅行，所以也就是戴扬和卡茨的媒介仪式（一个媒介报道被赋予特殊的、有价值的地位的时刻）空间上的对应概念。

直截了当地应用特纳式的媒介朝觐理论有一个问题，那就是它最终将媒介化"中心"这个观念自然化了，而这正是我们必须解构的。现在，谈谈宗教人类学家对特纳理论的批评也是有必要的——这并不意味着媒介朝觐具有任何宗教属性。第一，有论点认为，在实际的朝觐地存在很多包括对宗教价值、朝圣地意义不同诠释的冲突；事实上，朝圣地"几乎是一片宗教旷野（void），一个能容纳多元意义和行为的仪式空间"（Eade and Sallnow，1991：15）。[4]一个修订后的特纳式论点也许可以接纳这一观点，与其说朝觐圣地是参与对共同价值观的确认，还不如说它是处理重要的价值差异的论坛。第二，朝觐是否确实真正地涉及新迪尔凯姆观的论点所需要的社群和归属感的特殊时刻，这是存疑的。另一位朝觐学者莫里尼斯（Morinis）说，这种时刻很罕见（1992：28，note 2）；更普遍的是寻找"可预见的体验"，以及当你恢复"日常"生活时可以追溯已经做了件特殊事情的感觉："虽然神圣物是权力的源头……但是只有在家时，权力的效力才被又一次整合进生活里"（1992：21，27）。第三，有人认为特纳的理论模型孤立对待存在于广阔语境中的朝觐地点。如格伦·鲍曼（Glenn Bowman）所说，"要理解朝觐行为中体现的特殊性，人类学家必须探讨很多场所（例如朝觐地以外的场所），关于神圣的概念以及参与朝觐的愿望是在这些场所形成的"（1991：120）。莫里尼斯（1992：22）更正式地表达了同样的观点，他认为要理解朝觐地，我们必须抓住"朝觐的（总体的）规则（code），它是某一文化中朝觐的概念和行为的根基"。

这些宗教人类学里的争论对媒介朝觐的新迪尔凯姆式的解读提出了一些重要问题，提醒我们应该警惕任何把探访特殊的媒介地点的旅行看作确认性的；如果不考虑这些媒介"朝觐者"外出探访与他们所离开的家里的空间（domestic space）之间的关系，我们就无法完全理解这种旅行。这与我们所了解的旅游社会学相吻合，即它发生在"日常"与"特殊"体验的两极之间（Urry，1990：101-102）。任何对媒介朝觐的描述，如宗教朝觐一样，都需要分析更广阔的文化和仪式空间，在那里朝觐的行为才有意义。

这与我前面阐述的媒介仪式只能作为更广阔的媒介空间的一部分来理解这一论点相契合。

然而，我们无需因为这些质疑而全盘放弃媒介朝觐这个概念，因为它确实在功能主义框架之外指出了一种需要我们理解的重要的行为模式。其重要性恰恰在于给出了另一个观点，即不把媒介朝觐的重要性看作仅仅是后现代时代里的错觉。

后现代主义的不屑一顾？

追随鲍德里亚关于对地点的消灭（the annihilation of place）和布尔斯廷（Boorstin, 1961）关于媒介饱和造成旅行消亡的观点，后现代观把朝觐即将我们带到一个"特殊"地点这样的想法看作错觉而嗤之以鼻。从这个角度看，不再有任何地方是特殊的，因为所有地方都充斥着媒介叙事。表面上看，媒介朝觐确实是这种还原论最明显的案例，因为它明确包含着已经在电视里遇到过的事物！这恰恰是我起初对其产生兴趣的原因：为什么费时费钱去参观一个已经看过也许是一千遍的地方呢？我确信这种旅行有后现代理论不能说清的东西。

然而，这种后现代还原论还有更复杂的变种。梅斯特罗维奇（Mestrovic, 1997）承认人们在媒介主题公园这样的地点会有真情实感流露，而非厌倦和泄气，但他认为那是一种被事先程式化的情感；人们"夸张地表达"只是因为他们很清楚那是自己应该做的事情（我们会在第七章中就脱口秀节目从另一个角度再次谈到这个问题）。作为一个总体评价，这是有启示意义的，但它对解释人们在这些地点的所作所为，以及人们为什么特地到这些地方去没有太大帮助。

批判地理学已经分析了工业化生产的幻想（fantasy）对空间的长期影响，那些分析动摇了这些后现代论点。其结果是进一步巩固特殊地点的重要性，仿佛它们在符号生产的网络中具有特权地位而远非把所有空间还原成"超现实"。沙龙·祖金（Sharon Zukin）的著作展示了通过把迪士尼乐园这样的地点建构成符号中心的错觉来盈利，且这种错觉所具有的力量不能被约简为展示情感的借口："迪士尼世界让人感到（它的）建筑具有重要性，不是因为那是资本主义的象征，而是因为那是象征主义的资本"（1991：232）。这不仅符合社会学关于休闲与工作的组织形式之间存在紧密的连锁关系的总体观点（Rojek，1993：213）[5]，而且也强化了我们对分析媒介朝觐这种在高度结构化和不平等的符号景观即媒介的仪式空间中旅行所具有的兴趣。

媒介"朝觐"和媒介的仪式空间

媒介朝觐的地点与媒介的仪式空间是什么关系呢？表面上看，答案很简单。媒介朝觐就是到与媒介相关的地方旅行。如果是这样，则它们强化了那些地方的特殊重要性，从而强化了媒介仪式空间关键的等级结构即在媒介"里"的地方高于那些不在媒介"里"的地方。在详细展开之前，我们不得不承认，这种媒介与空间组织之间的关联其实是作为一个整体的媒介景观的空间维度[6]，几乎被常规的媒介社会学完全忽略了。斯图尔德·胡佛（Stewart Hoover）对帕特·罗伯特（Pat Robert）20 世纪 80 年代的宗教节目《七百俱乐部》（*The Seven Hundred Club*）的粉丝到演播室参观的反思几乎是独一无二的。那个时候，虽是在迪尔凯姆框架下，但胡佛结合其大量实证研究认为电视的"文化重要性"不能只（依赖于）其直白的"讯息"和"符号系统"。电视，无论是不是宗教的，都必须使观众意识到空间和距离（1988a：174）。然而，如他所说，电视的这种空间性几乎被完全忽略了。

表面上看，这并不意外。你可能会认为，电视作为一个广播媒介，其整个意义就是制造一种"去空间化的（*despatialised*）共性"（Thompson，1995：231）。但这里我们要回到勒菲弗的论述。我们不能否认，电视在某些地方而不是在其他地方运作：其生产和发布的运作发生在某种空间格局中，其消费模式也同样存在于空间中（McCarthy，2001）。换句话说，媒介过程具有一种我们通常遗忘了的空间秩序。其实，把这个真实空间的秩序折叠并装入关于"媒介化中心"的迷思中，恰恰就是电视的迷思运作方式的一部分。

日常媒介的边界

在后迪尔凯姆观的框架中分析媒介朝觐，我们首先需要认真思考更广泛的媒介过程参与其中的日常空间边界。

媒介空间的组织

我们的出发点是媒介生产发生在特定即这里而非那里的地点这一事实。通常是在大都市中心，尽管电影摄制（而非剪辑）可能主要是在其他地方。媒体并不是简单地强化已有的对大都市的偏爱，因为边缘地区（无论是地理的、政治的、经济的、文化的）对媒介制作都可能具有吸引力，例如那种可以反映怀旧情结的地方。所以，对于去年在苏格兰海岸外偏远的外赫布里底群岛度假时看到英国广播公司（BBC）真人秀《荒野求生》（Castaway）的明星本·福格尔（Ben Fogle）为高地运动会揭幕，还有一支摄制组在海滩上拍摄古装剧，我不应该感到奇怪。媒介生产并不是简单的集中化，而是有一些重要的节点（nodes）（就媒介的输入和输出而言）与中心地点相连，形成一个网络，尽管在某些情况下，这个网络也可以触及"边缘"的地方。在任何情况下，问题并不仅仅在于那些空间得到了再现，而且在于媒介生产的资源向哪里集中。最重要的是——这一点因为显而易见而常常被忽略——那些资源集中于通常坐落于都市中心的媒介机构。

真正的边界是围绕媒介机构设置的。这些并非自然边界，尽管它们如此寻常以至于人们很容易地误以为那是自然而然的。要提醒我们记住这些边界的重要性实际上是社会建构的，而非自然的，我们有必要回忆一下早年在曼彻斯特的英国广播（1924 到 1926 年间运行的"2ZY"台），听众可以经常下到直播间里参与或者打断节目，把直播间当成他们有权进入的公共空间！[7]这个史实我们现在看上去很有趣，因为这意味着一种对媒介空间完全不同的理解：这种理解把媒介看作公共交流空间，作为公众一员的听众有权进入其中。英国广播（和几乎所有地方的广播）的历史可以看作稀缺的生产资源愈发向特定的受控空间（比如 BBC 的广播中心）集中的过程。20 世纪 60 年代以来越来越多的移动制作设备（编写录音、录像机等）并没有根本地改变历史，因为那段历史下面潜藏着一个更广泛的主题：广播的物理空间并非一个人们作为公众成员有权进入的地方，在这个历史过程中，人们逐渐习惯了这一观念，这样媒介生产的边界变得自然和合法化了。

非主流媒介实践可能仍然涉及一个迥异的、关于媒介过程的空间维度的概念，如黑人解放电台的组织者之一拿破仑·威廉姆斯（Napoleon Williams）所说：

> 现在黑人解放电台已经变成迪凯特社区的声音。我们已经把两年前根本不会听我节目的人变成日常听众。他们会打热线进来（*will call in*）……如果你感觉沮丧了，你可以打电话进来聊一会，这恰恰就是你此时此刻需要的。迪凯特没有其他电台如此贴近听众。人们觉得这是他们的电台，事实上就是。他们建了这个电台。他们买的发射器和所有东西……这是我的房子，但也是电台，所以我猜你可以说这是一个社区中心。凌晨四五点会有人敲我的门（*knock on my door*），想此时此地立刻上节目。所以，无论我在干吗，我都会停下来，让他们上直播。
>
> ［选自萨科尔斯基和达尼弗的采访
> （Sakolsky and Dunifer，1998：109-113）］

然而，更加典型的广播历史是受众日复一日所体验到的、主要广播电台里严格的空间秩序。下面是一位叫约翰的观众对在 20 世纪 90 年代中期 BBC 的《周六晚直播》（*Saturday Night Live*）全国彩票节目做观众的记述，约翰是一位来自南英格兰的办公室文员。我 1996 年 11 月就他参观英国肥皂剧《加冕街》片场曾采访过他，但没经我提示他主动讲了下面这则故事[8]：

> （我）很享受参观演播室这事（也就是节目制作），（但）不喜欢 BBC 本身，BBC 对待你很糟糕。我记得他们让你 6 点钟到那儿，但节目直到 7 点 50 分才开始，所以你就寻思"哦，好吧，我会在演播室里等着，肯定很好，很暖和"。你到了以后就在 BBC 演播室外面的大街上站着，外面

很冷，那是 11 月份，外面又开始下雨，于是大概半个小时以后，他们让你进去，你去到活动房那，被检查、搜身……然后你穿过像机场一样的路障……然后你从那出来，又排了大约 20 分钟队，他们把你带到写着"BBC"的地方……你又在室外排另外一个队，然后他们把你带进去，你想"哦，太棒了，我要进入演播室了"。然后他们把你带到一个巨大的屋子里，备好了昂贵的……茶、咖啡、BBC 录像、BBC 图书……好像机场的贵宾休息室，然后你在那坐了一个小时，你想"哦，演播室应该就在那，隔壁就是"……想得美……接待员打开一扇门，你穿过这扇门，以为这就进入演播室了，结果又回到室外……

（采访，1996 年 11 月）

这个围绕媒介制作过程的边界，如很多领土空间一样（Sack，1986），与保护实物资源有关：保持对媒介生产技能和设备的掌握的稀缺性，以及随之而来的拥有这些东西的人的符号资本。但这种分隔（Couldry，2000a：chapter 3）也部分地造成符号权力在媒介机构中大量集中的合法性。这种分隔也总是潜在地与媒介是你我作为公众成员有权进入的公共空间这一观念相冲突。所以，这种跨越边界的仪式形式得以复制具有特殊的好处。

围绕媒介世界的仪式化边界

尽管大多数种类的工作场所周围存在边界，但媒体"里"的人和事物占据的（原则上的）公共空间周围存在边界这件事还是令人有点奇怪。让我们从这种符号性的边界着手，也就是说它的物质基础几乎完全是虚假的错觉。

1997 年的假期，在苏格兰内赫布里斯群岛的斯凯岛西北侧海岸，我重游了奈斯特角（Neist Point）灯塔，我曾经很喜欢徒步去那个偏远的风口。要到达灯塔，你得走下一段在峭壁边上开凿的台阶。当我向下爬的时候，我惊奇地发现了灯塔所在地前面的一片墓地。海岸边的墓地是赫布里斯群岛的特色，但我不记得上次游览这里时看到过这一片墓地（见图 5—1）。它看上去恰如其分，也令人动容，但到我靠近时，我看到墓地周围的篱笆上粉刷的提示：

奈斯特角在1995年是一部叫作《破浪而出》(Breaking the Waves)的电影的拍摄地。这片墓地是为剧中的一个场景而建的。这里本没有真正的墓地，此地也并非神圣之地（consecrated）。无意冒犯教会或信徒。[84]该片获得了1996年戛纳电影节银奖。

图5—1　电影《破浪而出》的"墓地"场景

我和同行者（大家都不是宗教信徒）都感到在这个很多人很可能真的命丧大海的地方留下这些假墓碑是一种低级趣味。什么理由能让人觉得一个电影场景值得保存呢？既然（更值得保护的）真正的墓地都没有这样的约束，为什么这个"墓地"周围装上了篱笆，还有一个"不得进入"的警示？在开放土地上声明领地权以及其边界是件很有意思的事情，这意味着：媒介空间——再现的空间——能以一种合理合法的方式得到保护，而真正的空间［媒介空间不过是其拟像（simulacrum）］却不能。这是对保有仪式力量的、原生的（围绕电影拍摄空间的）物理边界的复制，且十分有效：我没看见任何人打破它，尽管心存异议，我们也没有。[9]

这个例子，本身很古怪，其重要性是它所利用的那种潜意识里的期待（background expectation），即限制进入一个曾经的媒介制作地（即使那个告示仅仅是开玩笑的——尽管我认为这不大可能；被复制的思维模式也是一样的）[10]是自然而然的。这种逻辑在全世界不计其数的、声称自己曾是拍摄地的旅游景点都起作用，无论是电视还是电影，于是它们自然而然地变得更重要；但类别差异并非总是通过仪式化的形式得到巩固的。

总体来说，这样的仪式化边界应该能被游客理解。如果我们仔细观察游客在这些地点的行为，则不难发现他们以自己的行为刻画出一个介于日常空间和媒介空间之间的正式的边界。于是，当游客们谈到自己去肥皂剧《加冕街》在格拉纳达影城的户外场景游览的时候，他们说或写下"迈入那条街"时相当于暗指了其实并不存在的物理界限。那时，入口处是通过一个假装的、叫作"查理检查站"的军队哨卡标记出来的，这种标记既是具体的，又是符号性的。1991—1992年的格拉纳达影城宣传页中这样说："小心边境哨兵……把通往韦瑟菲尔德的护照拿在手里，否则你可能到不了罗孚酒店"（Couldry，2000a：108-109）。[11]

我们可以通过粉丝们对他们与明星会面的记述来了解在普通世界与媒介世界之间那个看不见但具有重要的符号意义的界限，例如弗雷德·韦莫雷尔（Fred Vermorel）和朱莉·韦莫雷尔（Julie Vermorel）的著作《明星欲望》（*Starlust*）中对20世纪80年代英国流行音乐迷的记载。别忘了，这些乐迷很可能主要是通过电视与他们崇拜的对象碰面的，所以他们的评论适用于音乐之外的领域：

> 巴里·马尼洛（Barry Manilow）的乐迷：我们的座位在第五排，我简直无法相信我们的座位离舞台那么近。我记得我向下走到我的位子上，我的腿抖得那么厉害，坐下时我感到极大解脱。然后演唱会就开始了，等了那么多个月，他终于出现了。我知道巴里就站在那儿，但我的脑子无法接受这个现实。那好像是电视屏幕的镜像。

霍利斯合唱团（Hollies）的乐迷：我们穿过那道门时我看到了艾伦·克拉克（Allan Clarke）……我无法相信，我差点大声喊出来——这位巨星就坐在一个普通的咖啡厅喝着茶，大家却视而不见。我们在旁边坐下。我感觉不对，我想我可能要病倒了，我的胃里搅动得厉害。我极度地想和他说话，但又不知道怎么开口。最后，我妻子实在忍不住了，我们一起起身走过去。我说："克拉克先生，不好意思打扰你，但我能要一个您的签名吗？"他抬头看看说："当然"……他写道："谢谢，艾伦·克拉克"……然后我们谢过他并坐下，而他就像什么也没发生一样继续自己的事情！

(Vermorel and Vermorel，1985：122-123)

在这些记述中，日常世界和媒体世界之间的界限很明显。毫无疑问，很多个人情感被这些碰面激发出来，但我们还看到一个日常世界和媒体世界之间的边界得以复制，那条边界是作为一个整体的媒介的仪式空间的基础。

发生在那些媒介朝觐地的并不止是边界的复制。这类游历能激发更多的体验（Couldry，2000a：part 2），且如果媒介地点被爱好者自己发现（也就是某种意义上将其作为一个叙事对象进行再创造），例如当粉丝们追查到一个未被标记的曾经的拍摄地［关于在温哥华追寻《X 档案》（*X-Files*）的拍摄地（Hill，2002：147-149）］，这种边界的意义就变得不同了。

现在是时候关注人们在媒介朝觐地的行为细节了。

媒介朝觐和仪式行为

任何特定的媒介朝觐地都包含多种相互矛盾的话语，就像宗教朝觐地一样（Eade and Sallnow，1991）。其本身说明不了什么，因为，如我们之前所说，把地点当作文本来解读是不够的；我们必须深入表层之下，触及将朝觐地制造成有意义地点的过程。我们已经开始这样整体性地对待媒介景观了，但一个真正的媒介朝觐地应该告诉我们一些特殊的东西：不是关于社会"中心"的"真相"（我们已经把这种看法解构了），而应该是关于某些种类的仪式化如何在那里得以定型的蛛丝马迹。我们可以把对仪式形式的内化当作一种具体的行为习得（embodied practical mastery）（布尔迪厄意义上的；见第三章）。这可能是个很大的题目，所以我们几乎不可能一一列举，但至少让我们在媒介朝觐地来寻找关于这个过程的一些线索吧。

划分

列维-斯特劳斯（Lévi-Strauss）有一种说法叫"划分"（parcelling out）[12]：标记出仪式空间中不同的重要性。区别本身可能并不大，但区别的过程帮助确认了仪式自身赖以存在的类别差异。媒介地点充斥着对这些细微差异的标记。归根结底，去参观一个媒介"里"的地方从一开始就是一种对比的行为（拿真正的地点与你在媒体里看到的做对比），并且很多我在曼彻斯特的格拉纳达影城观察到的东西确实确认了这种看上去微不足道的差异。这些细微的对比行为加在一起确认了媒介世界相对于"普通世界"的特殊重要性。这里有一位叫朱莉的游客在我去她家采访时对肥皂剧《加冕街》的户外场景做了如下评论：

> 跟你说一个我从没注意过的事，我确实发现那有一条小巷。你到了罗孚回归酒店（Rover's Return），然后就是那条小巷，然后才是那个房子。没去那条街之前我从来没发现过……这是另一件让我吃惊的事情。
>
> （Couldry，2000a：86）

朱莉不是唯一谈到电视里的场景和现实场景之间的区别的游客。

我 2000 年 4 月到纽约参观国家广播公司（NBC）影城时也注意到类似的情况在发生。大部分游览都很普通（老节目的录像、长长的走廊、解释特技效果）；人们确实看似将其当作日常惯例。所以我对旅伴们在进入《罗西·奥唐纳秀》（Rosie O' Donnel Show，一档很受欢迎的脱口秀，主持人是明星，嘉宾也经常是明星）的演播室时发出的惊叹毫无准备。人们立刻开始议论：他们想知道"罗西"确切地坐在哪个位置，她的乐队坐在哪儿，电视上看上去比实际空间大很多是怎么做到的。

当然，我们可以直白地对此（和类似行为）给予解释：人们就是很喜欢这个节目，所以对这个布景很感兴趣。但"惊叹"意味着不只是兴趣。毕竟，演播室现场使得媒介空间的隐性（之所以说隐性，是因为他在广播的过程中被去空间化了）的等级关系明确显现出来。的确，亲眼看到"存在"（presence）是如何被制造出来的总是让人着迷的，但电视演播室并不只再现对存在的错觉，它们向我们展示了社会以何种方式在想象中反观自己（the mechanisms through which *society imagines it sees itself*）。关于媒介化中心的迷思就在它们这里被制造。当然，它们都是真正的地点，所以到此一游似乎确认了符号性等级关系的自然化，演播室是这种关系的具体体现。

这种精确的区分（或者如列维-斯特劳斯称其为划分）意义很明确：它以行为习得的形式确认了媒介与普通地点之间差异的重要性。这种区分技能在于在"不同寻常的"（媒介）地点，当亲眼看到其"普通"状态时，能精确地辨认出其中的陈设配置（Couldry，2000a：84-85；Smith，1987：109-110）。

各种形式的仪式习得并不平等

然而，到这里，我们必须强调一个和宗教仪式的重要区别。宗教仪式通常是在包含明确的、共享的信仰的背景下确立的。与之不同，媒介仪式并非在平等或共识的空间中展开。媒介的仪式空间还和很多其他因素交叉，尽管这些因素源于同样的符号权力不均，但它们将某些参与者的仪式行为明显的重要性扭曲了。从最近关于"粉丝"的研究中我们充分了解了这些因素，特别是电视节目粉丝所受到的歧视（很多学者谈到过）[13]。这种歧视源于他们在社会关于品味的层级中所处的劣等地位。这种歧视通常被解读为单纯的关于品味的争论，但这还和媒介的仪式空间的组织以及媒介"里"和媒介"外"的人和物的层级区分有关。这帮助我们理解为什么媒体人所做的"朝觐"的仪式行为受到媒体的尊重，而非媒体人这样做却被讥讽。

首先，这里是一位20世纪60到70年代BBC情景喜剧《斯特普托和儿子》（*Steptoe and Son*）的爱好者马克·皮尔逊（Mark Pearson）的记述（来自一份英国小报）。他的爱好是追查节目摄制的地点：

> 目前为止，我已经找到了将近百分之九十的地点，其他的已经不存在了。如果我找到一个，我会去那大概 15 次，就是为了确信我找对了地方。我喜欢从所有角度看这个地方，试图找出拍这个场景时哈利（主角）站的位置。然后我会照一些照片，为（斯特普托和儿子鉴赏）协会的季刊，《托庭时报》(The Totting Times) 写一篇关于它的文章，"托庭"的意思是从垃圾堆里抢救物件，这正是斯特普托所做的。我收到祝贺信，这让我感到和这个大概由 300 个与我志趣相投的人组成的小群体更加亲近。
>
> [《每日镜报》(增刊)，1998 年 4 月 18 日：5][14]

马克·皮尔森的记述被这家报纸和另外三家以"沉溺"(addicted) 的标题报道，副标题是"玛丽·基南 (Mary Keenan) 会见四个承认追寻电视八卦 (telly trivia) 比朋友甚至家人更重要的狂热粉丝"。

对比一下名人杂志 OK 对电视主持人盖尔·波特 (Gail Porter) 游览《幽灵的威胁》(The Phantom Menace) [卢卡斯电影公司 (Lucasfilms, 1999)] 在突尼斯拍摄地的报道。这部电影在英国公映时，该杂志请波特飞到那里和她妈妈拍一组照片，参与的读者可能赢得到那里度假的机会。尽管如同《斯特普托》剧集一样，那里已经没了一丝实际拍摄过程的痕迹，但是波特要站在影片拍摄地的心愿还是被恭敬和生动地报道了：

> 盖尔飞到突尼斯参观无与伦比的电影场景。"这绝对是终生难忘的体验，"她说，"我就在那儿，站在电影里出现过的、梅德宁加固了的粮仓的台阶上。我伸展开双臂好像我就是黑武士 (Darth Vader)，嘴里念叨'我是你的父亲'。"
>
> 盖尔花了四天时间乘吉普车从地中海岸边的哈曼奈特度假村穿越沙漠回到首都突尼斯，然后做短暂的飞行回家。听起来筋疲力尽的旅行——很多时候是在越野行驶——勇敢的盖尔为之兴奋……她会永远记住建在最初的（星球大战）电影里卢克家房子那儿的酒店。"我看到它的时候激动无比。我都能想象摄制组在那的样子。"
>
> [OK（第 170 卷），1999 年 7 月 16 日：31，36]

文章的题目是："在突尼斯新《星球大战》的拍摄现场电视明星盖尔·波特去追寻《幽灵的威胁》中出现过的地点"。所以"普通人"与媒介地点的亲密接触显得奇怪甚至"疯狂"，而媒体人接近媒介地点显得正常，甚至是"自然"的。这明确地复制了在媒介的仪式空间之中的媒体人/地点和非媒体人/地点之间的类别差异。

在其他一些案例里，游客可能认识到了朝觐地点的特殊性以及到此一游的意义，他们更直率地确认了其边界（以及类别差异）。换句话说，媒介朝觐是"机制性仪式"（a rite of institution）（在布尔迪厄意义上；见第三章），它确认仪式所植根的区隔的合法性。所以，随便举一个例子，一个去格拉纳达影城的游客约翰（我们上次见他是在BBC摄影棚外面排队）驻足于加冕街布景里的一个房子的门外，不想进入（确实也不能进入），但又想强调此刻他在普通现实与媒介现实的边界上："我其实感觉仅仅拧一下门把手并试图进入（罗孚）就是得到特别恩惠了……不，不，在外面拍上一张照片就很棒了。"（Couldry，2000a：111）

在参观时的所作所为不只事关当下在朝觐地对仪式边界的确认，还能让你在回家后追溯你与这个边界的邂逅（别忘了莫里尼斯坚持要把回家以后的体验包含进对朝觐的研究）。此后，我发现很多人从加冕街场景打电话或寄明信片，以留下些他们曾经进入过媒介地点的证据供怀旧之用（Couldry，2000a：77）。

代表世界发言

除此之外，还有另外一种更微妙的方式来确认媒介地点，尽管这一点在媒介地点具有新闻意义时更明显。这一点指的是声明或以行动表明这个地点，以及你在那里所说的话，具有重要的代表性（*representative* significance）。毕竟，这标志着仪式行为的重要性等级"更高"：媒介朝觐地点能做到这一点可能是因为它们分享了媒介表现现实的权力。例如，戴安娜王妃去世后的几天里到美国的凭吊地点祭奠的这些美国女性评论道：

我来这是为了男孩们①，我想告诉他们我们爱他们的妈妈，我们会为他们祈祷……

（Haney and Davis，1999：235）

我只想来表达我对王妃的景仰，对她为我们所做的一切表示感谢……

（Haney and Davis，1999：235）

我来这里是想告诉皇室家族，就算他们待她不好，这个世界是爱戴她的。

（Haney and Davis，1999：235）

毫无疑问，媒介话语影响了这些表述的形式（见第四章），但这并不影响我的总体观点，即整个话语景观（媒介也是其中一部分）把人们可以在媒介地点做代表性的发言这种观念自然化了，因为人们站在"中心"，也就是说人们来到这个地点发言时便可以想象到"全世界"。第七章中我们会在脱口秀节目上应用这一观点。朝觐地和其他媒介地点的这种"代表性"的特征是可以转移的。很多地点可以代表那个"中心"，恰恰是因为那不是个真实的地方而是建构的，因此就有了戴安娜去世后的日子里不计其数的附属地点供人献花、留言等等（Walter，1999）。这是迪尔凯姆的"神圣物蔓延"（the contagion of the sacred）（1995：224）原则的严格的唯物主义版本。类别差异里高级的一类所具有的属性可以很容易地从一个物体或地点扩散到另一个。能代表媒介"中心"和/或社会"中心"的属性之所以可以被转移到各种各样的事物上，恰恰是因为可置换性（substitutability）是关于媒介化中心的迷思的一部分。这个"中心"，作为一个虚构的"中心"，你想分割多少次都可以。

再提醒一次，我们强调仪式化并不是声称有任何宗教成分在起作用。相反，我论证的是凸显各种中心性叙事重要性的空间中所存在的模式化行为。媒介朝觐引人注目是因为它们处于生产、分发和消费系统的远端，而这个系统既把我们与权力分隔开，又把我们吸引到那里去。媒介朝觐代表的不是空

---

① 指戴安娜的两个儿子。——译者注

间和地点后现代式的瓦解，而是"靠近的冲动"（the compulsion of proximity）（Boden and Molotch，1994）。所有当代的权力系统，因为它们分散的特性，都需要一个迷思，即在某个地方人们可以接近权力的象征物。这恰恰是对"信息社会"里流（flows）的概括性解释常常容易忽略的一个维度。媒介朝觐地是真实的地方，在这里关于媒介化中心的迷思消失了。媒介朝觐的超定（overdetermination）[①] 和媒介权力本身的超定一样充满矛盾。

万维网上的媒介"朝觐"

现在，我们必须直面一个重要的问题：这个复杂的并且分散的互联网空间将符号权力在社会中的集中化引向分散了吗？如果是这样，那么沿着我的论证逻辑，媒介的仪式类别和媒介仪式本身所具有的推动力应该逐渐萎缩、削弱了媒介朝觐和其他很多概念。但这是我们所目睹的情形吗？一方面，网络提供无穷无尽，或者至少是无拘无束的空间。全世界具有某种特殊兴趣的人可以与没有网络时不可能认识的人交流信息、思想和图像，这已经改变了迷文化的空间（Baym，1999；Pullen，2000）。迷文化话语空间的这种转变影响到了粉丝们参与其中并反过来对迷文化起部分组织作用的仪式空间吗？我将仅就朝觐的一些方面来思考这个问题，尽管这个问题实际上要更加广泛。

毫不意外，网络已经促进了粉丝到各种地点"朝觐"故事的传播。谷歌搜索（用"朝觐＋粉丝"）给出了 18 000 个左右的条目：从我粗略的梳理看，大多数与体育和音乐有关，而非电视。[15]然而，原则上网络应该至少是极大地增加了交流媒介朝觐故事的可能性。首先，有些网站专门记载到媒介地点参观的事情。这些网站可能使用也可能不使用朝觐这个比喻，或其他准宗教性的语汇。[16]比如说，这是"马牧师/南希修女（署名不太高明）"到《X档案》在温哥华的摄制地"朝圣进展"报告的一部分：

[①] 阿尔都塞用这个词来解释多种时常是互相矛盾的因素共同决定一种政治形势。——译者注

突然间，我就要和10个那时我从没见过的人出发到拍摄《X档案》的圣地去，我只知道他们也是《X档案》爱好者，并且我们都对我们的圣人［也就是斯卡利（Scully）］满怀情感。这个简单介绍之后，我会向你呈现（如我承诺的那样）我们到圣城朝觐的记录。[17]

后面还详细写了这群人试图探寻《X档案》拍摄地，提出想在斯卡利"住"过的房间留宿。其次，网络媒介可能有利于组织媒介朝圣，就像一个号召人们参加"布莱尔女巫宿营之旅"的网站，它提供旅行计划的详情以及组织者的电子邮件地址。[18]

最有趣的是，随着越来越多的人不仅上传文字，还上传照片，网站的形式正在转向虚拟朝觐地，人们可以在那里发布真实的到媒介地点朝觐的信息和纪念品供他人瞻仰。我没费什么工夫就找到了很多与不同朝觐对象相关的网站：歌手K. D. 兰（KD Lang）、《加冕街》的场景、20世纪70年代英国电视竞赛节目《淘汰赛》（*It's a Knockout*）的澳大利亚版，以及英国电视连续剧《恶徒》（*The Sandbaggers*）（格兰纳达电视公司1978—1980）。[19]

最后一个网站把节目中的场景与一些澳大利亚粉丝在相同地点的照片［他们以一个剧中人物命名它为"伯恩赛德（Burnside）桥"］并排摆放，这是一个在网络上"划分"的例子。他们沿着伦敦的泰晤士河探寻到了这个地点。网站还鼓励其他人为这个虚拟朝觐地添砖加瓦："如果你到伯恩赛德桥朝觐过，而且想让你此行的照片出现在控制室网站（ops room）①，发到（地址）即可。如果你还知道其他值得一游的'恶徒'地点，也请发邮件来！"

网络是一个很适合留下以前的媒介朝觐印记并激发以后活动的空间。有趣的是，尽管这些网站随便称自己为"朝觐地"可能是为了吸引像我这样的探寻者，但它们看上去并不声称网站能代替媒介地点。相反，真正朝觐地点的照片在网络上的副本恰恰强化了网站独具的重要性。再次引用迪尔凯姆，网络是一个使与媒介相关的"神圣物"的"感染力"（contagion）得以扩散而非消失的地方。

---

① www.opsroom.org 是电视剧《恶徒》粉丝创建的网站。——译者注

第五章 媒介"朝觐"与日常的媒介边界 | 105

澳大利亚"恶徒"粉丝温迪和戴维·莱恩在2001年伦敦之旅中探寻到了"伯恩赛德桥"。

"确切地点就是兰贝斯桥,伦敦地图上威斯敏斯特桥和众议院向南第一座桥,"温迪说,"我们走啊,走啊,走了两天。我估计我至少矮了一英寸!"

这是温迪和戴维(第一行图片)和22年前伯恩赛德在同样这座桥上(下面一行图片)。

温迪补充道:"你看见后面大门外的那些树是在穿过桥的那条路另一侧的(霍斯费里路—兰贝斯桥—兰贝斯路)维多利亚大厦花园里的,花园沿着泰晤士河岸,但我们路过米尔班克路(汇入河堤)那天那里不对公众开放。"

如果你到伯恩赛德桥朝觐过,而且想让你此行的照片出现在控制室网站,那么发到roy@opsroom.org即可。如果你还知道其他值得一游的"恶徒"地点,也请发邮件来!

图5—2 《恶徒》朝觐网站的网页

结论:反转的朝觐

这一章里,我尽可能精确地使用"媒介朝觐"这个意义模糊的术语,用以描述某些地点是如何具有特殊的仪式性的重要意义而值得朝觐的。这与更广泛的关于媒介化中心的迷思相关。我已经关注了与媒介消费者的行为相关的媒介朝觐。再从媒介生产者的角度讨论这个问题可能很有意思，如约翰·考德威尔（John Caldwell, forthcoming, 2003）最近引人入胜的著作所指出的：考德威尔记述了编剧在会上向电视和电影制片人推销剧本时的仪式性行为。在任何情况下，关于媒介化中心的迷思总是建构的产物；其虚构的空间形式与实际发生的媒体在空间中的运作形式迥异，且存在潜在的冲突。

我想以对这种潜在冲突的提醒结束本章。我们不仅应该思考媒介朝觐，还应该思考它们的反面——与我们到媒介里的地方旅行相反，那种当组织媒介景观的权力梯度（power gradients）朝你而来的时刻。比如说，当你卷入一个新闻事件，媒体就在那儿，把摄像机摆在你面前，小报记者在你面前支起帐篷。这是一个反转的朝觐，不是通过去远处旅行将媒介的仪式性等级关系戏剧化地表现出来，而是那种等级关系就在你身上体现。无论你是否愿意，你被要求"对全世界"发言；无论你是否接受这种分类，你很可能是作为一个普通人被标记出来。

这种情形每天比比皆是，从这个意义上讲很普通。但媒体总是过度使用某一些资源，使得我们大多数人无从经历那些。我们几乎不知道人们怎样对待那些经历，尽管我们越发认识到那种经历伤害很大。在任何对媒介过程的分析——以社会或伦理的形式分析——中这些情形都应该得到更多关注。

有时候本意是朝觐却可能突然发生反转，如麦克·戴维斯（Mike Davis）在他精彩的《石英之城》（*City of Quartz*）一书中记载的他与两位萨尔瓦多移民在洛杉矶郊外的莫哈韦沙漠的交谈：

> 我问他们对洛杉矶怎么看……我这位来自南美大草原的朋友（Llano compañeros）说洛杉矶已经遍布各地了。他们在圣萨尔瓦多每晚都能从不断重播的《我爱露西》（*I Love Lucy*）和《警界双雄》（*Starsky and Hutch*）里看到洛杉矶。在这里，人人年轻、富有，开着新车，并在电视里看到自己。做了成千上万次这样的白日梦之后，他从萨尔瓦多军队

逃出来，搭了两千五百英里便车来到了提华纳①。一年以后他置身于阿尔瓦拉多大街和第七街的交叉路口……还有其他所有充满渴望、勤奋工作的中美洲移民。跟他一样的人没一个是富裕的，或者开着新车……更重要的是，和他一样的人没一个上电视的。他们都是隐形人。

  他的朋友笑了。"你要是上电视，你肯定会被遣返……"他认为只要天气允许的时候还是就在外面待着，最好是这样的沙漠里，离市中心远远的。

（Davis，1990：12-14）

  这段话的感人和超乎寻常之处在于它把两个绝对或者至少若想对我们保持影响（retain their hold over us）就不应该有联系的世界连接了起来：媒介的仪式空间和与之共存的由国家和其他机构控制的监视空间。工人们想象中的洛杉矶之旅会把他们带到"更高"的地方，一个人们"能在电视里看到自己"的地方；但他们在真实地点碰到的、占据本该是仪式中心地位的却是监视空间的网络。"在场"（being there）就意味着被一组保安监视器追踪着。感知到这种危险，或者与想象的相反，他们就会选择走为上策。

  这个故事尽管很具戏剧性，但不是虚假的戏剧化。它准确地指出了一种通常很模糊的联系，这种联系把媒介仪式和媒介系统与政府紧密协作的那部分含义串了起来。毫不奇怪，这个故事是不寻常的，因为如果这样的故事司空见惯，我们对媒介的符号权威的信赖就会被侵蚀。然而，有时候媒介仪式与其他形式的权力互相接触在所难免，于是必须控制它，就像我们在下一章中看到的。

---

① 墨西哥北部城市，邻近美墨边境。——译者注

第六章 现场直播的"真实"与监视的未来

> 一切都没变，只是，你身临其境了……
> ——美国《电视指南》形容真实的录像镜头，
> 引自尼科尔斯（Nichols，1994：54）

媒介能提出的最根本的论点就是它们能表现"真实"，不是任何一种真实，而是我们作为社会成员共同拥有的那种"社会真实"。既然媒介的仪式地位有赖于这一根本论点，那么"真实"以及与之相连的"现场感"（其重要性因其直通真实而得到保证）则是一些重要的仪式范畴，有必要专写一章。

在当代社会中，声称表现"真实"的论断越来越多，但这种论断与社会本身的联系在以下两种情形中却鲜有探讨：第一，在媒介研究已经注意到的"真实电视"难以计数的新形态中；第二，在与政府和其他系统实时信息处理相关的表现"真实"的论断中。这种联系，如第五章结束时所述，有可能破坏媒介的仪式地位（这需要媒介被看作"高于"权力的），所以在《英国犯罪追踪》（Crimewatch UK）这样的节目中很少得到明确的表述，二者的分离必须被小心翼翼地控制好。正是在这样的背景下，我想起了简·福伊尔（Jane Feuer）关于"现场感"是一种意识形态的论断，这一论断可以很轻易地被扩展到对表现"真实"的声明上。然而，其全部的重要性只有在更广阔的社会学语境下检视媒介权力时才会显现。这一语境探讨了当代社会的治理形式以及媒介在被称为"监视"的媒介化过程中的角色。[1]

作为一个仪式范畴的现场感

电视在某种意义上是"现场直播"的，这一点总是很重要的。我想论证的是，无论"现场感"一词出现在不同历史时期其意义是多么显而易见，它其实都是一个社会建构的词，不仅仅依赖电视，而且依赖媒介声称自身能表现社会"真实"。这就是为什么在一个"真实电视"的时代现场表演的实况录像越来越少而"现场感"却仍然重要，即使其参照点已经发生了变化。[2]

在电视时代的早期，所有节目都是对表演的现场直播，电视完全是一个"现场直播"媒介。当现场表演越来越少的时候，"现场"的参照点发生了转换。问题是，这个参照点具体是怎么变化的。杰尔姆·鲍登（Jerome Bourdon，2000）论证道，"现场感"的参照点转移到了在真实事件发生时专门进行转播的那部分电视节目，虚构节目被完全排除在外了。虽然这个词常被这么使用（指对现实的直接再现），但是这并非电视与现实发生联系的唯一途径。鲍登论述中的一个矛盾说明了这一点。他假设一家人在收看一个节目：什么才能让他们不再相信他们所看到的是直播呢？他认为，唯一的决定性原因就是他们发现家里的一个孩子其实好几周前就录好了这个节目，只是现在放给大家看，仿佛节目是第一次播出一样（2000：535-536）。如果这样，决定现场感的标准并非所播放内容的真实性，而是现场直播这一事实本身（Ellis，2000：31）。

然而，鲍登正确地指出，真实性确实和"现场感"更广义的重要性有某种关系，但这种关系没有他设想的那么直接。直播传输（对任何内容，无论是真实事件还是虚构故事）意味着负责传输的媒介机构的工作人员有可能在任何时刻将其切断，并立即接入真实事件。那么，直播传输的特殊性在于其能接入真实事件的潜在能力，而非对真实事件本身的实际再现。或者至少，我想说明，这大概就是如今现场感是如何被建构的过程。约书亚·梅罗维茨几年前简明地表达了这一观点：

> 开车的时候听卡带和听电台广播有很大的区别。区别在于卡带播放机把你与外部世界隔离开，而广播电台把你们联系起来。即使是听本地电台，你也在任何关于国内和国际事件的新闻的"覆盖范围内"。
>
> （Meyrowitz，1985：90）[3]

现场感与媒介的仪式地位的联系就此清晰了：现场感即直播传输[4]保证了我们与共享的、正在发生的社会真实相连接的可能性。因为这种连接，"现场感"可以被恰当地称作巩固媒介仪式空间的一个仪式范畴。

一旦我们使用更广义的词汇来讨论这一问题，现场感适用于一系列媒体，不光是电视的这一点就很明显了。作为范例，电视是最有现场感的，仅仅是因为到目前为止电视提供了大量的现场信息。不过，其他媒介也在以自己的方式进行"现场直播"传输——广播是显而易见的，报纸也是如此（比如"独家"报道或者新鲜出炉的突发新闻报道）。同时，其他媒介也能强化我们对"媒介"把我们与共享的、当下的现实联系起来的感受（即"现场感"的仪式意义）。

事实上，能强化现场感，或者本身声称"现场感"的媒体越来越多了。所以，2000年《老大哥》节目第一季播出时，引来了很多关于节目网站划时代的重要性的惊人论断。

> 昨天……互联网……提供了一种异常强大的共享的观赏感受。在办公室——至少是在那些高科技、使用媒介设施便利的办公室里——员工围在电脑屏幕前观看通过网络直播的（《老大哥》）住所（以见证尼克·贝特曼被驱逐）……那些在家和办公室无法接收网络广播的人则通过电子邮件和移动电话追踪住所里发生的一切……作为电视史上的一个重要时刻，（对尼克的谎言的揭露）最引人注目的是，这是第一次电视媒体的高潮点没有真正发生在（"现场直播的"）电视里。
>
> [《卫报》（G2版），2002年8月18日：2]

我们还不清楚是不是大多数观众真的认为《老大哥》网站很重要（Hill, 2002）。一切情境的现场感都在持续向新媒体空间里扩展，比如短信息，比如下文中在英国版《老大哥》第二季和其他竞争类真人秀电视节目（《幸存者》、《荒野求生》）造势期间一些英国移动电话公司的市场策略：

> （增强的）短信息服务归根结底就在于内容和人物的质量，别忘了，那个告诉《老大哥》迷们两个室友终于睡在了同一张床上的短信能让人

兴奋得神魂颠倒——"现在网络有现场直播了"。

[《卫报》（网络版），2001年5月24日：5]

很显然，广告商暗示了在私人手机上收到标准化的促销内容"令人激动"（好奇怪的想法！）利用的就是现场感，但是如果不是很多媒体为这种（在广义上）接触现场的感受添油加醋，这个"现场感"就毫无意义了。问题不在于一种技术作为传达"现场感"的主渠道超越另一种技术，也不是说电视不能与其他媒体一起享有对现场感的主张。电视的"现场感"不断突变成新的形态。比如说，美国广播公司语出惊人（但并不成功）地声称它将对远在澳大利亚的奥运会进行推后的但"貌似现场直播"的报道以保证其广告收入。[5]

这使得我们得以正确地看待一种反复出现的论断，即现场感对电视的重要性总体上在降低的。"现场感"——作为我们与具有重要社会意义事件的真正连通（actual connectibility）的保证——并没有衰退。其形式惊人地灵活。在20世纪90年代早期，有人说用录像机录制电视节目并推后观看会毁掉现场感以及随之而来的电视符号权威的重要成分（Cubitt，1991）。但你观看那天早些时候录下来的肥皂剧或者足球赛仍然可以轻易获得现场感——与当下共享的现实的接触点。甚至可以说录像在更宽泛的意义上强化了现场感，因为录像延长了我们可以分享直播时刻的重要性的时间段。最近，约翰·考德威尔（John Caldwell，1996：27-31）发表了一个有趣的观点，即现场直播的内容随着多频道电视环境下重播经典老电影和电视节目［比如《金色天空》（Sky Gold）］比例的增加而减少。当然，如果这种存档功能成为电视的主要形式，现场感则会失去其仪式效力，但这还没有发生。其实，如鲍登指出的，多数有线或卫星电视套餐包含至少一个纯直播新闻的频道（Bourdon，2000：552）。"现场感"（以及与之相关的"黄金时间"）仍然被有线和卫星电视提供商视作市场推广时具有特殊价值的东西：看看探索频道（Discovery channel）的宣传语"与世界一同见证"和"全球黄金时间首播"[6]。即使是在多频道环境下，现场感的疆土仍然被持续占领着。

无论"现场感"具体以什么形态出现，对现场感的意识形态批判中最重要的以及非意识形态探讨中所缺失的（无论他们怎样详细论述对"现场感"

的叙事建构)[7]，都是媒介话语范畴与更宏观的权力关系的联系。布伦斯顿与莫利（Brunsdon and Morley，1978）对"关于'国家''当下'的迷思"的解构准确地抓住了（以英国广播公司直播时事节目《全国》的形式出现的）"现场感"这一虚幻的概念。现场感不是一个天然的范畴，而是一个建构的词语。它如果仅仅依赖技术本身，则不会有广阔的影响。其重要性基于整个观念的链条，我们在这有必要拆解一下：

第一，那种我们通过现场感能接触到具有更大意义、值得现在就接触、不能等待的东西的观念；

第二，那种"我们"能接触到现场并非偶然，而是因为我们代表某个社会集体的观念；

第三，那种媒介这一拥有特权的途径（而非其他社会机能）使我们接触到现场的观念。

所以，"现场感"是社会建构的，一种信念的客体而已（Bourdon，2000：535），但因为人们通常把它当作"天然物"对待，它同时也成了一种意识形态。"现场感"把如下观念自然化了：通过媒介，我们实现了对我们所组成的社会有重要意义这一现实的共同关注。这就是把媒介看作社会框架[8]和关于媒介化中心的迷思的观点。正是因为这一基础性的观点（把社会看作一个共同关注于一个"仪式"中心的公共空间），收看"现场直播的"节目才让人感到某种不同，否则我们干吗要关心别人是不是在和我们收看同样的画面，以及（或多或少关心）是不是同时收看呢？对现场感进行批评的批评家是对的，因为他们感到这个词揭示了一些重要的东西。

这些批评家里最知名的一位要算写了《现场感的意识形态》（1983）一文的简·福伊尔（Rath，1988）。福伊尔指的"意识形态"是电视作为一种社会机制的意识形态，不是一个政治意识形态。她的观点依托于早期电影研究（Heath and Skirrow，1977）和马克思主义以及受马克思主义影响的（Brunsdon and Morley，1978；Dalhgren，1981；Golding，1981；Hall，1977）对电影的"现实主义"进行批判的广义背景。在那种传统下，对娱乐业的意识形态批判在于如何把电影和电视文本的"内容"与具有意识形态意义的更广阔的社会过程联系起来。[9]在文章的最后，福伊尔提出但没有解答这样一个问题：

> 我觉得"现场感"的意识形态会坚定地去压制任何矛盾。然而，我无法把这一情形所发生的层面理论化……我们陷在一个解释学循环中。观众是被（电视）这一工具左右了，还是观众是相对自由的？如果是后者，那么又是什么使我们得以像前文里那样把文本（当作意识形态来）分析？为什么《早安，美国》如此成功？或者这种阐释问题的方法本身就是有问题的？
>
> （Feuer，1983：20-21）

能带我们跳出这个"解释学循环"的就是本书第三章中论述的仪式化这一概念，也许正是这个循环的封闭性阻止了20世纪80年早期之后对媒介进一步的意识形态批判。[10]（福伊尔所说的）"现场感压制矛盾"的层面上所发生的是现场感作为一个仪式范畴的运作，它将媒介是我们接触到社会中心的特权通道的等级化观念自然化了。这并不需要我们相信某个具体的意识形态内容，而是通过我们在更广阔的仪式化空间中的思维和行为模式起作用，现场感作为一个仪式范畴在其中得以维系。

当分析媒介在我们共享的"现实"中所起的作用时，我们不仅躲不开关于媒介化这样的根本问题，更躲不开关于社会信任的问题（Silverstone，1994）。这有助于解释为什么在电视史上一开始制片人们就把"现场感"看作一个压倒一切的重要范畴：

> 我相信观众宁愿看牛津广场高峰时间真实情景的直播也不愿意看耗资十万英镑的最新电影音乐剧。
>
> ［制片人杰拉尔德·库克，引自科纳（Corner，1999b：25）］
>
> 电视的主要功能就是传输正在发生的画面……根本的吸引力不在于它所表现的话题，而在于人们意识到无论发生了什么，它当时正在发生。
>
> ［电视制片人约翰·史密斯，引自科纳（Corner，1999b：25）］

现场感在电视早期的画面传输仍然给人以极大新鲜感时当然是特别引人

注意的。但更令人惊讶的是，当我们对电视（和很多其他形式的实时通信技术）习以为常时，我们仍然觉得现场感很重要。

这里有一个更大的社会学问题："现场感"是在时间维度上协调社会的一部分（Scannell，1989）。[11]就像杰尔姆·鲍登最近所说：

> 现场感应该作为一个发展过程放在整个媒介历史中去解释。媒介技术的历史至少部分地反映了为弥合时间与媒介使用者之间的间隙所做的努力。它与把通信等同于速度的历史紧密相连……技术、社会和经济之间存在一种相互的调适。在表象上，主要媒介机构都使用新闻，尤其是广播和电视使用现场直播，来制造一种大众和事件之间的纽带……在根本上，把自己与他人、与世界上发生的事件相连的需求是现代国家发展的中心议题。

（Bourdon，2000：551-552）

然而，在我们阐明更广泛的社会学意义上的联系时，我们一定不能忘记权力在其内部的运作。社会通过某一种媒介——某一组机构化的行为实践和资源的运作方式——而非其他媒介，得以协调，此事从权力的角度看并非中立的。这一点怎么强调都不为过。把"现场感"看作一个仪式范畴而非社会学范畴的目的就是要与关于媒介化中心的迷思保持一定距离。很显然，对技术和社会缺乏批判的（innocent）历史分析有可能掩盖这一点。我希望，这一点的重要性会在本章结束时更加凸显。

媒介化的真实

如果媒介声称自己所提供的"现场感"是一个仪式范畴（也就是说这种范畴把媒介作为理解社会环境的框架的仪式地位自然化了），那么媒介里的"真实"就也是一个仪式范畴。电视节目主持人对1969年阿波罗号在月球着陆的一段评论反映了这种情况：

> （电视）真正的价值在于让人们成为正在发生的经历的参与者。真实

生活比人为塑造的生活激动人心得多，而此刻正是有观众参与的真实生活的大戏。

(Marvin, 1999: 159)

从那以来，电视节目的数量和本质都发生了巨大的变化，而且不仅是在美国；同时，现在电视还要和其他接触"现实"的途径竞争，包括互联网。约翰·埃利斯（Ellis, 2000）通俗易懂地分析了从"缺少"电视到"有"电视再到有"很多"电视的时代的转变。当然，在频道——其实是媒介——倍增的时代，电视正在越来越多地依赖对"现场直播"展现特殊事件（特别是体育赛事）的强调和通过"真实电视"这样的娱乐体裁对独占现场的新节目形式的生产。所以，媒介的仪式范畴在形式上的变化与媒介机构和市场的变化是相互联系的。

"真实—电视"

"真实—电视"的发明（其部分影响体现在我们不再把二者看作一对矛盾了）是个很有趣的事，正在吸引越来越多的媒介学者。[12]为了与全书主旨保持一致，我想在这里有选择性地而非针对整个类型来看看对媒介的仪式分析对了解这一节目类型的主要特征能有什么启示。我专注于那些或多或少运用了纪录片形式的节目[13]，而非媒介宣称表现"真实"的另一个形式——脱口秀（见第七章）。

电视能通过"现场感"表现"真实"这一主张贯穿其发展历史，而且是更大的"自然主义意识形态"的一部分（Collins, 1986）。然而，在这个一贯的过程中，因对"现实"的不同定义而起的争执也不时发生。拿有详尽记载的20世纪50和60年代的英国为例，广播和电视里"真人"的出现曾是争论的中心，纪录片和新闻节目是冲突的焦点。约翰·科纳在对这一时期的梳理中引用了一位重要纪录片导演丹尼斯·米歇尔（Denis Mitchell）的评论。这一评论是关于从要求采访对象念在未录音的谈话基础上写成的脚本到允许他们直接对着镜头或话筒说话这一转变的：

> 那是一个巨大的成功，主要就是因为（人们）第一次听到真实的人物脑子里怎么想就怎么说。
>
> （Corner，1991：50）

在广播电视从一个"社会"（social）媒体变成"社交"（sociable）媒体时（Corner，1991：57；Scannell，1989），如何准确表现"现实"也发生了变化。然而，这并非直截了当的民主化，因为越来越多的"普通人"出现在媒体里，既和"普通人"这一范畴的意识形态意义有关，也和控制着他们证言的编辑过程密不可分（Corner，1996：167-68）。从 20 世纪 70 年代开始，录影技术的发展和手持摄像机图像质量的改善改变了技术的基本面，但并没有连带地让电视在其对社会环境的表现中更好地再现"普通人"。当 20 世纪 90 年代"普通人"成为颇具价值的电视商品时，技术上的可能性、主流电视中对那些可能性的"文化"认知，以及由此带来的经济后果之间存在着复杂的互动关系（Corner，1996：173；Caldwell，1996）。在整个这一时期中，事实性的"真实"节目与肥皂剧［或者"言情肥皂剧"（telenovela）］平行发展，形成了英国、美国、拉美和其他地方电视节目安排中的固定成分。在虚构剧中，尽管形式不同，其声称表现社会"现实"的情况也变得越发明显，例如通过在肥皂剧的情节中反映当下的社会问题（Geraghty，1995）。在英国，由虚构的故事产生的头条新闻越来越普遍，在言情肥皂剧里更甚，真实的公众人物甚至出现在虚构的情节里［参见哈姆伯格（Hamburger，2000）记述的 90 年代巴西的案例］。

所以，当代"真实电视"产生于回答媒介如何把我们与共享的社会现实相连这一问题的历史过程中。近来的"真实电视"呈现出了不同的形式。也许理查德·基尔伯恩（Kilborn，1994：423）提供的定义最具解释力。他说，真实电视包含了以下内容（对他的形容略作简化）：

第一，对个人和组织生活中的事件"发生时"的记录；

第二，尝试通过戏剧化的重现还原真实生活事件；

第三，通过编辑把（1）和（2）包装进一个节目。

这个定义很好地抓住了"真实电视"形式上的灵活性[14]：从 20 世纪 90

年代中期"纪实性肥皂剧"（docusoap）（比如 BBC 的《旅馆》和《驾驶学校》系列节目）在英国的爆发，到对紧急救援服务的重现的节目（英国BBC 的《紧急 999》、美国哥伦比亚电视网的《911 救援》和福克斯电视网的《警察》），再到把紧急救援服务监控视频和观众用便携录像机拍摄的视频片段整合打包的节目（在英国，独立电视台的《警察》、《摄像机》、《开始表演，你被陷害了》）。但是，也有其他学者倾向于更严格的定义。例如乔恩·达维（Jon Dovey, 2000: 71）认为这个定义应该专注于那些明确地声称再现"现实"的节目，具体表现为对由紧急救援服务方提供的视频片段和现场重现的使用，且没有明显的虚构成分。我一会儿会回到这类节目的一个例子上，即《英国犯罪追踪》（Crimewatch UK）节目。但是，更严格的定义并没什么帮助；它可能掩盖"真实电视"作为一个仪式范畴的内在灵活性（参见前文关于"现场感"的论述）。很多节目形式都声称提供通向"真实"的特殊途径，包括虚构节目（"纪实性肥皂剧"）里的一些成分和幽默的评论［独立电视台的《诚实的镜头》（Candid Camera）］。所有这些都紧紧围绕着电视具有接触到非媒介现实的优越性这一根本论断，尽管（不同程度上）我们看得出它们对那个现实的媒介化。

如果（把基尔伯恩的定义稍作延伸）我们把"真实电视"节目类型最近以来在英国、美国和欧洲国家的发展考虑进来，则会认识到这种内在的灵活性是非常必要的。比如，电视游戏节目［或者叫"游戏—纪录片"（game-doc）］，虽然在一个层面上的确是选手间的竞赛，但在另一个层面上却声称展现选手作为参与竞赛的人的"真实"一面。以不同形式呈现的、最知名的例子就是《老大哥》节目，但很多其他节目也一样（包括《幸存者》和《荒野求生》）。游戏—纪录片，尽管人工雕琢的痕迹清晰可见，却能和纪实性肥皂剧（这类节目把对纪实的主张，与诸如六个每周半小时的娱乐节目的形式相结合），或者和那些整合监控录像的节目一样声称自己再现"真实"。所有这些都能归属到"真实电视"广义的定义里，即宣称能表现"真实"但又处在纯新闻/纪录片和纯虚构这两个明确分开的领域之间的节目。[15]其实正是"真实电视"这种处于两者之间的状态才是仪式分析中最有趣的部分。正是"真实电视"节目在它们真实或虚构状态上的模棱两可才使得电视再现"真实"这一仪式化了的论断得以延续（见下文）。

20世纪80到90年代在媒介对现场直播的主张倍增——准确地说是碎片化——的背后到底是什么，这很难说清。某些因素的重要性显而易见。经济的驱动力在起作用：在充斥着节目编排上的压力和节目之间的竞争的时代，"真实电视"提供了一种廉价并且（或多或少）可靠的途径来保证可观的收视群体（Kilborn，1994；Dovey，2000）。在90年代中后期节目制作者的经济压力不断加大时，保持"真实"的可信度的成本也越来越高，特别是在新闻界不断揭露纪录片和脱口秀作假的背景下（Dover，2001；Dovey，2000；chapter 1；Winston，2000）。至少在英国，60年代以公共服务为核心的"普及电视"（access television）的历史传统以《视频日记》和《视频之国》系列节目的新形式出现了（Humm，1998；Kilborn，1998）。我们还能走得更远吗？如加里·霍内尔（Garry Whannel）所说[16]，有一种可能性是，90年代的电视观众，至少在那些电视开播较早的国家，绝大多数是在电视的陪伴下长大的，所以对电视内容的诠释也更老道。电视节目第一次不得不去适应这样的观众。这在某种程度上造成了如纪实性肥皂剧这样的节目对事实/虚构界限的反思，但却不能解释为什么在正式的纪录片和新闻节目越来越少的情况下，电视仍然坚持声称自己对真实的表现。同样不能解释的是，翁贝托·埃科（Umberto Eco）被广泛引用的观点：80年代经历了从"展现外部世界"的"古电视"（palaeo-TV）到"展现其自身"的"新电视"（neo-TV）的转变（Eco，1992：247）。抓住了电视在语态和修辞上的宏观变化（其不断强化的非正式社会交际性）并不能解释一个悖论，即90年代电视对"真实"的主张越发强烈，尽管在形式上愈发懒散且不断变化，同时更强调"普通人"在其话语中的地位。也许关键不在于埃科指出的来自电视产业内部的竞争，而在于过去十年里电视所面对的来自其他媒体的竞争。电视必须在与电影、音乐产业和互联网的竞争中不断证明自身的社会中心性。

现在是时候阐明一下我所说的媒介声称使我们得以接近的"真实"涉及一个仪式范畴是什么意思了。

真实电视的仪式维度

在关于真实电视这一节目类型的仪式维度的论证中，我想专注于三个方面：首先也是最显而易见的就是关于真实的主张本身，还有就是简略论述一下民主化和互动性的问题。

未经中介的真实

关于真实的主张，和现场感一样，是社会建构的。"真实电视"这个概念本身，更不用说"未经中介的电视"，就是自相矛盾的。而电视关于表现真实的主张就植根于这种矛盾中，"真实电视"不过是凸显了这个悖论。便携摄像机技术早在英美媒体广泛使用之前就有了（Caldwell，1996），在它刚普及时，电视制作者们就意识到便携摄像机以其为非专业人士提供的灵活性有可能给媒体"带来一股新风"[英国制片人杰里米·吉布森，引自达维（Dovey，1993：168）]。当然，便携摄像机的素材（晃动，移动空间受限）在某些方面成为"直接"接触电视里或其他地方的"现实"的标志[17]，尽管这可能并非"'电视展现真相'的唯一优越形式"[与达维（Dovey，2000：55）的观点相左]。还有很多这样的标志着真相的形式，例如脱口秀里（见第七章）"真实"情感流露的瞬间，或者美国的突发新闻画面中从直升机往前推进、聚焦在街景细节处的镜头。事实上，便携摄像机普遍作为居家使用这一点使得它的重要性复杂化了（Dovey，2000：65）。这是不是意味着讲述事实的工具不再仅仅掌握在记者和节目制作者那里，而是掌握在你我手中了，于是电视节目对便携摄像机的使用被重新定义了呢？如果那么理解就恰恰忽略了电视赋予便携摄像机影像的仪式形式（Caldwell，1996：283）。我用便携摄像机拍摄的私人活动的影像有可能被放上电视，但除非它被包装成（比如说）对家庭生活的特殊"观察"，也就是说，除非它被放在更宏观的修辞性的电视话语里，那不过仅仅是一段私人影像而已。电视关于真实的主张不是某一个视频片段的特性，而是更宏观的一种建构。

事实上可以这么说，电视媒体以抖动的、手持摄像机的形式来突出其再现机制，不但没有削弱或让人怀疑其更宏观的关于真实的主张，反而将其进一步自然化了，是我们逐渐习惯了电视在"真实世界"中的日常运作。我们也可以反过来说真实电视使得整个媒介过程更透明，但这样的话电视对现实的再现就比个人或其他媒体弱吗？目前为止，还没有迹象表明人们愿意甩开电视里播放的便携摄像机的素材，而花钱和时间去收看或者发行人们自己用便携摄像机拍摄的素材！如果事实如此，则电视最根本的"元话语"（metadiscourse）[史蒂夫·尼尔（Steve Neale）的这个词很有用]也不大可能发生变化。[18]

我们也不应该同意经典的后现代论点，即电视画面生产得越多，关于真实的主张就越不重要（Baudrillard, 1983）。凯文·罗宾斯（Kevin Robins, 1995a：139-140）延伸了这一观点，认为在"卡拉OK电视"时代，对媒介过程的参与比电视的再现空间中的内容更重要；如果是这样，我们也许可以把"真实电视"看作一种人们对与他人交流的欲望的反应，即米歇尔·马菲索利（Michel Maffesoli, 1996a：12）所说的"关于'我们'的美学"。也许这解释了电视关于真实的修辞为什么如此强调互动性（见下文），但这却有悖于电视越来越强烈地声称它才是我们通往现实的路径这一事实（Dovey, 2000：90）。

有的时候关于真实的主张有赖于现场感本身。比如，美国的"突发新闻"里较为常见的那一类新闻报道，对正在发生、尚无定论的事件进行直播，并配以尽可能少的编辑和评论（例如警车在洛杉矶的高速公路上追赶O. J. 辛普森的旅行车的直播画面）。这里，如邦德比亚格指出的（Bondebjerg, 1996：37），电视的实时在场似乎佐证了其声称呈现名人表象背后的"真实"生活的主张；如果非说那个名人在这样的时候还在演戏，那当然是难以置信的。在类似这样的现场"真实"里，电视台能提供的框架可能仅限于一个台标和简短的字幕，但这就足够用来宣称电视框架的仪式地位了。事实上，这大概恰恰就是电视的仪式框架最纯粹的形式，"屏幕边框"，别无其他。[19]

脚踩两只船？

但是，电视关于真实的主张并不需要纯粹性，也能存在于最混乱和含糊的形式中，比如最近的游戏—纪录片。在我写作此书时英国的《老大哥》节目（四频道）即将进入第三年，这种节目里最重要的成分是什么？要分析在《老大哥》节目那所房子里所发生的事情的重要性，唯一的出发点就是电视摄像机的在场。所以，在节目中对摄像机在场的"轻描淡写"并坚称人物所有活动的细节都未经导演这一点就很重要。如英国《老大哥》第一季制片人露丝·瑞格里所说："我希望它看上去有现场感并令人兴奋……这个节目就没打算做成制作精良的电视剧。我们有什么拍什么（We were filming it for real），观众了解这一点是这类节目的优势"（Ritchie，2000：11）。矛盾的是，"有什么拍什么"就意味着要确保观众不认为他们所观看的仅仅是十个人面对摄像机的表演。这个节目里心理话语（配合"派驻"的心理学家定时发表的评论）扮演了一个角色，因为这一话语重复了这样一个观念，即让十个人在整个国家的监视下生活两个月可以揭示出人性的"真实"。如瑞格里所说，"没人能在摄像机面前时时刻刻都保持表演状态——世界将会看到真实的他们（节目参与者）"（2000：26）。如这个节目官方出版的一本书不无讽刺地说，英国《老大哥》节目"不应该仅仅展现房子里发生了什么，而且要在顶级心理学家的帮助下探讨人与人的关系"（2000：9）。

《老大哥》这个节目——既作为人为制造的娱乐，又作为展示人性的"真实"——那种模棱两可的情况在游戏—纪录片的话语里处处可见。一个正在筹拍的、《幸存者》节目形式的变体叫作《丛林危机》（Serious Jungle）。为了我们的娱乐，这个节目把儿童送到婆罗洲丛林中生活两周，但节目的目的很清楚，即再一次揭露更多的人性的"真实"：

> 因为节目聚焦于儿童，观众会看到他们对那些经历的非常清晰和诚实的反应。
>
> ［制片人马歇尔·科温
> 引自《观察家》（2002年3月31日：15）］

史无前例，这些孩子将要尝试展开不基于音乐品位或者所穿运动鞋品牌的人际关系了。这几个星期里他们会变化很大，以至于等他们回家见老朋友的时候会有非常不同的感受。

［行程组织者艾利克斯·派特森，
引自《观察家》(2002 年 3 月 31 日: 15)］

这样的观点即使是在像《明星》(*Popstars*)（独立电视台）这样基于演播室的节目中也能看到。其制片人奈杰尔·利斯格声称"这不仅仅是一个娱乐节目，这是一场真实生活的戏剧"[20]。这些节目中的"普通"人的"普通"从仪式角度上看有双重的重要性：首先（我们认为，一旦他们刚开始时的演技被摄像机不间断的在场所消磨），他们的"普通"确认了所展现内容的"真实性"；其次，"普通"是所有参与者都只能跟着逃离的一种状态，他们想要进入另一个独特的仪式范畴，即名人（Couldry, 2002）。作为"真实"的"普通"和仅仅作为"普普通通"的"普通"这两种意义明显自相矛盾，恰恰是因为两者都强化了我们一个更宏观的观念，即媒介（无论是作为我们观察"真实社会"的框架，还是作为我们逃离"平凡的真实"而进入的空间）是有别于并高于"普通世界"的。事实上第一种主张不过是为我们都非常熟悉的第二种添了点佐料而已。这种在真实和虚构，纯粹娱乐和社会学习之间的模糊性恰恰是罗兰·巴特（Roland Barthes）叫作"转门效应"（1972）的那一种，他认为那是迷思所普遍具有的特点。

电视关于真实的主张受到越来越多的怀疑，这种迹象在一定程度上把问题复杂化了。安妮特·希尔（Annette Hill）目前对受众的研究显示（Hill, 2002），随着 20 世纪 90 年代英国纪实性肥皂剧产量的增加，人们对它们所再现的现实也越来越有戒心。很显然，认为观众对这类节目的建构性毫不知情的观点［对脱口秀节目的讨论参见加姆森（Gamson, 1998: 87, 90; Grindstaff, 1997: 187）］和真实电视早期研究中关于观众有偷窥癖和轻信倾向的论断一样是过时的。[21]但是，观众的这种精明并不意味着他们在总体上丧失了对电视作为我们接触社会"现实"的优势入口的根本地位的信念。我们不应该期待观众心里对这一点认识得很清楚，但我们要记住关于真实的主张，就像关于现场感的主张一样，因为它是被建构的，所以本身是可转移的。对一种电视节目样式声称表现真实的信念的衰减，与之并行的是对另一种声称表现真实的信念的增加——这恰恰就是纪实性肥皂剧如何走上神坛的过程，也恰恰是在真实性上更加模糊的游戏—纪录片如何对逐渐显露的怀疑所做出反应的过程。

民主化？

我对真实电视的仪式维度的强调并不是要否认电视作为一个媒介——例如在英国——变得更加民主化的可能性。诚然，虽然电视从未停止过坚称自己是通向真实的优势入口，但贯穿这一论断的是当代电视逐渐增加的对展现未经编辑的个人表达的强调。能看得出，（在节目类型的一端）BBC的《视频日记》（Kilborn，1998；Dovey，2000：121-122）里个体至少部分地用自己的话讲述他们的故事；（在另一端）比如《老大哥》这类游戏—纪录片里，通过生活在摄像机镜头前，参赛者被认为随着竞赛的推进"揭示"了关于他们自己更加隐私的"真实"。在新迪尔凯姆观的框架下，这恰恰是我们乐于理解这些节目的方式。

但是，如果我们从这种关于"民主化"的表层观点进一步深入，我们就得首先思考这些"普通人"出镜背后的物质条件。即使是在最有利的情况下（比如《视频日记》节目），报名者和最终上电视的人数的比例也达到了五十比一（Keighron，1993：25）。这里提出了一个很难回答的问题，即筛选基于什么样的条件。我们还需要思考仪式空间底下的不平等性是在这些节目中被复制了还是被质疑了，也要思考围绕这些节目的话语。看看达维转引的两则评论："我需要在电视上看到自己才能确信自己真的存在。"（Dovey，2000：126）"一个有文身的摩托车手总结说，她想展示的是，那些像她这样的人'和其他所有人没什么区别'"（2000：131）。第一段引语来自《视频日记》制片人的转述，第二段来自一篇关于观看《视频之国》拍摄过程的报纸报道。电视作为一个人们可以在其中声称代表性的空间，其地位由此得到确认（见第五章）而不是被削弱，尽管这些来自媒体工作者的评论被媒介学者选中并加以强调本身就非同寻常！围绕着电视这个封闭空间的实践边界的开放可能反倒强化了那个赋予实践中种种约束以意义的象征性的边界。如果是这样，我就可以把布尔迪厄的转化性仪式（rite of passage）比喻成"机制性仪式"（rite of institution）（见第三章）：不仅是个体的转变和受到启示的时刻，重要的是先有了赋予这个仪式重要性的边界，即在真实电视中"媒体上的人"和"普通人"在类别上的区隔。这类节目所强化的正是这样一种根本性的界限。

互动性

然而，理论上讲，互联网的互动性特点与真实电视的民主潜力有本质不同。"互动性"，和其他我们讨论过的概念一样，也是建构的，而非自然而然的东西。

我们熟知通过计算机中介的交流中那些数不清的关于互动性例子，从博物馆里的互动展示到很多自动电话客服的有限互动。然而，对于我们社会的中心性媒介而言，这个词的重要性更大。"互动性"在这里意味着，通过表演，展示媒介与有代表性的社会群体的关系，否则这些关系只存在于想象中。万维网提供了很多"互动性"的表征，如网站访问计数器，在信息源和"聊天室"之间的一键式连接。在节目播出时，网上"聊天室"，无论里面聊的是什么，都是一种形式。在这当中，广播的"现场感"隐含着"真实"，并通过与"真人"的交谈得以确认。音乐广播中一个很典型的例子是BBC电台一频道1999年在其聊天室中引入了一些现场DJ时段的网络直播。如DJ大卫·皮尔斯所说，"这看上去是最能实时与观众互动的方式了"[22]。前面我们通过《老大哥》节目那个允许你通过某些特定摄像头看到那所房子里的情况的网站（假定你的网络下载速度足够快）谈及了"互动性"与媒介关于"真实"的主张之间的关联。其他形式还在出现，比如基于万维网的互动肥皂剧（比如出现于2000年4月的 www.onlinecaroline.com），或依附于BBC关于一个互联网创业公司的电视剧《附件》（*Attachments*）的虚构的网络摄像头网站［《老大哥》风格（*Big Brother*-style）］。[23]

然而，一个根本性的社会学问题是，为什么互动性被大家认为这么重要。

在这里，互动性代表着媒介的"真实"和"现场感"这些仪式范畴的新发展，无论它是以"现场聊天"还是以与代表着媒体系统本身的界面"现场互动"的形式出现。很显然，任何关于互动性在再现功能上的重要性的主张都是高度修辞化的结果，但恰恰是这种对社会关联的修辞性主张才需要仪式来强化。真实电视和它的那些"互动"衍生物可能不过是提供了"同在感"（sensations of togetherness）（Nichols, 1994：56），但这在今天广大的社会空间中绝非微不足道。我想说，未来一段时间内，在这个领域里，媒介的仪式空间会不断生成新的形式、范畴和边界。

媒介仪式和监视下的日常现实

但是，接下来我想探讨另一个问题。到目前为止，本书分析了那些使得媒介的权威变得自然化的仪式的形式和实践。然而，我并没有细致分析媒介权威与更广泛的权力形式之间的联系。媒介操作中仪式化的作用的确就在于使这种联系难以被发现。然而，真实电视这种体裁，特别是其中关涉国家行为的子类，比如紧急救援服务，不可避免地暴露了这些问题；正是在这一点上关于媒介化中心的迷思相当直接地与媒介以外的权力结构纠缠在了一起。

已经有几位学者指出了媒介再现这个世界的权威与社会的控制策略，特别是通过（监视）画面所实施的控制之间的普遍联系，但这些还没有在媒介研究中得到细致的探讨。[24] 只有约翰·菲斯克十分重要地指出，画面生产方式的分配缺乏民主，在日常媒介和日常监视中都是事实（Fiske, 1996：217-218）。所以，要寻找警察和媒介工作者在获取"犯罪"信息和定义"犯罪"的工作实践的直接联系，我们就得转向犯罪社会学著作。警察自己当然也使用媒介技术，如审讯室里的视频录像（Ericson and Haggerty, 1997：140），以及作为证据的监控录像。诺里斯（Norris）和阿姆斯特朗（Armstrong）在他们关于"最大化监视社会"的书中有力地展示了其中的联系：

电视是一种视觉媒介，闭路电视也是一种视觉媒介。两者互为对方所生。再加一种原料即犯罪，两者的婚姻就完美了。这个婚姻能抹掉娱乐和新闻的界限，社会和奇观的界限，偷窥和实事的界限。

(Norris and Armstrong, 1999: 69)

这种联姻不是媒介历史上的昙花一现。(媒介研究所探讨的)中介与更普遍的信息控制系统之间的联系可以追溯到现代社会的根基上。两者都属于吉登斯所说的对社会的"权威资源"的控制 (Giddens, 1984: 262)。事实上，这种具有双重意义的中介正是大型现代国家存在的先决条件："当代社会成为'电子社会'的时间要长于我们一般所想象的，它从一开始就是'信息社会'"(Giddens, 1985: 178)。如果我们考虑警察和媒介所依赖的权威的种类，那么两者都是符号权威，也就是独有的、特权性的对世界进行分类的途径[25]，尽管媒介的权威更宽泛，更无所不包。所以，媒体不时将它们的权力与警察的符号权力混为一谈就不足为怪了 (Wilson, 2000: chapter 1)。这些联系特别会出现在与犯罪有关的真实电视里。

好几个国家都有通过电视向公众求助来帮助警察追踪罪犯的节目，如德国 ZDF 电视台的《未解档案 XY》(*Aktenzeichen XY…ungelost*)、法国 TFI 电视台的《一号目击者》(*Témoin Nº 1*)，以及英国 BBC 的《英国犯罪追踪》(*Crimewatch UK*)。[26] 我集中探讨英国这个节目，因为它从 1984 年以来连续播出并吸引了大量观众。在《英国犯罪追踪》中，关于中心的迷思必然同时指向媒介的权威和国家的权威两层意思，一个有趣的问题在于这两种权威之间的关系是如何被处理好的。

有的时候两种权威看上去高度重合，就像下面这段引语所说（还有观众和警察通过"现场感"这一框架交流，注意这里对其的强调）：

晚上好，欢迎收看本节目。在这里你不仅可以听到关于犯罪的故事，而且也许可以真正做点什么。和往常一样，我们是现场直播，来自全国各地的侦探们正在等着接听你们的电话。

[《英国犯罪追踪》，1987 年 11 月 10 日，引自施莱辛格等人 (Schlesinger et al., 1992: 46)]

第六章 现场直播的"真实"与监视的未来

但是《英国犯罪追踪》一直以来都通过精心地重现真实罪案宣示媒介自身的符号权威。电视再现现实的主张植根于那些制作重现的人的头脑里,这表现在这个节目最早的两位主持人在一本书中的评论:

> 所有那些参与《英国犯罪追踪》重现的人都谈到他们录影时感到的一种责任感。
>
> (Ross and Cook,1987:59)

> 那并不是个愉快的经历,但还会再参加。因为我们那天的录影,那些人最终被抓到了,我很自豪。我真觉得这其中有我一份功劳。
>
> [演员雷米·李斯特,
> 引自罗斯和库克(Ross and Cook),1987:61]

然而,目前为止,媒介再现真实的权威以及其拥有的仪式力量看上去都是在为一个相对独立的国家权威服务的。

在其他情形下,节目对自身权威的主张则更加普遍,如下面这段谈到如何选择要重现的犯罪案例:

> 所有上了头条的罪案我们都会跟踪,尽管这里的动机并不那么高尚,我们相信为了节目的利益起见,我们需要被看作处于犯罪侦查的中心(*seen at the centre of the crime detection business*)。
>
> (Ross and Cook,1987:29)

表面上看,这个逻辑很怪异:为什么追踪那些其他媒体所关注的罪案会使得这个节目"被看作处于犯罪侦查的中心"呢?但是,如果把这看作强化了作为中心性的社会入口的媒介的仪式角色,这个逻辑就顺理成章了。节目的目的就是要确认媒介(由《英国犯罪追踪》代表)处于全社会罪案侦查的中心。有时候节目所主张的这种权威本质上就是监视本身的一种表现形式,只不过是通过全国的电视台网这个加强型的媒介来实现的:

> 《英国犯罪追踪》与(本地)有线电视相比有巨大的优势。我们的受众规模很大,一次播出就能覆盖全国三分之一的人口。更重要的是,我们的观众分布在整个英国。对警探们来说,这可能比听起来更重要,因

为警力还都是按地区组织的。在一个坏人能在几个小时内从这个国家的一头穿梭到另一头的时代里,警察还相对死板地限制在他们自己的地区。《英国犯罪追踪》打通了所有地区。

(Ross and Cook,1987:110)

他们的意思是,大众与电视主持人的良好关系使得这个节目里的警员得以收集很多信息,而"普通"警员则很难做到(1987:115)。电视的符号权威可以看作强化了警察的权力,两种"中心"的运作相辅相成。

当电视节目和警察都开始愈发依赖监控画面的时候,厘清国家权威和媒介权威之间的关系就变得越来越困难。我们恰恰处在两种迥异的、基于媒介的权威的边界上:媒介为我们再现世界的仪式权威和国家与企业拥有的、为执法部门收集图像的权威。换一种说法,引用关于监控的领军学者大卫·莱昂(David Lyon)的论述,我们正处在"社会协作"(social orchestration)的组织过程和通过电视实现的"文化信守"(cultural commitment)的边界上。这种文化信守本质上是一种对"全感知"(omniperception)的欲求(Lyon,2001:30,124-125)。把媒介的仪式权力形容成对"全感知"的欲求听上去很奇怪,但这只不过是以不合常理的方式从治理的角度对媒体的影响做出的解释。

那么,从长远来看,媒体的仪式权威有没有可能因它们与政府的亲近而被侵蚀,或者至少被污染呢?这两种再现性权威的形式的交界处当然要被小心控制好。问题并不在于一接触自动地就会被污染,就像迪尔凯姆的宗教理论中"神圣的"和"污秽的"决不能互相接触那样。媒介的权威和国家的权威都是社会的"中心"的一部分,所以两者对相同对象行使这种权威时的重合并不会直接产生问题。因此,两者不必绝对分开,尽管《英国犯罪追踪》一开始把二者混合起来看上去是个大胆的举动(Schlesinger and Tumber,1994:254-256)。污染的问题来自这个过程的手段而不是目的。节目和警察都愈发依赖监控录像。但是如果媒介关于真实的主张(包括其对监控录像的再现)与国家或其机构的监控手段完全融合了,那么媒介所呈现的那个社会现实就不再是"天然地"两厢情愿的了("naturally" consensual);原则上,人们会对它有争议，比如通过法律程序或直接将其与国家权威相联系。电视的权威，如果想保持其仪式力（也就是说完全是天然化的），就不能在这方面显现出可质疑性。

避免这种风险的方法就是将这两种在监视过程中的竞争利益（国家的和媒介的）尽可能分开。例如，我分析的《英国犯罪追踪》节目，从 90 年代中期开始（1996，1997）就明确保持着这种分隔。节目被大致上分为两个不同的部分，电视罪案重现（偶尔用简短的监控视频做补充）和其他以通缉为目的的片段，有时候穿着制服的警官还会做些解说。然而，最近的一期节目（2002 年 3 月 6 日）有所不同，整个节目表现出来对监控视频的依赖度明显高了很多。这里，电视重现在叙事上的权威与实时的视频监控没有被分开，而是紧密交织在一个叙事过程中，还时常通过真实受害人的声音（面部或显现或遮蔽）来回述监控摄像头记录的时刻。这种手法不仅在《英国犯罪追踪》有，《急救 999》里也能找到。[27] 再现与监控视频在这里成为一个具有互文性的联合体，前者反映后者：受害人的叙述对应犯罪者的画面。[28] 2002 年 3 月那一期节目对其中一个片段的处理恰好证明了我的论述。它由《英国犯罪追踪》节目里人们熟知的、关于闭路监控摄像头的价值的一段评论引入［"如果你要证明（*proof*）闭路监控摄像头多么有效，则请看一下片段"］。[29] 然后我们看到一名男子在闭路监控视频中和一位在银行排队的女性（她的脸被遮盖了）搭讪。这段画面外，我们听到受害人，一位老妇人，紧张地讲述所发生的事情。她在结尾说了这样的话："他还拿走了我的其他什么东西。我不再是曾经的我了。"在画面上叠加了《英国犯罪追踪》的节目标志和节目组的电话，老妇人的语音混合着《英国犯罪追踪》主题曲的一个舒缓版本的背景音，以为下一个监控录像的带入提供连续感。

这里，避免监控注视（gaze）对媒介注视（gaze）权威的污染，不是通过将两个再现分开，而是通过把两种注视中对谁（*objects*）和为谁分开。这其中隐含着媒介（为"我们"再现现实）和国家（在社会空间中审视"别人"）的分离。那个受害人的画外音毫无疑问地引来我们的认同感，并让其脱离被监控的对象。我们从《英国犯罪追踪》中很难——即使偶有——反思性地认识到我们本身作为主体也可能在监控屏幕中被再现出来。改写本章开头电视指南中的那句话："一切都没变，而且你不在场。"

媒介呈现的社会空间和国家对这一个空间的监视只能通过一个附加的假设而获得必要的区隔，即那些被监控的不是"我们"，而且也不大可能是"我们"。电视里的监控过程很少从很可能[30]是无辜的[31]"受害者"角度得到展现，这一点绝非偶然。我们必须专注于一个根本性的变化：媒介的仪式权威的稳固性开始依赖一个并非共识性的、更不是"天然的"假设，即社会空间分为受害者和罪犯两个互不兼容的区域。当然，《英国犯罪追踪》通常会避免那些在社会上有广泛争议的"政治性"的犯罪活动（比如吸食大麻！），这有助于避免两个区域的重合。

那么"真实电视"的总体实践是怎样巩固日常监控的自然化的呢？有一点很清楚，这是《英国犯罪追踪》节目的作用之一：这个节目显然不是探讨监控对未来公共空间和私人空间的影响的地方。当受害者的讲述叠加在其被袭击时刻的监控视频上时，支持闭路监控的论点就不能更个人化了，但这套修辞并不是中立的；这是社会中更普遍的犯罪话语的个人化的一部分，其必然结果将是关于犯罪及其管控的更广泛社会话语的失势（Garland, 2001: 200-201）。

为了娱乐的目的，监控和（在普通的媒介研究意义上的）媒介化之间的联系越来越多地在相反方向上得到加强。《老大哥》只是一系列真实电视节目中最新的一个。这类节目可以追溯到 MTV 的《真实世界》（*Real World*）（Andrejevic, forthcoming, 2003），它们使我们习惯于这样一个想法：摄像机最终为了公众不时对我们的私人而非公共行为的监视是有意义和可以接受的。如果我们把《老大哥》关于真实的主张与这个节目和其他节目所表现出来的社会监视过程放在一起看，其中的逻辑会令人不安：如果监控中的人不知道或不再意识到摄像机的存在，监控所"呈现"的那个"现实"是最可靠的，可能也是最具社会重要性的。如莫里斯·布洛克（Maurice Bloch, 1989）所说，权力的仪式化是一种使我们忘记权力运作的手段，所以我们要特别注意与媒介（和国家）为我们呈现社会现实的主张相关的仪式形式的生成。

第七章 媒介化的自我表露：
在互联网之前和之后

要想向与他们亲近的人倾诉，（他们）似乎就得通过电视这样做。

——法国脱口秀制片人（Mehl，1996：57）

一个聪明的经纪人还不如查阅一下下面这五个顶尖的博客。

——《卫报》（网络版）（2001年8月23日：4）

媒介，特别是电视，近来作为自我表露的场所愈发明显，且已经吸引了很多目光。[1]有些人从中看到了向"中世纪忏悔箱"的回归（Hartley，1002：3），这一点毫不奇怪。但是一位评论家对此现象的阐述更加精妙，电视的忏悔"仪式"和此前的形式相当不同（White，1992a）。自我表露的意义与技术形式之间的关系是微妙的，且随着在互联网上进行自我表露的可能性越来越大，这种关系在持续地变化。在这一章中，我不想过多探讨个人通过媒体表露的细节内容，而是想探讨仪式分析能怎样帮助我们理解这种形式的自我表露。仪式分析可以以更广阔的社会学视角洞悉那种大概可以称为"忏悔文化"中的关于自我表露意义的未解争论，并帮助我们进行重新思考。

总体而言，越来越多的人通过媒体揭露他们隐私的一面，这一点可能并不稀奇。毕竟，近几十年来日常生活的媒介化与日俱增，这使得我们熟识那种通过媒介向远方的人展示自己或与他们一起表演的行为（Livingstone and Lunt，1994：5；Slevin，2000：159；Thompson，100-109，175）。为了从公共领域吸纳新的信息（Meyrowitz，1985），也为了向公共空间释放曾经私密的信息，那种包裹着私人空间的默示的边界有什么不可改变呢？这个问题有一个更广阔的社会学维度：当我们的日常经验变得越来越相互分离或者说"隔绝"（sequestrated）时，媒介作为一个分享经验的场所便越来越重要（Giddens，1991：156）。那私人体验为什么不能穿越（looped through）公共话语的地带呢？这个观点我们后面再说，但首先让我来强调一个基本观点：如果个人经验边界确实正在扩张的话，那么它的代价是使得那种经验服从于媒介化过程中的权力维度。为人们的媒介化忏悔提供场所的符号景观既不单纯也不平等。

我们会着眼于广泛的媒介化的自我表露：我将专注于电视脱口秀，因为在那里，嘉宾直接或间接地被要求暴露一些他们私生活中重要的东西，但我也会触及表露者明显地拥有更多控制权的案例［就像英国20世纪90年代的《视频日记》（*Video Diaries*）和《视频之国》（*Video Nation*）系列剧］，以及越来越多的、在互联网上通过文字和图片进行的自我表露（即使只选择极端的例子：第六章中讨论过的最近很多的"真实电视"可以从这个角度来解读）。和之前一样，我的切入点将集中在形式而非内容的问题上。过度关注个人表露的具体内容有可能忽视整个景观最迷惑人的方面：这种表露与通过仪式强化的一种观念之间的联系，此观念即媒介提供了一个中心性的空间，在其中公开自己生活里恐怕不会对其他任何人表露的东西是合乎情理的。

对形式的分析还贯穿于自我表露的另一个方面：忏悔与心理咨询（therapy）用语的广泛传播（White，1992a；Mehl，1996），以及它对家庭和社会关系的影响。这种关注结构的研究方法优于另外两种方法，因为那两种方法会将媒介化的个人表露中掺杂的权力关系过早地忽略掉：一种方法是将个人表露看作大众的声音对之前封闭的公共领域的突破，并无条件地颂扬［参见沙特克（Shattuc，1994）关于90年代早期美国脱口秀的论述］，这一立场通常与对这些节目创造的公共空间的功能主义解读接近。第二种方法是把媒介化的自我表露看作更早的公共再现空间里存在的那种自恋而彻底嗤之以鼻。罗宾斯（Robins，1995a：139-143）对"卡拉OK电视"的探讨接近这一观点。近期一些关于脱口秀制作的研究表明（Dovey，2000；Gamson，1998；Grindstaff，1997），媒介化的自我表露的意义要含糊得多。如任何媒介仪式一样，这种含糊性正是由于自我表露发生于其中的媒介的仪式空间里不平等的权力关系。

在电视上做怪异的事

当我第一次看《杰瑞·斯普林格秀》(*Jerry Springer Show*)的时候,一对夫妇在现场观众面前激烈地争吵,我浑身直发抖,出了一身冷汗,还起了一身鸡皮疙瘩。这种直白的反应可能与我个人不喜欢争论有关!但亚里士多德使用"遗憾和恐怖"(pity and terror)对悲剧进行的分析也出现在了我的脑海里。

因为很多古希腊悲剧被亚里士多德运用关于发泄的理论当作仪式过程来分析,仪式分析与其关联变得明显起来。如罗杰·西尔弗斯通(Silverstone, 1999:101)所说,我们可以把这种脱口秀文本当作一种符号逆转(symbolic reversal)(Babcock, 1978)来解读,社群感通过展示和最终封闭其对立面而得到再确认。但这种视角有两个悖论:第一,如刚刚所说,对(看过这种节目一百遍的)观众来说,仪式的强度(ritual intensity)已经不复存在了。最多也就是这些节目表现了日常的、类阈限的形式,它们所具有的强度来自它们声称能重建社群的修辞。在任何情况下,这种对脱口秀文本的解读都没有考虑表演者所经历的心理过程:有什么证据证明这个过程对他们来讲是一种符号逆转呢?更别提对社群的再确认(Shattuc, 1994:169; 1999:223)或"狂欢"(carnivalesque)的证据了。当然,第二种很不同的仪式阐释值得思考,它不把仪式看作确认性的,而是开除或降级的仪式(Carey, 1998)。无论如何,我们都不应该从文本分析入手,而是应该着眼于这种节目里的自我表露所构成的社会过程。

自我表露的社会过程

从表演者的角度,包括那些自我表露的和策划自我表露的人,这些节目里最重要的是什么呢?尽管脱口秀的表演者很可能来自经常观看这类节目的观众[2]，但显然参与节目对他们的意义有别于观看这些节目时的重要性。要是这样，表演者不可能不清楚他们在脱口秀形式的节目中进行表演所受的约束。观众和表演者之间的差距绝不单单是知道或不知道什么，其实脱口秀可能只对某些观众来说是怪异的。所以，这种节目类型既让潜在观众产生分歧，又让他们联合起来。

我的意思是，一些更基础性的、和媒介仪式的基本原理相关的东西是这类节目的关键所在。在我们专门从仪式的角度探究它之前，让我们回想一下约书亚·梅罗维茨关于电视对社会互动的影响的分析里仍然非常深刻的一个观点。他主张，如果我们关注这个或那个人在特殊地点的行为这个层面，我们就无法抓住电视在社会过程中的运作方式；相反我们需要理解"情境中的行为的总体模式"（the overall *pattern* of situated behaviours）（Meyrowitz，1985：42）——某些具体的人在这儿或那儿做什么或不做什么。如果这样分析，那么脱口秀节目重要性的线索可能来自人们参与脱口秀节目的模式：那些可能在《杰瑞·斯普林格秀》节目中参与表演的人和不会参与表演的人是什么关系，这种关系如何与更广泛的权力特别是媒介权力相关？

这需要对脱口秀所构成的社会过程做更精细的分析。最近两个对脱口秀的分析极大地推进了我们对脱口秀的理解。第一，约书亚·加姆森（Joshua Gamson，1998）对美国脱口秀中表演非主流性取向的分析明确指出，无论这些节目有多么造作且真的很残酷，无论参与的人有多大伦理问题，对表演者来说，重要的是他们的表现，克服重重困难，能被公众看到，能从不见变为可见：

> 恰恰是因为（*because*）犬儒地运用"真人"，即那些感到自己不被尊重且急需电视的肯定的人，脱口秀节目为男女同性恋、双性恋、变性者提供了他们所能得到的、最多样的（在公共生活中）被看到的机会。
>
> （Gamson，1998：215，斜体为引文作者所加）

这不是说这些电视表演简单地扩展了一个民主的公共空间，因为脱口秀节目促进了多少相互了解就扩大了多少顽固的偏见（Gamson，1998：14，

221)。重点在于这些节目作为很多表演者应对他们已经习以为常的不可见性的手段是有意义的：这些节目是"可见性的斗争"（Thompson，1995：247），即使他们同时也是"可见性的陷阱"（Gamson，1998：212）。"可见性"在这里意味着被社会审视（social gaze）、被能代表社会总体的各种人看到。

劳拉·格林德斯塔夫（Laura Grindstaff）在一篇关于日间谈话节目生产的文章中更有力地论证了这个观点。她认为，人们注意到的观众/表演者之间的鸿沟并非偶然，因为它基于节目里那些使得演员与众不同的社会差异。尽管格林德斯塔夫没有提供一个对他们社会背景的详细分析，但是她令人信服地论证道，上脱口秀节目的吸引力与某类人通常被排除在媒介表现之外有关。一些人上脱口秀节目，

> 并非主要表达他们有多庸俗，而是为他们被电视排除在外和普通人很少得到媒介表现而做注解。
>
> （Grindstaff，1997：193）

当然，"普通"在这里并不是一个自然而然的词汇（见第二章），而是与电视所构成的社会权力和人们相对于这种权力所处的位置直接相关的："上全国性的电视不是普通人的日常惯例。这在一定程度上造成了他们的普通"（Grindstaff，1997：177）。这也是你不会指望一个名人上电视表露他们自己的原因；权力和节目的吸引力与更广泛的符号的不平等问题有关。

策略性夸张？

在这里我想强调一点，我并非低估对当代脱口秀（甚至还包括在网络上的自我表露）其他解读的重要性，它们凸显了这些空间挑战一些重要的文化和社会排外形式（比如在性方面的区别）的作用。在某种压迫的具体情况下，当然可以说单单上电视这一事实就比媒体的任何权力都更有分量，尽管你必须通过这个媒体才能发言。所以，我严肃地对待下面这样的论点（Shattuc，1999）：通过给很多人认为是"低级趣味"的关于性的故事开绿灯，20世纪90年代的美国脱口秀对很多参与者而言是一个有益心理健康的重要空间，而

且是一个其形式的局限被充分认识的表演空间。

这些事情本身就提出了权力的问题。在文化和社会冲突的特殊语境里[回想德赛图（de Certeau，1984）对战略和战术所作的根本区分]，这些行为可以被看作战略性的干预，即使相对于脱口秀的形式，那些其实仅仅是"战术性的"。然而，我在本书中首要考虑的是凝聚于媒介化的自我表露的仪式形式本身的权力问题，而非更广泛的文化协商。[3]

自我表露的地带：一个仪式分析

在脱口秀上进行表演的总体意义（尽管人们给出各种不同的具体理由，且这些理由通常和他们要表露自己哪一方面密切相关）之一在于切入了一个很难进入的公共注意力的空间。如普里斯特（Priest，1996：81）所说，在脱口秀上出现就是"踏入"了一个重要的地方。普里斯特的洞见并不新颖，但吸收了很久以前拉扎斯菲尔德和莫顿（Lazarsfeld and Merton，1969）的观点，即上电视能授予人地位。尼尔·加布勒（Neal Gabler，2000：187）管这种地位叫作电视摄像机的圣洁化功能（sanctification）。脱口秀被认为是一个重要的地点，因为它是个媒介地点[4]：要进入那里就要跨越一个从"平凡世界"到"媒体世界"的类别边界，如上文"踏入"一词所昭示的。这个想法只是社会中符号资源事实上的不平等分配被自然化了的体现。但媒介仪式的特性恰恰与这个更宏观的事实相呼应：媒介仪式，比如脱口秀形式，在形式上让媒介权力显得自然而然。

所以，脱口秀牵涉一种仪式边界：它是一种"机制性仪式"，它确认这种边界的重要性和合法性，却不顾其是否能给表演者带来永久性的转变。那个"普通人"可能会也可能不会（通常不会）通过上脱口秀节目而被归入"媒体人"一类。但这并不改变这个过程作为仪式的地位，这种地位植根于"普通人"与媒介机构之间的不平等地位。人们感受到媒介/普通边界的意义带给他们的压力，这种意义与他们各自不同的符号资本有关，不认识到人们在这种压力下表演，我们就无法理解脱口秀节目。

现在让我们把这个观点具体化，来展示几种在脱口秀节目中协商和再确认媒介/普通边界的方式。这里有必要横跨脱口秀类型里的几种明显不同的节目：从专注于"普通人"与相关专家面对面探讨和争论他们的体验的演播室讨论形式［在英国有BBC的《基尔罗伊》（*Kilroy*）和独立电视台（ITV）的《此时此地》（*The Time The Place*）］到那些涉及朋友和家庭成员间更直接的人际冲突，但又带有强烈的心理咨询元素的节目［在美国有《奥普拉》（*Oprah*）和《乔安·里弗斯》（*Joan Rivers*），在英国有《特莉莎》（*Trisha*）］，再到那些主要专注于嘉宾之间对抗的节目（《杰瑞·斯普林格秀》）。

当然，这些节目在形式细节上各不相同，即使在那些有明确心理咨询内容的节目里，各种咨询性的话语类型也不尽相同（Brunvatne and Tolson，2001）。但是，没有任何差异能影响到作为其基础的也是我所感兴趣的仪式形式，也就是这样一种事实，进入电视空间，在演播室或家庭观众面前表露关于自己生活的、之前基本是隐私的（如果不是完全是隐私的）一些方面这一行为是有意义的。这其中所体现的原则对于理解电视为什么以及如何能在总体上成为一个自我表露的重要场所十分关键。

忏悔的仪式

首先，人们在媒体里表露自己的一系列证据显示媒介/普通的边界是存在的，且被以不同方式修订着。如果那些上节目并且看节目的人也是"看电视的普通人"［受访者，引自利文斯通和伦特（Livingstone and Lunt，1994：119）］，则他们的地位和那些主持或者制作节目的人完全不同。我们不应该低估在脱口秀制作中这种差异的重要程度。请看这则来自制片人的惊人评论：

> 我总是惊异于——惊异（*amazed*）于——那些住在活动板房里的小人物并不经常在摄像机前表现得极度紧张（比如哑口无言）。
> （Grindstaff，1997：179，斜体为引文作者所加）

加姆森也指出，电视制作人可能对他们与演员（或演播室观众）之间的阶层差异十分清楚：

> 好像你（作为一个脱口秀嘉宾）从没出过远门——好像休斯敦是他们去过的最大城市了，有些人可能连那都没去过。好像你（作为脱口秀制作人）给他们开了眼界，并且（你的目的）是利用（exploit）他们。
>
> (Gamson, 1998: 83)

大同小异，一个英国电视热线节目的制片人在与我的对话中随意地用"恶心的人"（pond life）指那些在节目中发言的人。

另一个制片人记得，观众仅仅为了能到演播室来而感谢他。这呈现了一种类似的、稍微文明些的对边界的理解：

> 演播室里的很多观众会说："非常感谢你。谢谢你，这好像是我第一次要上电视了。"
>
> (Gamson, 1998: 62)

那些上了节目的人把这种经历看作是"非同寻常的"（Syvertsen, 2001: 322）。除此之外，他们还可能将其看作一种具有社会重要性的行为：

> 我觉得我为社会做了些事情。
>
> [《唐纳修》（Donahue）节目嘉宾，引自普里斯特（Priest, 1996: 74）]

> 我闲下来，感觉自己百无一用的时候……我想"可是，等等，我感动了这些人（也就是在社会上的人们）"。
>
> [《唐纳修》节目嘉宾，引自普里斯特（Priest, 1996: 74）]

媒介/普通的边界还通过一种转换了的形式，一种对应该在节目里如何表现的共识而呈现。一些人常说，要在媒体世界里显得是个重要人物，"普通人"必须做出"非同寻常的事情"[5]；他们必须"超越巅峰"[6]，这几乎成了媒介话语里的陈词滥调。既然"普通"和"非凡"这样的词只是表达媒介/普通这一等级结构的另一种方式，这就没什么奇怪的了。这种边界不过是被翻译成了习惯性的说法：如果你是"普通的"，那么你"当然"不能"仅仅"依靠普通而走上媒体，或如加姆森援引的另外一位制作人所说："如果你按我说的表现，你更有可能上电视"（Gamson，1998：87）。

那么，在脱口秀里，就像在表演成分不那么多的真人秀里一样，人们感知到"媒体人"这一仪式类别也就毫不奇怪了。这种感知不需要像脱口秀嘉宾变成或者认为自己成为名人那么直接或者确定。它来自表演者发觉到自己和自己的故事莫名其妙地被确认和证明的微妙感受（Priest，1995：163；1996：74），他们"重要"因为他们上电视了。尽管脱口秀的形式（节目嘉宾每周一换，甚至广告前后嘉宾都不一样）不利于表演者获取任何稳定的名人地位，但明星地位所植根的仪式化的边界本身却很显然被巩固了。达维评论道，在真实电视里，"日常生活已经变成舞台，用来举行展示名人声望的新仪式"（2000：104）。我们可以把这句话反过来说，因为脱口秀的"舞台"是媒介版的（或多或少人工雕琢的）"日常生活"，不是如电视的"后现代"理论那样解构传统媒介名人的真实性（Tolson，1991），名人地位的形式反而渗透得越来越深而不是越来越浅。

在任何情况下，脱口秀上的自我表露都绝不是简单地从"普通"人到"媒体"人的转变，因为它来自一个作为现实性和前提性条件的冲突。仪式对一个人而言内容——对这种内容从仅仅是个人的东西转变成特殊的、具有代表性的东西——的影响与媒介/普通之间的边界对做自我表露的个人的影响同样重要。这才是脱口秀作为媒介仪式的地位如何塑造了自我表露这一行为的意义，它使得个人的表演有可能成为意义重大的行为。

尽管存在于所有广义的仪式理论之外，米歇尔·福柯在他的《性史》（*The History of Sexuality*）第一卷中对忏悔的分析强有力地展现了仪式和自我表露之间的联系：

> 忏悔是这样一种话语的仪式，发言的主体也是陈述的主题。它也是这样一种在权力关系中展开的仪式（*a ritual that unfolds within a power relationship*），因为一个人只有在一个对象在场（或者虚拟在场）的情况下才能忏悔，这个对象不仅仅是对话者，而且是发出忏悔要求的权威

(*the authority who requires the confession*),对其做出规定、鉴别,并且介入其中,以审判,以惩罚,以原谅,以慰藉,以调解。它还是这样一种仪式,真理要在其中被表述出来并得到证实,就必须超越障碍和阻力。它最终是这样一种仪式,忏悔表达本身,而非外部后果,能使表达者自身产生内在改变:它免罪,救赎,并净化忏悔者……

(Foucault,1981a:61-62)

米米·怀特(Mimi White)第一个将福柯的洞见运用于电视忏悔(1992a:7-8),但她恰当地指出了电视形式带来的与面对牧师、医生或心理分析师的忏悔所不同的后果。首先,脱口秀节目观众是多样的。它涵盖那些在台上的人,包括主持人,以及演播室观众和假想的家庭观众。其次,电视媒介所能允许和接受的忏悔的结构不同,这与其经济上和形式上的要求密切相关。这毫无疑问是正确的。

即便如此,福柯的分析仍然从三个方面直指关于媒介化的忏悔的仪式权力的核心。第一,忏悔的意义和强度(用福柯的话说是"得到证实")来自它所遇到的阻力,即来自参与忏悔的困难(包括在大量观众同时也被认为是重要的观众面前自我表露的压力)。第二,如其他所有的仪式一样,其表演(在电视上讲话的行为)对讲话者有直接的转变作用。第三,这两种作用都基于权力关系,即作用的发生是因为凝聚于"发出忏悔要求的权威"之中的重大的权力差异。

到底谁是电视脱口秀里的这个"权威"呢?脱口秀主持人本身不可能是,他或她通常是名人,但只有个别人[奥普拉·温弗瑞(Oprah Winfrey)就是一个这样明显的例外]才是更广泛的文化或个人权威。演播室观众也不可能是,他们是一个普通的群体,没有任何正式的专门技能。"发出忏悔要求的权威"其实是电视本身的权威,它想当然地作为具有代表性的社会中心以及我们与社会现实之间的接触点。回想普里斯特援引《唐纳修》节目嘉宾的话:"我觉得我(通过在节目里发言)为社会做了些事情。"脱口秀主持人和演播室观众成为这个想当然的仪式性权威的替身。

在脱口秀所提供的这个表露空间里,代表社会现实的维度也可以从嘉宾的其他言论中寻到些痕迹，并在某种程度上反映自我表露的仪式地位。先是帕特里克·埃伦伯格（Patrick Ehrenberg），然后是多米尼克·梅尔（Dominique Mehl）以更深入的实证研究对法国脱口秀和真人秀节目做了非常有趣的论述。这是一位女士在法国电视脱口秀《面具之下》（*Bas Les Masques*）谴责疏远的母亲的发言：

> 我违反了一个禁忌，一个打破沉默的禁忌。她（妈妈）不会看的。她很坚强。但那又怎样呢？我就说了。一切都结束了。
>
> (Mehl，1996：38)

几个月后，梅尔采访了这位发言的妇女，她反思了那个向公众自我表露的时刻：

> 我没觉得我是在公众面前表演。那是一个给我自己的宣言，并且带来了一种解脱感。当我看那个节目时，我看到我自己，我，一个成年人，平静地讲述我的妈妈。我已经不再是一个三岁小女孩了。
>
> (Mehl，1996：38)

注意这个自我表露的行为是怎样蕴含着一种表演者发言时并不清楚的意义的，"那是一个给我自己的宣言"。这是拉巴波特（Rappaport，1999：24）发现的仪式最基本的一个方面（蕴含着"并非完全由表演者编码"的意义）。其效果是对人的转化，特别是当被外界观众（通过家庭观众的认识框架）确认后，就像福柯所坚持的对忏悔仪式的认识：它"在表达忏悔的人内心制造一种转变"（Foucault，1981a）。这种转变是内在的，它并非基于具体说了什么，而基于作为语境的权力关系，在其中任何话都可以说。无论一个人是在主的代表（神父）还是科学的代表（医生），或者社会的代表（电视）面前，恰恰是一个人对忏悔形式中自然化了的权力差异的信赖才使得他们可能做出忏悔的行为。

梅尔把这个议题向前推进，归结出了一个重要结论，尽管是推测性的。媒介化的个人表露并不是通过肆无忌惮的揭露来玷污包围着私人生活的边界，而是一种更微妙的转变：把通过媒介进行的公共表演注入定义自我作用的个人行为中，这种情况变得越来越平常。于是便有了本章开头引用的电视制片人（可能是自我推销的）陈述：

> 要想向与他们亲近的人倾诉，（他们）似乎就得通过电视这样做。人们也许可以说，这些人要想重新进入社会圈，他们就必须通过电视……那是他们的家（*qui est chez eux*）。

(Mehl，1996：57)

梅尔在他书的结论中更明确地表达了这样的观点：

> 在公共舞台上出现的亲密关系并不会消灭亲密感，而是转换了其形式和边界。公开和私密的相互渗透并不抑制阴影下无声的秘密，而是使其转型……亲密关系不通过公开展示就没有意义……外在性是内在性/亲密性的构成要素（*L'extimité' est constitutive de l'intimité*）。

(Mehl，1996：158，163)

你是否同意这样的观点部分地取决于你认为这种效应是普遍的还是偶然的、仅限于特殊群体的。电视播出的忏悔对那些认为跨越媒介/普通边界很重要的人意味着更多的东西吗？这需要进一步的研究，但这个边界的仪式地位是内在于媒介化的自我表露行为的，这一点毫无疑问。

生产仪式

当然，表演者只是脱口秀这一社会过程中的一个因素，除此之外还有生产者。加姆森和格林德斯塔夫都分析了日复一日地生产这种自我表露的时刻所受的局限，它们来自规律的时间表和人这一不可预测的"原料"所造成的压力。他俩都承认，由此产生的随意和造作在某种程度上不可避免（Gamson，1998：15-17；Grindstaff，1997：189；Dovey，2000：11）。制片人必须制造"现实"：（考虑到表演场景的某些方面明显是被建构起来的）现场表演不仅必须"真实"，而且要"真正的真实"（*really* real）。这种"真正的真实"，如加姆森所说，是那种当"真正的"（genuinely）不可控的事情在演播室这种高度受控的环境里发生的时刻，例如大打出手（Gamson，1998：91）。

事实上，脱口秀的结构安排的目的通常恰恰就是要增加这种非建构的（*unconstructed*）时刻发生的可能性，格林德斯塔夫借用色情片生产的术语，称之为"值钱镜头"（money shot）：那种能"证明"整个表演确实是真实的"未加工情感（raw emotion）的时刻"（Grindstaff，1997：168）。[7]

正是这种"值钱镜头"，不可预计的东西，成为脱口秀自称所代表的"现实"的表征。不是所有的脱口秀都有像《杰瑞·斯普林格秀》那样的戏剧化的值钱镜头，但它们都专注于冲突的时刻。哪一种"真实"受欢迎呢？首要的当然是极端情绪的爆发，尽管在理论上也可能是其他内容（一种意外的心有灵犀、一个灵机一动的笑话）。"真实"与"情感"之间的必然关联清晰地体现在格林德斯塔夫书中一位制片人谈到抓拍到一个极端暴怒的时刻（一个女儿愤恨地扑向她的妈妈）时所说的：

那是——这个镜头就像你能在电视上看到的——最棒的时刻（*moment*）。它是那么有力，那么真实……那就是一张超级好的牌，因为里面有那么多情绪。我们走运抓到了那张好牌。

（Grindstaff，1997：183-184，斜体为引文作者所加）

同样的关于高涨情绪的讲述也能在对嘉宾和观众的现场辅导中听到。意思就是，情绪是重要的，它具有代表性：

别不敢表达那些情感，因为这是你告诉成百上千万观众你真的关心这事的机会。如果你想笑就大声笑。

［给嘉宾的建议，
引自格林德斯塔夫（Grindstaff，1997：180-181）］

记住你代表了所有那些不能亲自提问的观众。你代表美利坚。

［对观众的引导，
引自格林德斯塔夫（Grindstaff，1997：180-181）］

注意演播室情境作为一个代表性空间所具有的仪式属性是如何被描绘成观众必须承担的责任的；更重要的是，它自然而然地与对情感的高调展示联系在一起。

这里，关于媒介化中心的迷思变成舞台指导，其"天然"属性具有迷惑性，就像其他所有仪式指令一样。在那个再造迷思的空间（演播室）里，"真实"和"建构"之间的区分很显然变模糊了。每个举动都既是建构的（从日常行为的角度讲），又是在仪式性的意图上真心实意的：通过脱口秀表演里精细校正的行为，我们拥有了（布尔迪厄的）"仪式习得"（ritual mastery）在当代的表现形式和仪式化身体的协调举止。然而，这里还有一个未解的问题，在何种程度上演员对这些指令的内化使得他们虚情假意。脱口秀证明了那种梅斯特罗维奇称为"后情感"（postmotions）(Mestrovic, 1997)的拟态情感（simulation）的泛滥吗？然而，我们还不清楚怎样区分真情实感和"后情感"，所以，这个问题还有待回答。

然而，脱口秀仪式的基础仍然是那个假设，即认为这个自我表露的场所具有重要的代表性。这样的节目强化一种"共识"（而非某种宽松的、令人欣慰的关于社区的概念），且不依赖我们是否把节目中的情感表达看作"真实"或虚假的。这样，加姆森的访谈对象在不同场合里使用了"那儿"、"那里"（Gamson, 1998：74，79，104）这样平庸但绝非不重要的指代。它表达了脱口秀"框架"里所表现的东西在公众中所具有的代表性地位。没有一定程度（对媒体的代表性地位）的"信任"，自我表露就不会发生（Giddens, 1991：41）。仪式的代表性和表达性都很重要，且不会破坏节目的仪式地位；相反，前后两者相辅相成。仪式化首先需要一种对超越性力量的广泛共识被感知[这里指在想象中对"社会"和"人性"的超越，通过其他让人慰藉的超越性的参照点（other comforting transcendental reference point）得以强化]，其次需要允许个人行为在一定程度上的挪用（allowance for individual acts of appropriation）(Bell, 1992：169，220)。仪式形式的再生产恰恰依赖赋予极端的个人表达以意义的框架，至少对表演者来说是这样的。

对自我表露的监视

在脱口秀话语的案例里，至少有三种或者四种很不同的过程相互交织：

第一，个人的自我表露行为或表演。

第二，包含上述内容的生产过程（我一直在强调这两点）。

第三，观看节目的过程［我还没有分析这一点，因为（见第二章）这本身并非媒介仪式］。

第四个层次来自我们对脱口秀和其他电视真人秀形式充斥着节目表这一广泛现象的分析。如我们在第六章中所说，如果"真实电视"节目，作为一种类型，是一种社会化监视的过程，那么我们应该怎样概括脱口秀和其他媒介化的自我表露的形式呢？尽管脱口秀中那些情绪化的现场观众和在外景拍摄的真人秀连续剧集在仪式化的形式上不同，但它们有很多重要的相同点。这两种子类别都告诉我们，进入广泛普及的自我表露空间的代价就是被监视。如汉德尔曼所说，"在监视下的对社会秩序的表现变成一种奇观（spectacle）"（Handelman，1998：xxxix）。（我们姑且认为）脱口秀幕后没有系统的信息收集和检索，但尽管如此，它提供了一种原材料，可以用于打造更广泛的监视文化（*surveillance culture*）中刻板形象的类别。上电视以你自己名义发言的代价就是被放进你无法控制的那些类别里去，这些类别（如说不合群的人、自私自利的人、废物）与更笼统的媒介仪式类别（"普通人"对"媒介人"）纠缠在一起。

尽管这个基本观点适用于所有人，但不同群体，依据他们的文化和符号资本，还是有不同的供他们自我表露的空间，那些空间各有不同的局限。写作自传（一种只适用于极少数人的形式）与出现在黄金时间的电视节目里有着很不同的自我监视策略和防御性的调整。电视节目会在编辑中突出那些你失去自我控制的时刻；此外，在《杰瑞·斯普林格秀》一类节目中进行反思性自我调整的机会与名人访谈节目中完全不同。

更糟的是，出现在电视或者其他中心性媒体上所接受的监控远远超过本来的表露行为。特别是新闻界，倾向于密切地监视来回跨越媒体/普通边界的"普通人"。这毫不奇怪，因为媒体自己的权威就部分地依赖这一边界。这里是一个来自英国小报《太阳报》关于英国版《老大哥》第二季（真人秀和脱口秀重叠在一起的自我表露空间）中一位选手的例子。这篇报道出现在那一

季节目结束后几周。在"保罗和海伦发生性关系"的头版标题下,《太阳报》写道:

> 《老大哥》里的明星保罗昨晚透露,他已经和同屋的金发女孩海伦上床了……保罗·克拉克,25岁,向400名夜店狂欢者透露了他与23岁的海伦发生关系的细节。……保罗的夸夸其谈仅仅发生在他发誓不会透露与来自威尔士的美发师海伦的性关系的三天之后。
>
> (《太阳报》,2001年8月25:1,7)

表面上看,报纸为什么要强调自己消息源的口是心非呢?这从长久来看不会影响该报类似的消息披露吗?但从仪式的角度看这就不矛盾了。追踪人们对待仪式边界的不确定性恰恰巩固了这一边界更广泛的重要性。谈话节目本身也有这样一种类似的对边界的玩弄,它在"后台"区域安装隐蔽摄像机,这样表演者在进入、离开和再进入正式的电视区域时的转变就能被捕捉到。

当然,脱口秀仅部分地代表媒介化的自我表露这一更广阔的领域。有的时候,非媒介人会利用电视这一更广阔的仪式化空间构建新的行为方式。我们在第六章中讨论的《视频日记》就是一例。下面这个例子中,媒介机构看上去并没有参与其中,一位英国妇女因为被人暗中追随而烦恼,她在绝望中决定上电视和那个男人当面对质〔《卫报》(G2版),2001年7月19日:8-9〕。这看上去仅仅是为了制造一些法律证据,但其实不是,因为追随者已经被签发了法庭禁令,并且违反了它。无论如何,对这次会面的拍摄是事先安排的,并且看上去是征得了双方同意的。会面对那位女士来说是痛苦的,但《卫报》对受害者的报道以一个反抗性的声明结尾:"我不是受害者,我愿意把自己想成一个幸存者。"这个例子有趣的地方在于,为什么这位女士认为电视摄像机可以给她的处境带来一些积极的影响?问题在于如果认为摄像机对安全感至关重要,那么为什么不让警察来拍摄呢?为什么无论如何都要在公众面前表演这场会面呢?这样做的行为本身是不是就是为了确认这场会面的真实性?这里我们看到——尽管是不完整的——媒介化情景的那个想当然的"代表性"属性,在远超出标准的电视节目类型之外,是如何塑造个人行为的。如我通篇所论，媒介的仪式空间延伸到我们正式称为"媒介仪式"的行为之外很远的地方。

在互联网上的自我表露

最后我想探讨一下互联网如何给对媒介化的自我表露进行的仪式分析赋予新的方向和复杂性。

长久以来，互联网为自我表露［或至少是张扬的（apparent）自我表露］提供了前所未有的可能性，这一趋势十分明显，研究文献涉及的领域从多用户空间游戏（Multi-User Domains，MUD）到公告板（Turkle，1996），到更近一些的个人网站（Chandler，1997；Chandler and Roberts-Young，1998），再到更新但鲜有研究的网络摄像头站点和网络日记[8]。我想探讨一下仪式边界的概念能在多大程度上帮助我们理解人们做出那些形式的自我表露的原因。但是，首先，让我表明一些总体观点。

第一个限制是某些形式的网络自我表露（网络摄像头网站）需要相当程度的技能和资源，而那些没有这些技能和资源的人不得不做出妥协。这些人可能把自己的网站与其他成百上千的摄像头网站放在为网络摄像头站点提供的综合网站里面（比如 http://www.camcentral.com 和 http://webcam-world.com）。有些网络摄像头网站的站长使用组织者提供的标准的网站格式，尽管大多数人试图在其框架内开发他们自己更个人化的内容。第二个限制可能对某些具体的个人并不重要，综合网站的组织者很可能将你的网站与色情内容放在一起推广，仅仅因为这是网络摄像头综合网站的组织者最显而易见的挣钱途径。我强调的并不是伦理问题，而是任何个人站点的制作者为了他们的网站能被别人看到而不得不冒着被错误归类的风险。网络摄像头站点的制作者对人们看到他们网站时的上下文环境只有非常有限的控制力。

另外一个总体观点是，要确定互联网上的自我表露行为是否有一个仪式维度通常很困难，这一点比在电视上更突出。网站站长使用的有些语言暗示着这个个人网站、日记或者"摄像头"是一种"向全世界"做展示的行为

(在事实上把互联网看作一个关于延展了的媒介化中心的迷思)。另外一些形容自我表述行为的用语却很不同，那些半私人的信息流通行为，指向的是已有的朋友和家人或者最多是在网上新近认识的朋友。互联网作为一个"多对多媒介"在你是和"全世界"还是和某个私人空间，还是两者之间的某个点进行交流这个问题上总是具有潜在的模糊性，这也使得互联网上自我表露的仪式维度同样很不确定。我们需要对具体案例进行详尽的分析。

米勒和斯莱特（Mille and Slater, 2000：16）已经注意到了在很多个人的互联网（涉及个人使用）和"互联网络"（the Internet），即那个很多互联网话语建构起来的、具体化的、自然化的协调社会的空间之间的模糊性。后者更有可能生发出仪式形式，尽管我怀疑这些形式稳定下来还需要些时间。在互联网上的表演，包括身份的表演，是很模糊的（Lindlof and Shatzer, 1998：178）。如果我们遵循布尔迪厄对仪式身体的关注，那么在任何情况下互联网仪式这一概念都尤其模糊。如林德勒夫和沙茨尔所说（1998：173）："在虚拟空间里，大多数行为表现为可见的话语而已。"当互联网所传输的大部分内容变成非文本，比如直播的音频、视频流的时候，情况可能会改变。但现在，对于互联网的长远的仪式重要性难免就有不确定性。

要举例说明的话，一方面，可以看看以下这则对"网络日志"或"博客写作"的乐趣的推销式描述：为你的网站撰写个人日记或者故事（重申一下，有一些综合性网站付费收购这些日记）。麦克·安德里茨（Mike Anderiesz）写的一则这样的日记暗示出：

> 当一个普通人能直接通过他们的键盘控制主流媒体注意力的时候，新手作家、艺术家或者明星是否能被发现还有待观察，但一个聪明的经纪人还不如查阅一下下面这五个顶尖的博客……
>
> ［《卫报》（网络版），2001年8月23日：4］

这里，"博客"网站在公众中的地位得以强调，但重要的问题还有待回答：你怎么能保证从上千万的个人网站中脱颖而出来抓住公众的注意力呢？

值得注意的是，这个领域已经有了一些名人化的形式，比如说评选最佳文章的"博客"（Bloggie）奖（http：//www.bloggies.com）。[9]

在另一方面，钱德勒和罗伯茨-扬在他们对个人网页的研究中发现了一些不同寻常的案例，网页的作者将个人网页视为隐私：

> 我对（我的网站）保密（my secrecy）的主要原因是那些不熟悉互联网的人不明白我为什么把我的主页放在上面，他们不懂，而且要是学校的人读了这些网页和每天生活里来来回回那些事，我会感到尴尬！……我倾向于把互联网看作一个只有你用它你才能明白它的东西，像我这样的个人主页对他们来说可能很奇怪，你知道，为什么我要在互联网上弄一个记录我生活的网页？——他们没意识到那是给谁看的（they don't realise who it is for）。
>
> （Chandler and Roberts-Young，1998：12）

这个例子实际上与钱德勒在一篇早先的文章中关于网页是一种"非同步的大众传播"的见解相矛盾（Chandler，1997：2，3）。考虑到即使你想让一个普通网民注意到你的个人主页都很困难，除了通过那些把大量私人站点收进一个总体类别的商业运作的综合网站。"非同步的大众传播"至今几乎没有什么希望，而在那个总体类别里，你的信息又能有多"个人"呢？所以，万维网作为一个自我表露的场所，其个人/公共属性以及由此带来的这种属性与媒介的仪式空间早在互联网之前就存在的关系确实很模糊。由此可以得出结论，它本应如此模糊，因为互联网不是一个单一的物或空间，而是"各色人等在各种真实世界的地点所使用的多种新技术"（Miller and Slater，2000：1）。

然而，围绕着网络和它为自我表露所提供的可能性的话语却并不模糊。我们已经看到了一位乐观的作者对"博客写作"民主政治潜力的讨论。看看松下在伦敦地铁为 e.Cam 所做的这则广告，如在电视脱口秀节目中所看到的，自我表露的"真实"和情感的宣泄之间的联系非常明显：

用几个月认识她

用几星期爱上她

用几秒钟告诉全世界

用 e.Cam 从容表达你的感受

表面上看，个人的网络摄像头站点有可能开启关于媒介化中心的迷思的去自然化过程：我们至少会开始意识到马克·波斯特（Mark Poster）所描述的"第二个媒体时代"，"现实"在其中变为复数（Poster，1995：85）。但这不过是借用了另一个更深奥的——如果可以说是更新的——迷思，如互联网先知尼古拉斯·尼葛洛庞帝（Nicholas Negraponte）的名言"黄金时间变成我的时间。"如我在下一章中所说，这样的愿景当然不应该被嘲笑。但如我们在第六章中看到的，即使是互联网赖以存在的"互动性"也已经开始被用于支持媒介能代表中心化的社会现实（如在《老大哥》中）这一传统观点。

但无论如何，与前面这一推测的趋势相反，有些个人网站罗列作者喜欢什么、不喜欢什么这些基本的个人信息，只是将其作为追求某种其他目的的形式。在我就网络摄像头站点进行的研究中，我采访的一位网络摄像头站点的女性站长这样说：

> 我把它架起来就是为了给我的个人主页提供一些不同的东西……成百上千万的个人主页（都没有摄像头），你的很难被别人看到……我的网站不是为了让任何具体的人看的。因为我对计算机产业和互联网感兴趣，你就应该有一个主页和一个电子邮件地址。我的网站就是出于这个简单的目的！……我并不知道我想给人们留下什么样的印象，我的网页就不是给他们做的，而是为自己做的（I'm not making the pages for them, they're for me）……我在网站上不谈论任何个人的东西……我不给人们发我的地址/通信信息等等。很显然，我不想让人们找上门来！
>
> （电子邮件采访，2002 年 1 月 7 日）

这里我们看到了媒介的仪式化的"起始点"（degree zero）。站长否认她的网站传达着某种个人信息，除了足够用来向公众展示她网络技能的普通的个人内容。即使对这种在万维网上有限的个人表现，她也给予了辩护：不仅没有任何具体信息会给站长带来不受欢迎的"朝觐"客，而且，站长解释说，网站主页还布满了色情网站的链接。当我问到原因时，她给出的答案显然是纯粹防御性的：

> 如果我没有那些链接，我通常会收到很多电子邮件问我为什么不在摄像头前脱光身子。所以我干脆就链接到那些网站，以甩掉那些只是为了找色情内容，而不是为了看网络视频的人。

（电子邮件采访，2002年1月7日）

很显然，如果互联网开启了一个自我表露的"民主政治"空间，那么它必须克服很多强大的阻力：要在成百上千万的网站中获得超出随机水平的关注，维持独立的具有独特性的网站的成本（特别是如果标准被那些拥有更昂贵的技能和设备的网站不断提升），在已经高度商业化的网络空间中被关注，并且当个人给出自己的见解时不会被混同为色情网站或者其他商业网站。

这些变化的长远影响还不清楚。我们也许正处在媒介的仪式类别逐渐转变和去合法化的过程中——包括对"普通人"这个类别的消解——或者我们可能刚刚进入一个新时期，在那里仪式类别的运作仅仅是变得更加隐蔽，想要预测那种可能性是荒谬可笑的。

结论

这些论述的不确定性由一个更宏观的、本书不指望改变的不确定性所决定。这种不确定性是关于媒介与仪式之间的关系如何在互联网时代继续发展的，即媒介的仪式空间在广大的、碎片化的网络中趋向消散，还是至少在网络的中心地带（普通用户会逐渐了解的那个地带）仪式空间的组织协调力进一步强化？

在这一章中，我讨论了不同的人如何被媒介仪式置于不同的位置，媒介仪式作为仪式必须依赖具有普遍的社会参考作用的边界和类别。但我很少谈及自我表露的不同场所如何被表演者看作是恰当和具有代表性的。对很多观众而言，《杰瑞·斯普林格秀》完全不是他们觉得可以披露生活中私密的方方面面的地方。这是不是意味着媒介的仪式空间所具有的明确的凝聚力，在即使不考虑互联网作用的情况下，也正在分裂成很多"公共团体"（public sphericules）（Gitlin，1998），这可能会彻底地破坏迪尔凯姆关于媒介凝聚社会"功能"的观点。电视观众分化为品位不同的子社群当然是一个比脱口秀节目更宏观的现象。这在脱口秀节目上尤其自相矛盾，因为人们对这一空间的"代表性"的感知是来源于这种形式本身的。然而，考虑到媒介的社会功能这一概念本来就是建构起来的，我们就没有理由否认这种建构不能在不同（但平行）的其他形式中体现出来，并使在社会空间中占据不同位置的群体参与进来。

然而，既然已经提出了关于媒介化中心的迷思瓦解的可能性，现在的问题是：我们的思考能超越这个迷思，超越媒介仪式，哪怕是至少超越它们现在的形式吗？在结论一章中，我想探讨我们如何能打开设想媒介仪式未来的新路径，打破常规，想办法让我们作为独立的个体和公民来了解媒介的仪式性权威，无论这种权威以什么形式出现。

第八章　超越媒介仪式？

（我们必须着眼于）公共事件的内部，把注意力集中在它的内部机制上，并质疑它。只有这种对各种可能性的洞察视角才能把再现当作问题，翻个底朝天。

——汉德尔曼（Handelman，1998：xiii）

仪式可能无处不在，尽管媒介仪式并不一定如此。拉巴波特（Rappaport，1999）认为，仪式之所以是普世的，是因为它作为一种行动，其形式指向超越人类行动之外的那个神圣世界。迪尔凯姆（1995）认为，仪式的先验性并不是在抽象意义上的，它是人类用来想象他们与社会群体成员共享的纽带关系的绝对属性的途径；如果是这样，仪式就和社会群体的存在一样具有普遍性。尽管具体的仪式会消逝，尽管当社会体验被深深扰乱的时候，仪式行为本身也可能不时被扰乱，但是迪尔凯姆（1995：215）认为，那种创造仪式形式的冲动是普遍存在的。对布洛克（Bloch，1989）来说，仪式和支配行为（practices of domination），如同将支配行为神秘化的意志一样普遍。在本书中我并没有明确地在这两个观点之间站队，尽管在第二和第三章中我论述了一种把权力和意识形态问题考虑进来的、对待迪尔凯姆遗产的路径。相反，我的目的始终是引领我们去回答另一个问题：媒介仪式（及其所带来的更广阔的仪式化空间）是普遍的吗？

答案是否定的，而且并不是因为我们目前这些媒介形式（广播、电视、互联网等等）历史很短这种显而易见的原因。媒介仪式——至少以它们目前的形式——不是普遍的，因为媒介仪式作为社会形式使得当前媒介的组织形式作为事实而合法化，但这种媒介组织形式是有条件而非必然的：社会符号资源在我们所称为"媒体"的中央化的机构中高度集中。这种集中并非必需的，我们可以超越它去展望；这样我们的展望也可以超越目前的媒介仪式的形式。这就是我想在结论这一章中所探讨的。

不同的视野

要想让思考超越现有的媒介仪式，以及与其相互自然化的社会组织形式，我们必须采取两个重要的预备性步骤。第一，我们必须肃清头脑中对媒介化的任何浪漫主义的理解；第二，我们必须拒绝在理解"社会"时的任何浪漫主义。我会一步一步把目前为止相当含混的论述清晰地展现出来。

约翰·达拉姆·彼得斯（John Durham Peters，1999）的《对空说话》（Speaking Into the Air）一书在澄清我们对媒介化的认识方面向前推进了一大步。通过细致的历史论述和极其广博的哲学和文化考据，他彻底地驳倒了传播要么是基于面对面对话的，要么注定是有缺陷的这种浪漫的传播观。顺着这样的逻辑，仅此一个原因，媒介化（通过媒介的传播，也就是说在本质上无法基于面对面的对话）并不是有瑕疵的。尽管彼得斯的很多论点是哲学性的，但是他对关于媒介化的社会学有重要的影响，因为他证明了哲学家对传播必须或者最好是面对面的这一前提性的论断是无益的。这并不是说所有关于当代传播或者媒介化的形式的问题都被一下子解决了，就像福山（Fukuyama，1992）的"历史的终结"在这个问题上的重现一样，而是说这些问题永远都是社会学性的，而非哲学性的[1]，或者说他们永远都首先是社会学性的，然后才变成哲学问题（我们会看到作为社会组织形式的媒介化在当代的表现形式会提出长远的哲学问题）。

只有在这个原则下，我们才能清楚地看到传播与媒介给我们提出的真正的问题，即关于权力、权力通路和参与的问题（Peters，1999：65；Peters and Rothenbuhler，1989：23-24）。尽管这些问题在当代表现得很紧迫，但它们有很大的历史深度，可以追溯到启蒙运动（Garnham，2000：chapter 8），关于符号权力高度集中的方面在早先的社会中也有先例，比如中世纪西欧的天主教会（Curran，1982）。要在目前媒介的社会组织形式中抓住要害，我们不仅要拒绝那种认为媒介机械地给社会造成负面影响的浪漫主义观点，而且要拒绝那种认为媒介在本质上有积极影响或至少是可以脱离权力问题而单独探讨[2]的浪漫主义观点。

现在让我谈谈第二种要否定的思维模式，即一种我们认识"社会"时的浪漫主义倾向。这一点一直是我们更加直接的批评对象，因为它与关于仪式的经典论述以及媒介的仪式维度密不可分。回到本书开篇处引用的诺波特·埃利亚斯（Norbert Elias）的话，我们必须看到社会形式和社会结构中的"矛盾……不均衡"（Elias，1994：520）。这就意味着排除任何认为社会是一个功能统一体的假定，更不要说媒介化维系这一统一体的假设。如果"在充满悖论的世界里，不费力的交流必然是有谬误的"（Peters，1999：133），那么轻易地假设社会像一个有机体一样有中心和边缘（Shils，1975），还存在保证其健康运作的中心化的符号生产和分发系统（"媒体"）以为"边缘"再现"中心"所发生的一切，这也同样是错误的。我们在很多地方都碰到过这种功能主义的假设，戴扬和卡茨关于媒介仪式的理论很明显，相对含蓄的版本包括那种对"脱口秀"和"真实电视"的肯定性的解读（无论是否承认经典的迪尔凯姆式的前提）。要反驳功能主义观点的每一个案例其实很简单：证据在哪里？有什么理由不从另一面出发，即在其成员的生活—世界在很多基本维度上被隔离的社会里，集中化的媒体维系了多少团结和共有的价值观就造成了多少冲突和排他。[3]

拨开对于媒介化和社会的浪漫解读迷雾，前方的路径看上去就清晰些了。但它还被另一个因素所遮蔽。那就是直到最近所有关于媒介化的争论都表现出对大众媒介（以及"大众"文化及其他）"合法化"问题的关注。这掩盖了更加紧迫的问题。按约翰·达拉姆·彼得斯的观点，一旦我们认识到，媒介和文化生产的大众化并非与生俱来或完全就是错误的，我们就可以探究当今大众传播形式的真正的约束以及由此带来的社会（也许还有哲学的）后果。如彼得斯所说："传播变成一个关于通道和机会的政治问题，而非把媒体纯洁化的心理和语义的问题。"(1999：65)如果我们想有效地探讨由当代媒介系统构成的社会过程，我们就必须看清楚重点，我们必须定义阿尔贝托·梅卢奇（Alberto Melucci，1996：4）所说的"冲突的场域"（the field of conflict）。

冲突的场域指的是当代社会中符号资源和符号权力的分配不公，而媒介机构既是其典型范例也是其首要的既得利益者。对社会和媒介化在社会中的功能主义假定（以及这些假定给权力集中化过程带来的合法性）使我们很难看到符号权力的问题；所以我们需要其他的想象媒介化过程的角度。我们有可能想象另一种社会生活，那里的媒介化过程中符号权力的分配更加均衡吗？是的，只要我们不武断地事先就把这种假设排除在外。

这另一种视角会是什么呢？我们要首先拒绝一种乌托邦式的可能性。在大型复杂社会和全球化结构中，完全去中心化的媒介生产和分发是不可能的，这并不是因为它与所有的政治经济学原理相悖，而仅仅是因为在那样混乱的世界里，个人主体得不停地进行选择，以让复杂的世界变得可控和宜居（Neuman，1991：163）；所以某种有效的"中心"还是会出现的，否认这一点是没有意义的。在任何情况下，有条件、有目的地允许某种传播的中心存在，在原则上都是没错的。传播不可能总是面对面的对话或者交互性的协同生产。这里不可避免地存在一种"分散"、"传播"的角色（约翰·达拉姆·彼得斯所说），即讯息从某个中心但不指向任何个人地在空间中传播。

我们所致力于的这种对媒介过程的另类视角并不是混乱的"巴别塔"，而是一个有很多生产和分发媒介信息的"中心"的世界，每一个中心都是相对的，各种各样的人都可以参与这些中心的组成和运作，且不存在那种阻止未来其他"中心"形成的垄断。与每个人同时进行广播这种荒唐的梦魇不同，我们为媒介化绘制的这种另类图景是一个没有等级制的空间，至少在相当数量的目的和语境下，人们对于是否广而告之或者是否接收讯息和画面拥有一定程度的选择权。

毋庸置疑，今天的媒介系统，无论是市场运作的还是公共资助的，都构不成一个非等级制的空间或者任何类似的东西。事实上，所有的经济原则（规模经济、范畴经济）单独运作时都竭力反对那种空间存在的可能性。所以，如果我们很严肃地设想那样一个空间，我们就得公然反对经济上的约束来进行批判性的反思。在最后这几页里，为了不放弃各种可能性，我想讨论一系列路径，供我们放眼目前这个极其集中化的、大多数人无法参与的媒介过程之外的世界。我的意思是，在这个世界里"媒介"由很多"散落"的、前后相继的源所组成，人们在生产和消费信息的可能性上的平衡与以往非常不同。从这个视角看，目前的媒介仪式的形式（围绕着名人的、媒介对"真实"的特殊使用权，以及"现场感"等等）都会显得不那么必要，甚至是多余的。

但你可能会反问，考虑到当代社会其他很多方面的大规模集中化（国家的和经济的），是不是连想象这样一个非集中化的媒介世界都很幼稚？但是，这种责问也可以反过来：如果这种替代性的关于媒介化过程的形象（理论上是完全可能的）因其"不能适应"当今媒介权力的结构而必须被永远排除在外，那只能说明那个标准化的、集中化的媒介化概念是多么深刻地寓于那些权力结构之中。问题不是不现实地说"一切皆有可能"，而是如阿兰·巴迪乌（Alain Badiou, 2001：115；Giroux, forthcoming, 2003）在最近对乌托邦式思维的反思中所说的，要展示"可能性的空间比分配给我们的要大一些即有其他的可能性"。

这不是要削弱传播在社会中根本的重要性，或削弱我们通过媒介与远方的他人保持联络的需求。换句话说，要将二者看作迪尔凯姆意义上的[4]社会事实。发展出媒介化形式的其他图景，其目的在于为社会生活和民主政治提供最好的土壤。我们可以从另外几个地方获得灵感。

想想迪尔凯姆一个多世纪前的思想实验，我们可以回到澳大利亚次大陆荒芜的腹地以及埃里克·迈克尔斯（Eric Michaels）的著作（1985；1994）。与迪尔凯姆不同，迈克尔斯的著作基于对土著社会从完全口头文化到对（有限的）广播资源的掌握之间飞速的转变过程的实际观察。回想的目的当然不是要复制原始社会那种严格限制话语和图像生产的"信息经济"（Michaels，1985）；迈克尔斯反对把所谓的"古老"的东西仅仅因为其古老而浪漫化。相反，他坚持认为，这种独特的信息经济和我们今天集中化的那一种都是现代性的一部分；所以它对我们对媒介化的其他社会形式的想象也是有借鉴意义的。原始的信息经济把媒介化看作传播的一种本土化过程，这个过程需要很多中心的存在，其伦理、社会和政治含义在原则上基于本地化的协商。如海伦·莫尔纳（Helen Molnar）所说：

> 土著人把自己所处的地区看作信息发源的中心……（土著人的）信息/传播模型完全反转了欧洲把都市看作中心、把偏远社区看作边缘的模型。
>
> （Ginsburg，1995：280）

这种解读表面上看与离散的模型完全相反，但当我们将它与彼得斯那种迥异的解读放在一起时，它会帮我们生成一个更有深度的、关于媒介化过程的画面，就如同我们希望的那样。

也可以把最近关于新媒体"网络"的讨论看作（假设源自一个中心）发散的图景与中心数量倍增的结合。结果就是一种或多或少去中心化的网络景象。尽管这种景象启发了很多互联网先驱，但它与塑造互联网发展的主要商业力量之间的不协调日趋明显（Castells，2001）。这保持了萨帕塔运动领导人马科斯副司令（Subcomandante Marcos）在著作中对网络图景作为一个政治概念的兴趣，而不将其看作是内在于互联网技术基础的。马科斯对"权力与公民之间的新型关系"[5]的设想是慢慢地

> 建立让话语可以流向任何方向的有阻力通道……这样的网络并不是一个组织结构……也没有一个中央司令部或者等级构架。我们就是这个网络，每个人既听又说。
>
> （Marcos，2001：125）[6]

我们并不是粗暴地否定主流的媒介空间，而是设想能够和应该延伸到主流的媒介空间之外的、作为一种社会形式的媒介化过程（Marcos，2001：174-176）。

事实上，在媒介生产和消费的很多领域，符号资源的集中化在互联网到来之前和之后都一直受到着挑战：在生产方面有"激进媒体"（Downing，

2000)、"另类媒体"（Atton，2001）或"公民媒体"（Rodriguez，2001）等不同叫法，长久以来它们都在媒介和传播研究中属于边缘议题，但它们对媒介对于民主参与的影响的关注越发显得重要了；还有亨利·詹金斯（Henry Jenkins）和其他学者探讨过的粉丝的媒介生产问题（Bacon-Smith，1992；Hills，2002；Jenkins，1992）。在生产与分发上的新的、分散化的可能性挑战着在媒体人和非媒体人之间已经自然化了的等级结构，预示着关于媒介化的公共领域不同的、更平等的景象（Bolin，2000）。也许，我们至今还缺少的是一种更广阔的替代性的视角，它要能把各种具体的视角连接起来，从而有力地挑战了关于媒体的那种占统治地位的、中心化的认识。当然，这种替代性的图景也有其危险（例如，像粉丝社群这种具体化的领域有抑制在更大层面上进行对话的可能性），有其重要的不确定性（一旦达到某种稳定的商业模式，对大多数用户而言，互联网这种媒介能在多大程度上是去中心化的？）。尽管如此，互联网（或者互联网的很多方面）显然对于转变我们理解媒介时所使用的主流隐喻发挥了根本性的作用。

就传播技术以及这些技术在我们对生活的想象中所起的作用而言，我们对它们的看法可能正经历着根本性的转变；这种可能性无疑会促使我们去探索，而不是无视新的隐喻[7]。然而，建立一种新的图景需要时间。短期内，也许更重要的是澄清我们为什么需要这样一个替代物。简单地说，我的观点是只有不把媒介化想象成社会"中心"的"必需"的表现形式，我们才能深入地去探讨当前公共传播的危机（Blumler and Gurevitch，1995）。这样做的目的是明确指出当代的政治语境，目前为止在本书对媒介仪式的探讨中只是含蓄地提及了这一点。

从私人到公共世界

由戴扬和卡茨所代表的对媒介的新迪尔凯姆式的视角意在使我们看到"最高一级的社会整合是经由大众传播而实现的"，而且这样能够确认迪尔凯姆关于现代性中的社会秩序这一根本命题的答案在于"电子媒体技术的全部潜力"（Durkheim，1992：15，viii）。这一论断非常重要，因为今天迪尔凯姆的问题与新迪尔凯姆观刚被提出时一样紧迫，事实上可能更加紧迫。

然而，我们至少会看到媒介仪式在多大程度上凝聚了社会就在多大程度上确认了类别和区隔。媒介的仪式类别是分化社会的，但这并不是因为我们对这些词汇的直接理解（如果是这样，其效果会差很多），而是因为它在两个世界之间确立了一种自然化了的区隔，而这又反过来使得社会中符号资源的不平等分配合法化了。所以，媒介仪式和它促使我们划定的边界与更广泛的对政治的理解纠缠在一起。这是当前有代表性的民主危机很重要的一方面。我的论点有赖于一个更宽泛的关于"政治"的概念，包含人们能否感到与社会"中心"相连通，人们对他们自己的符号资源和价值的认识，以及人们能否感觉到自己在商议社会空间的未来时的利益，而这一空间目前很不平等（Benhabib，1995）。

这个问题有两面。一方面，人们与共享的协商和行动的空间的联系。妮娜·伊莱亚索弗（Nina Eliasoph，1998：113-123）分析了美国社会中工人阶级和中产阶级群体。至少她的分析认为（这个分析是有争议的），"仪式"与"传统"仅仅是关于消费的仪式，社会关系感只是非常表面化的；更糟糕的是，除了在那些最私密的语境里，社会关系与任何可能的共享的政治活动之间的联系被系统化地否认了。亨利·吉鲁（Henry Giroux，2001：4）在他一系列关于当代美国文化和政治实践的论著中也表达了类似的观点，基于齐格蒙特·鲍曼（Zygmunt Bauman，1999）的观点，他认为"公共和私人生活之间的桥梁（正在）被拆除"。一个重要的问题是媒介呈现给我们的"现实"到底是增加还是减少了我们平时关心的事与公共世界之间的距离。[8]保罗·维里利奥（Paul Virilio）像其他学者一样明确地表达了这样的疑问：

> 地球村里相互割裂的现实（*discrete virtuality*）愈演愈烈，它使得国家基于领土的合法性变得越发不现实。这带来了同世性（contemporaneity）凌驾于公民权之上，于是造成了直播出来的大都市的现实支配着一个小镇的地缘政治现实。

> （Virilio，1999：74，斜体为引文作者所加）

无论我们得出怎样的结论——也许维里利奥对"小镇"的浪漫化值得商榷——至少我们必须提问，这里从媒介仪式角度分析的当代媒介形式（媒介事件、真实电视、脱口秀等等）是在构建一种总体上与更广阔的社会世界空间的联系还是强化着那种割裂感。现在民主的问题在多大程度上是关于符号资本和符号资源的，就在多大程度上是关于"社会资本"的［参见罗伯特·帕特南（Robert Putnam，2000）最近的重要论述］。

相对于直接接受新迪尔凯姆观关于现代媒体的主张，我们应该寻求来源于日常所想、所说、所做的证据。万一要是当代媒体既维持联系又割裂我们，既带来真正的联系又制造虚假的亲近感呢（Silverstone，2002）？这里打开了一个全新的关于媒介伦理的主题（关于媒介化的社会过程的伦理，而非那种狭义的新闻伦理）。

如果把迪尔凯姆关于劳动分工的长期可持续性的问题（Durkheim，1984：24）转换成目前在媒介生产者和媒介消费者之间的社会分工[9]的问题，如果后一种分工同样不能维系我们所需要的那种社会联系呢？如果一个人参与到对其共享世界的再现之中（Rodriguez，2001：20）是"履行……公民权益"的一条重要途径，那么那些将大多数人自然而然地从再现过程中抹杀掉的实践对于公民权益又有什么益处呢？

这是不是意味着我们应该彻底放弃任何关于媒介仪式的概念呢？不，但我们不应该再将这一概念自动连接到这样一种认识，即认为存在一个社会"中心"，且集中化的媒介系统是通往那个"中心"的路径。换句话说，我们需要设想另外一种景象，在那里媒介仍然是个人与公共世界的桥梁，但与过去那种不同。这样的话，我们应该期待媒介仪式未来会呈现出我们尚无法想象的形态。

把陌生的变熟悉

仪式使事物变成现实。它们是实践的组织方式（Asad，1993：78），但人们常常误以为仪式只能确认或者说呈现既有的社会秩序。即使这是事实，通过作用于社会，而非与其并行，仪式可以确立与它们表面看上去非常不同的组织原则。所以，在《老大哥》和其他节目中，媒介仪式看上去确证了对普通人转变为名人的重要性的分享，但实际上它更巩固了"媒体里的人"和"普通人"之间有效的区隔（Couldry，2002）。像媒介事件这种高度仪式化的节目虽然看上去确证了对媒介机构建构的世界景象的重要性的分享，但是实际上它反而强调了那个版本的景象凌驾于其他可能性之上的等级关系。

这本书对媒介仪式的批判角度——从内部审视，如汉德尔曼所说，并且"质疑其内部运作方式"——可能看上去肯定了对媒介对政治空间的贡献的悲观解读。媒介仪式看上去好像只能扮演一种抽象概念，通过令人厌烦的形式来确认那个空虚的公共空间，就像哲学家索伦·克尔恺郭尔（Soren Kierkegaard）很久以前的论断：

> 只有当社会中的联系感弱到不足以为生活赋予具体的真实时，新闻舆论才能够创造出一种"公众"的抽象物，这种抽象物由那些从未也永远不可能在行动或组织中团结起来的非真实的个人组成——但却被凝聚成一个整体。

（Kierkegaard，1962：66）

但是，当克尔恺郭尔和其他不计其数的作者把媒介与社会的关系看作一条割裂公众的、无尽的单向街时，我们更应该仅仅将其看作一种历史的轨迹——福柯令人战栗地称之为"话语主体稀薄化"（the rarefaction of speaking subjects）(Foucault，1981b：61）的轨迹。其他轨迹的存在也是可能的。

如迪尔凯姆和凯瑞清楚地看到，沟通的需要和人际关系的需要是普世的，但它们的表现形式可能不同。人们有被倾听的需求，就会不断建立新的关系，旧的抽象物和形式就会被瓦解。媒介研究在论述隐含于再现之下的根本问题上一直很迟缓：不是这个或那个文本中的再现，而是制造再现的整体社会过程（媒介化过程）中的那个再现。正如政治哲学已经不能再忽视"关于存在的政治"（politics of presence）（Phillips，1995），媒介研究也必须面对根深蒂固的关于缺位的政治（politics of absence）的长期后果，即无论再现什么样的我们共享的世界，大多数人在这个过程中是缺位的。

　　在分析当今的媒介仪式时，我们一直在处理那种缺位的政治所带来的迷思化的后果：对不平等的迷思。如今，这种迷思（不一定非）围绕着社会生活中最根本、最重要的资源——部分或全部地再现我们生活的符号资源。因为那些迷思是最普遍的，所以它们最难被解构，那么解构它们的意义就特别大。通过把当代媒介的仪式类别和边界变得陌生，我希望能为熟悉媒介再现空间中其他较轻微的不平等铺平道路。

注 释

第一章 媒介仪式：长的和短的路径

[1] 此问题处于学术争议中，有好几位"发明者"（Flichy, 1995：chapter 8）。

[2] 参见布里格斯（Briggs, 1961：549），引自弗利希（Flichy, 1995：141）。

[3] 这种转型的重要性已经逐渐被媒介研究所接受（Couldry, 2000a：chapter 1; Elliott, 1982; Ginsburg, 1994, 1995; Martin-Barbero, 1993; Michaels, 1994; Rothenbuhler, 1993; Saenz, 1994; Silverstone, forthcoming）。

[4] 例如，道格拉斯（Douglas, 1984：63-64），汉弗莱和莱德劳（Humphrey and Laidlaw, 1994：88-89），刘易斯（Lewis, 1980：25），迈尔霍夫（Myerhoff, 1997：199），拉巴波特（Rappaport, 1999：24），史密斯（Smith, 1987：109-110）。也参见媒介理论中的凯瑞（Carey, 1989：21），罗滕比勒（Rothenbuhler, 1998：57）。

[5] 参见金斯伯格（Ginsburg, 1998），霍巴特（Hobart, 2000），斯比塔尔尼克（Spitulnik, 1993）。

[6] 详细论述，见库尔德里（Couldry, 2000a：chapter 1, 3），依据迪尔凯姆（Durkheim, 1995）。

[7] 当然，你完全可以在更广阔的迪尔凯姆的框架内分析当代世界中媒体与宗教的关系（Clark and Hoover, 1997），但那个有趣的学术问题并不是本书的主旨。另见弗劳（Frow, 1998）和希尔斯（Hills, 2002：125-129）的一个有趣的混合案例：粉丝行为里的"新宗教性"（neo-religiosity）。

[8] 参见库尔德里的讨论（Couldry, 2000a：22-23）。

[9] 注意，西尔弗斯通（Silverstone, 1994）很大程度上超越了这种较早的新迪尔凯姆观的立场。这种区分在某种程度上过于简单化了。

[10] 这种区分在某种程度上过于简单化了，参见斯特德曼·琼斯（Stedman Jones, 2001：212-214）就情绪和认知两方面如何在迪尔凯姆对社交集会的生产性动力（Giddens, 1972：110）的解释中相互交织的论述。

[11] 我希望明确一下，我没有假设任何在"认知"和"情感"之间简单的二元对立；两者对对方都或多或少有微妙的影响。

[12] 参见戴扬和卡茨（Dayan and Katz, 1992：viii），马菲索利（Maffesoli, 1996a：149, note 14；1996b：55-67）。其他人采纳迪尔凯姆的媒介仪式模型时没有澄清他们对迪尔凯姆在《社会分工论》中很不同的论述的立场，比如巴尔-哈伊姆（Bar-Haim, 1997），马尔温（Marvin, 1999：129-130, 159），梅斯特罗维奇（Mestrovic, 1997）。这并不意味着他们的观点是错的，只是他们看上去与迪尔凯姆的观点不一致。

[13] 例如布洛克（Bloch, 1989：chapter 1），卢克斯（Lukes, 1975），麦卡内尔（MacCannell, 1992：chapter 11），奥特纳（Ortner, 1978），皮克林（Pickering, 1984），萨林斯（Sahlins, 1976：117），以及媒介研究中的凯瑞（Carey, 1989：53-54）。

[14] 参见卢克斯（Lukes, 1975）。

[15] 参见布洛克（Bloch, 1989：135），凯瑞（Carey, 1989：65），托马斯（Thomas, 1991：206）。

[16] 参见布尔迪厄（Bourdieu, 1977：203, note49）。

[17] "意识形态"一词的历史很长且充满矛盾。我采用约翰·汤普森（John Thompson）的定义因为它有助于我们理解："意识形态"是"意义服务于建立和维系支配关系的方式"（1990：56），但有两个前提：第一，我所谓的意义含义更广，包含寓于行动中的组织模式（但行动者并不一定认为那是"意义"）；第二，我所关心的支配关系是由符号权力在媒介机构中集中（或"媒介权力"，如我在前面定义的）所带来的。这与汤普森所说的"符号

权力"的意义不同（见第三章）。

[18] 关于分析权力时"平庸性"（banality）的重要性，见比利希（Billig，1995）。

[19] 参见阿萨德（Asad，1993：78-79），贝尔（Bell，1992，1997），汉德尔曼（Handelman，1998：x），尤其是布尔迪厄的研究（Bourdieu，1977；1990；1991）。参见萨恩斯（Saenz，1994：584）的媒介研究。

[20] 参见阿萨德（Asad，1993：53），贝尔（Bell，1997：81-82），布洛克（Bloch，1989），布尔迪厄（Bourdieu，1991），埃利奥特（Elliott，1982：145）。

[21] 参见库尔德里（Couldry，2000a：chapter 1）。

[22] 怀特（White，1997：61）使用了"仪式空间"，参见麦克阿伦（MacAloon，1984）关于当代精彩盛事（spectacle）的"空间"的论述。然而，这两个用法都不和我的完全吻合。

[23] 就"黑匣子"这一比喻，也见"行动者网络理论"（Actor Network Theory）（Callon，1991）。

[24] 鲍德里亚认为这样的价值判断现在已经没有意义了：只有你接受他对社会生活一概而论（totalising account）的分析时才会觉得这个观点有道理，但我不接受。

[25] 如布尔迪厄（Bourdieu，2000：27）论述，即使海德格尔历史观对现代科学地位的攻击也是从一个极度缺乏历史观的（ahistorical）角度展开的。

[26] 近来的观点，见波尔坦斯基（Boltanski，1999），德里达和施蒂格勒（Derrida and Stiegler，1996），卢曼（Luhmann，1999）。

[27] 例如，见凯瑞（Carey，1989：110）。

[28] 迪尔凯姆的论述（Durkheim，1995：421），见斯特德曼·琼斯（Stedman Jones，2001：214）的讨论。

第二章 仪式与阈限性

[1] 参见道格拉斯（Douglas，1970：chapter 1；1975：57；1984：69）和汤普森（Thompson，1994）。

[2] 参见伦博（Lembo, 2000：101, 124-125, 156-157），诺登斯特伦（Nordenstreng, 1972：341），鲁宾（Rubin, 1984）。梅伦坎普（Mellencamp, 1990）对媒介灾难报道的分析将其看作慰藉"仪式"，意思是说其效果恰恰来自其常规性（routineness），尽管她的分析在其他方面与我的非常吻合。

[3] 参见贝尔（Bell, 1997：245），克雷恩（Crain, 1992），休斯-弗里兰（Hughes-Freeland, 1998），鲁迪（Rudie, 1998）。

[4] 参见刘易斯（Lewis, 1980：10），拉巴波特（Rappaport, 1999：38），罗滕比勒（Rothenbuhler, 1998：9）。

[5] 参见赫茨菲尔德（Herzfeld, 1992：68），马尔温（Marvin, 1999：31），西尔弗斯通（Silverstone, 1981：66-67）。

[6] 对媒介权威的自然性在某些情形下如何被结构的讨论，见库尔德里（Couldry, 2000a：part 3）。

[7] 宗教社会学中罕有的反对观点，见鲁埃尔（Ruel, 1998）。

[8] 在人类学中相关研究参见道格拉斯（Douglas, 1984：63-64），刘易斯（Lewis, 1980：30-31），迈尔霍夫（Myerhoff, 1977：199），史密斯（Smith, 1987：109-110）；在媒介理论中相关研究参见戴扬和卡茨（Dayan and Katz, 1992：178-183），埃利奥特（Elliott, 1982：147），西尔弗斯通（Silverstone, 1981：75-77）。

[9] 在本书中，我不会详细探讨名人这一主题。然而，我对媒体名人承担着某种社会"功能"甚至成为重要的社会参照点这种观点持怀疑态度，尽管我们平时总这么说。毋庸置疑，我的立场与很多名人研究和媒介批评相左。

[10] 迪根（Deegan, 1989）试图将特纳的观点加以延伸，但我认为迪根已身陷这个问题之中。

[11] 参见最近哥伦比亚媒介与文化理论家杰西·马丁-巴韦罗（Jesus Martin-Barbero, 1997）的大胆论点——也许过于大胆了：电视已经把"神圣"和"亵渎"重新整合（reunited）了起来。

[12] 与唐·汉德尔曼更加谨慎的观点相对比，他认为媒介化的公共事件以新形式兴起，这与我们所处时代的"失败的中心性"（failed centricity）有

关（Handelman，1998：266）。

第三章 仪式空间：解开关于中心的迷思

［1］此外，如第二章中指出的，仪式不总需要掺杂形式化的符号性内容，因为模式和类别（那些可以通过明确的符号形式如一张图像或一个声明来表达的东西）同样可以浓缩在肢体行为（bodily actions）里。这并不改变媒介行为从属于总体的权力领域——不是经济或政治权力，而是符号权力——这一事实。

［2］至关重要的是，汤普森（Thompson，1995：269，note 8）排除了一个重要的可能，即我们之所以无法辨认某些主要的媒介权力集中化恰恰是因为它们如此普遍。

［3］参见库尔德里（Couldry，2000a：chapter 3）中对这种误认的详细分析。

［4］这是布尔迪厄试图直接融合马克思和迪尔凯姆观点的论述之一。加纳姆（Garnham，1994）认为这种融合不可能实现，只是一个很有趣但归根结底不能令人信服的论点。

［5］参见卡隆和拉图尔（Callon and Latour，1981：287）。

［6］精彩地驳斥了关于早期"网络空间"概念的迷思，见罗宾斯（Robins，1995b）。

第四章 对媒介事件的再思考

［1］更早的重要先例，见西尔弗斯通（Silverstone，1981）。

［2］参见拉布伊和达格奈斯（Raboy and Dagenais，1992：13）："几乎可以说媒介是通过危机时刻揭示它们自己，它们的运作方式和动机的。"

［3］引自沃勒斯坦（Wallerstein，1992：137）。

［4］例如，卡迪夫和斯坎内尔（Cardiff and Scannell，1987：160-161）

［5］有一点很容易被忽略，在加冕仪式举行的1953年，看电视的习惯本身还正在建立之中。

[6] 参见梅罗维茨（Meyrowitz, 1985）关于电视带来的更广泛的公共表演的形式变化。

[7] 麦卡卢恩小心地对新阈限、盛事和仪式做了区分。总体而言，他认为尽管奥运会整体上并不是个仪式，仅仅具有准阈限特点的盛事而已，但是在其框架内，还是会出现很多本地化的仪式。

[8] 例如皮日克（Puijk, 1999），罗滕比勒（Rothenbuhler, 1988：64），对此的讨论见罗奇（Roche, 2000：163-167）。

[9] 我们可以说政治权威也是这样的，但那就超出了本书的论述范围。

[10] 在反思以迪尔凯姆式的视角解读伦敦的戴安娜悼念集会时，如克里斯·哈里斯（Chris Harris, 1999：1）所说，"对迪尔凯姆来说，集会制造了沸腾，在戴安娜这一案例里，媒介制造的沸腾创造了集会"。在关于这些事件的所谓重要性的讨论中，这个观点得到了部分的认同。

[11] 这一点在探讨对戴安娜去世的反应时被忽略了；对比纳瓦（Nava, 1999）和沃尔特（Walter, 1999）有道理的忠告。

[12] 参见戴维斯（Davies, 1999）。

[13] 在将近一年后我去了纽约市。曼哈顿街上售卖的录像带和小册子还在使用"9·11"袭击时的电视和报刊画面，我发现那种报道的权威力还在持续被复制着。

第五章　媒介"朝觐"与日常的媒介边界

[1] 参见库尔德里（Couldry, 2000a：72）。

[2] 我从维基·迈耶（Vicki Mayer）的著作中借用了这个有用的词汇。

[3] 马菲索利的社会理论（Maffesoli, 1996a；1996b）是对其的拓展。

[4] 具体示例见鲍曼（Bowman, 1991），伊德（Eade, 1991），麦凯维特（McKevitt, 1991）。

[5] 对这一点以及更普遍的迷文化的商品化问题的详细研究，见希尔斯（Hills, 2002）。

[6] 所以，同样，虽然戴扬和卡茨对媒介事件的新迪尔凯姆式阐释在表

面上给予了空间很大的关注（围绕一个仪式性中心的媒介仪式组织），但事实上他们将生活空间的复杂性简化成了一组与虚构的"中心"的关系。

[7] 参见斯坎内尔和卡迪夫（Scannell and Cardiff, 1991：311-314）。

[8] 我在另一本书（Couldry, 2000b）的另一话题中也讨论了这个故事。

[9] 我2001年重返那里时，"墓地"已经变成一个茶座区。

[10] 参见库尔德里（Couldry, 2000a：45）。

[11] "韦瑟菲尔德"（Weatherfield）是这个节目虚构的地名，"罗孚"（the Rovers）是这个节目虚构的酒吧。

[12] 参见列维-斯特劳斯（Lévi-Strauss, 1981：672-675），引自史密斯（Smith, 1987：111）

[13] 参见哈林顿和比尔毕（Harrington and Bielby, 1995），詹金斯（Jankins, 1992），詹森（Jensen, 1991）。

[14] 感谢麦特·希尔斯把这篇文章发给我看。

[15] 通过 www.google.com，搜索日期2002年2月24日。

[16] 这里还有一个关于当代媒介化的文化中准宗教语言的重要性这一更宏观的问题，但我没有地方详细探讨了。比如说，我们怎样解读以下2000年12月Napster简讯里的语言（http：//www.newsletter.napster/archive/dec2000.php, 2002年2月24日访问）："屏幕保护：喜欢在桌面上看见Napster小猫？想换种方法传播Napster福音？从我们炫酷的图案中下载一款，让Napster小猫做你的屏保——另一种传播圣训的方式。"

[17] 谢谢安德里亚·费德森（Andrea Feddersen）发现了这个资料：http：//www.scifi.about.com/gi/dynamic/offsite.htm？site＝http％3A％2F％2Fwww.obsse,com％2Foct97,htm％23pilgrim（2002年2月20日下载）。

[18] http：//www.angelfire.com/ca3/blairwitch/plan.html, 2002年2月24日访问。再一次感谢安德里亚·费德森告知我这个网站。

[19] 它们分别是：http：//www.geocities.com/hollywood/hills/6880/pilgrima.htm, http：//www.nwnet.co.uk/the_street/coro2pge.htm, http：//

www. geocities. com/Colosseum/Bleachers/2492/pilgrim/htm，http：//www. opsroom. org/burnsides-bridge. html，均访问于2002年2月24日。

第六章 现场直播的"真实"与监视的未来

［1］画面监视只是监视的一部分，且大概是在"监视最大化社会"中（Norris and Armstrong, 1999；Lyon, 2001）日渐式微的一部分。然而，这里我着重讨论画面监视，而非数据库监视，因为只有前者才以仪式形式出现，尽管后者没有视觉踪迹这一情形才是最令人不安的（Agre and Rotenberg, 1998）。

［2］参见鲍登（Bourdon, 2000）。

［3］公平地说，鲍登（Bourdon, 2000：552）论述了同样的观点，尽管他没能意识到这对其关于现场感的定义产生的影响。

［4］在正常情况下组织的直播传输；当然也会有一条规则来防止传输被打断。

［5］感谢加里·霍内尔（在2002年1月威斯敏斯特大学MeCCSA会议上）把此事与论题关联起来。

［6］我将这一观点归功于约翰·麦克默里亚最近发表的一篇出色的论文（McMurria, 2002）。

［7］参见埃利斯（Ellis, 2000：31-36），戴扬和卡茨（Dayan and Katz, 1992），斯坎内尔（Scannell, 1996：chapter 4）。

［8］参见库尔德里（2000a：42-44），西尔弗斯通（Silverstone, 1981；1988）。

［9］参见海（Hay, 1992：365-366）和进一步的讨论（Couldry, 2000a：chapter 1）。

［10］参见希思（Heath, 1990），怀特（White, 1992b）。

［11］也在空间维度上［见麦卡锡（McCarthy, 2001：15）关于现场直播带来的"规模转换"的相关论述］。

［12］参见科纳（Corner, 1995：chapter 1），达维（Dovey, 2000），希

尔（Hill，2000；2002），基尔伯恩（Kilborn，1994；1998）。

[13] 我说"或多或少"是考虑到了一个重要的观点，即近来的"真实电视"历史性地脱离了纪录片传统中的新闻职责，构成了"后纪录片"时代的发端。

[14] 对形式灵活性或杂合性的研究，见邦德比亚格（Bondebjerg，1996），科纳（Corner，1995），基尔伯恩（Kilborn，1994），施莱辛格和通博尔（Schlesinger and Tumber，1994：chapter 9）。

[15] "文献纪录片"（docudrama）很显然属于纯虚构领域，因为它不过是真实历史事件那个完全依赖剧本和导演的版本。

[16] 在 MeCCSA 会议讨论上的发言，威斯敏斯特大学，2002 年 1 月。

[17] 比如在电影中，《布莱尔女巫计划》就是最著名的案例。

[18] 参见尼尔（Neale，1976：121）。事实上我在这里的论点和尼尔 20 世纪 70 年代关于（当时）像罗伯特·奥尔特曼作品那样的新好莱坞电影的观点是有联系的。他认为那种对电影技巧的强调使得好莱坞对表现"真实"的主张自然化了。感谢奈杰尔·莫里斯（Nigel Morris）指出了这一联系。

[19] 所以我不同意鲍登的观点（Bourdon，2000：538），他说现场报道，只剩下摄像机在拍，就不再是"现场"而是荒谬了。

[20] 参见利斯格［Lythgoe，引自《卫报》（2001 年 1 月 10 日：7）］。

[21] 这些早期论断，见尼科尔斯（Nichols，1994），拉特（Rath，1985）。对其的批判，见达维（Dovey，2000：91，99），希尔（Hill，2000）。

[22] 引自《卫报》（网络版）（1992 年 6 月 17 日：2）。

[23] 分别见于《卫报》（网络版）（2000 年 4 月 13 日：11）和《卫报》（媒体版）（2000 年 8 月 28 日：5）。

[24] 参见钱尼（Chaney，1993：7，34-37），史蒂文森（Stevenson，1995：139-140）。我了解到加雷斯·帕尔默（Gareth Palmer）对《老大哥》和监视的有趣且与本书非常切题的著作时（Palmer，2002）已经太晚了，来不及写进书里了。

[25] 一个关于警察行使符号权力的有趣讨论，见洛德（Loader，1997）。

[26] 有用的背景信息，见达维（Dovey, 2000: chapter 4）。

[27] 谢谢安妮特·希尔指出了后者。

[28] 当然，如果受害者在监控画面中出现，他或她会被打马赛克以保护隐私。

[29] 对这种常见的修辞性主张的分析，见诺里斯和阿姆斯特朗（Norris and Armstrong, 1999: 63-67）。

[30] 除非你相信监控摄像头拍到的超过一半的内容是违法活动。

[31] 一个典型的例外是达克斯·豪（Darcus Howe）的系列纪录片《白色部落》（*White Tribe*）第三集（2000年1月27日四频道）。它拍摄于东北英格兰的一个贫民区，采访年轻人对于自己公共生活行为处于监控之下的反应。

第七章　媒介化的自我表露：在互联网之前和之后

[1] 参见达维（Dovey, 2000），埃伦伯格（Ehrenberg, 1995），加姆森（Gamson, 1998），利文斯通和伦特（Livingstone and Lunt, 1994），梅尔（Mehl, 1996），普里斯特（Priest, 1995），沙特克（Shattuc, 1994），怀特（White, 1992a）。

[2] 参见加姆森（Gamson, 1998: 87），格林德斯塔夫（Grindstaff, 1997: 182），但作为对照的案例，可参见普里斯特（Priest, 1995: 194）。

[3] 有趣的是，沙特克谈到了《里基·雷克秀》（*Ricki Lake*）"预先设定的仪式"，而没有做进一步评论（Shattuc, 1999: 218）。

[4] 所以，媒体人因为他或她与电视的联系，同样也被认为与这个重要地点相连（Hoover, 1988b: 197, 203）。

[5] 参见库尔德里（Couldry, 2000a: 46），格林德斯塔夫（Grindstaff, 1997: 166），兰格（Langer, 1998: 48）。

[6] 广播脱口秀制作人，引自欧沙利文（O'Sullivan, 2001: 4）。

[7] 现在也可参见格林德斯塔夫（Grindstaff, 2002），很遗憾它出版于本书完成之后。

［8］斯奈德（Snyder，2000）提供了一个简要的概览。

［9］科尔曼和戈茨（Coleman and Gotze，2001：34-35）对"博客写作"（blogging）进行了简要讨论。

第八章　超越媒介仪式？

［1］所以，我同意彼得斯的观点。相对于阿多诺（Adorno）坚持认为大众媒介化是有瑕疵的，他更偏爱莫顿（Merton）关于大众媒介化的认识（Peters，1999：221-225），尽管我对莫顿关于战争债券推销研究中第四章的解读与彼得斯有所不同。

［2］参见第一章，对斯坎内尔（Scannell）最近的著作的批评。

［3］参见乔克·扬（Jock Young）的经典论文（1974；1999）对"隔离社会中的大众媒介"的论述。对功能主义在总体上的经典驳论，见卢克斯（Lukes，1975），曼恩（Mann，1970）。

［4］在这个意义上，回溯到迪尔凯姆的论断具有根本的重要性，且从未间断，见埃利奥特（Elliott，1982）和罗滕比勒（Rothenbuhler，1993）。

［5］引自《外交界》（*Le Monde Diplomatique*，March 2001：17）。

［6］马科斯对传播概念的探讨，见罗德里格斯（Rodrigues，2001：155-8）。

［7］参见哈夫洛克（Havelock，1963）的经典论述，探讨书写的引入如何为柏拉图和亚里士多德所代表的哲学观之后的转变提供了铺垫。

［8］参见拉布伊（Raboy，1992），罗宾斯（Robins，2001），维里利奥（Virilio，1999）。

［9］参见鲍德里亚（Baudrillard，1981：169）。

023# 参考文献

Agre, Philip and Rotenberg, Mark (eds.) (1998) *Technology and Privacy: The New Landscape*. Cambridge, MA: MIT Press.
Andrejevic, Mark (forthcoming 2003) 'Little Brother is Watching: The Webcam Subculture and the Digital Enclosure' in N. Couldry and A. McCarthy (eds.) *Media/Space*. London: Routledge.
Asad, Talal (1993) *Genealogies of Religion*. Baltimore: The Johns Hopkins Press.
Atton, Chris (2001) *Alternative Media*. London: Sage.
Babcock, Barbara (ed.) (1978) *The Reversible World*. Ithaca: Cornell University Press.
Bacon-Smith, Camille (1992) *Enterprising Women*. Philadelphia: University of Pennsylvania Press.
Badiou, Alain (2001) *Ethics: An Essay on the Understanding of Evil*. London: Verso.
Bakhtin, Mikhail (1984) *Rabelais and his World*. Bloomington: Indiana University Press.
Bar-Haim, Gabriel (1997) 'The Dispersed Sacred: Anomie and the Crisis of Ritual' in S. Hoover and K. Lundby (eds.) *Rethinking Media, Religion and Culture*. Thousand Oaks: Sage.
Barthes, Roland (1972) *Mythologies*. London: Paladin.
Bateson, Gregory (1973) *Steps Towards an Ecology of Mind*. London: Fontana.
Baudrillard, Jean (1981) 'Requiem for the Media' in *For a Critique of the Political Economy of the Sign*. St Louis: Telos Press.
—— (1983) *Simulations*. New York: Semiotext(e).
—— (1988) *America*. London: Verso.
Bauman, Zygmunt (1999) *In Search of Politics*. Cambridge: Polity.
Baym, Nancy (1999) *Tune in Log Out: Soaps, Fandom and Online Community*. Thousand Oaks: Sage.
Becker, Karin (1995) 'Media and the Ritual Process', *Media, Culture and Society* 17: 629–46.

—— (1998) 'The Diana Debate', *Screen* 39(3): 289–93.
Bell, Catherine (1992) *Ritual Theory, Ritual Practice*. New York: Oxford University Press.
—— (1997) *Ritual: Perspectives and Dimensions*. New York: Oxford University Press.
Benhabib, Seyla (ed.) (1995) *Democracy and Difference*. Princeton: Princeton University Press.
Billig, Michael (1995) *Banal Nationalism*. London: Sage.
—— (1997) 'From Codes to Utterances' in M. Ferguson and P. Golding (eds.) *Cultural Studies in Question*. London: Sage.
Bloch, Maurice (1989) *Ritual History and Power*. London: The Athlone Press.
Blumler, Jay and Gurevitch, Michael (1995) *The Crisis of Public Communication*. London: Routledge.
Boden, Dierdre and Molotch, Gregory (1994) 'The Compulsion of Proximity' in D. Boden and G. Molotch (eds.) *NowHere: Space, Time and Modernity*. Berkeley: University of California Press.
Bolin, Goran (2000) 'Film Swapping in the Public Sphere: Youth Audiences and Alternative Cultural Publicities', *Javnost* 7(2): 57–74.
Boltanski, Luc (1999) *Distant Suffering*. Cambridge: Cambridge University Press.
Bondjeberg, Ib (1996) 'Public Discourse/Private Fascination', *Media, Culture and Society* 18: 27–45.
Boorstin, Daniel (1961) *The Image: Whatever Happened to the American Dream*. London: Weidenfeld and Nicolson.
Bourdieu, Pierre (1977) *Outline of a Theory of Practice*. Cambridge: Cambridge University Press.
—— (1990) *The Logic of Practice*. Cambridge: Polity.
—— (1991) *Language and Symbolic Power*. Cambridge: Polity.
—— (1996) *The State Nobility*. Cambridge: Polity.
—— (1998) *On Television and Journalism*. London: Pluto.
—— (2000) *Pascalian Meditations*. Stanford: Stanford University Press.
Bourdon, Jerome (2000) 'Live television is still alive', *Media, Culture and Society* 22(5): 531–56.
Bowman, Glenn (1991) 'Christian Ideology and the Image of a Holy Land' in J. Eade and M. Sallnow (eds.) (1991) *Contesting the Sacred*. London: Routledge.
Braudel, Fernand (1972) 'History and the Social Sciences' in P. Burke (ed.) *Economy and Society in Early Modern Europe*. London: Routledge and Kegan Paul.
Briggs, Asa (1961) *The BBC: A History. Volume 1*. Oxford: Oxford University Press.
Brunsdon, Charlotte and Morley, David (1978) *Everyday Television: 'Nationwide'* London: BFI.
Brunvatne, Raina and Tolson, Andrew (2001) '"It Makes it OK to Cry": Two Types of "Therapy Talk" in Television Talk Shows' in A. Tolson (ed.) *Television Talk Shows*. Mahwah, NJ: Lawrence Erlbaum.
Caldwell, John (1996) *Televisuality: Style, Crisis and Authority in American Television*. New Brunswick: Rutgers University Press.
—— (forthcoming 2003) 'Geography Lessons of the Film/Television Production Culture' in N. Couldry and A. McCarthy (eds.) *Media/Space*. London: Routledge.

Callon, Michel (1991) 'Techno-economic Networks and Irreversibility' in J. Law (ed.) *A Sociology of Monsters*. London: Routledge.

Callon, Michel and Latour, Bruno (1981) 'Unscrewing the Big Leviathan' in K. Knorr-Cetina and A. Cicourel (eds.) *Advances in Social Theory and Methodology*. London: Routledge and Kegan Paul.

Cardiff, David and Scannell, Paddy (1987) 'Broadcasting and National Unity' in J. Curran et al. (eds.) *Impacts and Influences*. London: Methuen.

Carey, James (1989) *Communication as Culture*. Boston: Unwin Hyman.

—— (1998) 'Political Ritual on Television' in T. Liebes and J. Curran (eds.) *Media Ritual and Identity*. London: Routledge.

Carpentier, Alejo (1990) [1949] *The Kingdom of this World*. London: André Deutsch.

Castells, Manuel (1996) *The Rise of the Network Society*. Oxford: Blackwell.

—— (2001) *The Internet Galaxy*. Oxford: Oxford University Press.

Certeau, Michel de (1984) *The Practice of Everyday Life*. Berkeley: University of California Press.

Chandler, Daniel (1997) 'Writing Oneself in Cyberspace' [WWW document] http://www.aber.ac.uk/_dgc/homepgid.html, visited 3 July 2001.

Chandler, Daniel and Roberts-Young, Dilwyn (1998) 'The Construction of Identity in Personal Homepages of Adolescents' [WWW document] http://www.aber.ac.uk/media/documents/short/strasbourg.html, visited 3 July 2001.

Chaney, David (1983) 'A Symbolic Mirror of Ourselves: Civic Ritual in Mass Society', *Media, Culture and Society* 5(2): 119–36.

—— (1986) 'The Symbolic Form of Ritual in Mass Communications' in P. Golding et al. (eds.) *Communicating Politics*. New York: Holmes and Meier.

—— (1993) *Fictions of Collective Life*. London: Routledge.

Clark, Lynn Schofield and Hoover, Stewart (1997) 'At the Intersection of Media, Culture and Religion' in S. Hoover and K. Lundby (eds.) *Rethinking Media Religion and Culture*. Thousand Oaks: Sage.

Coleman, Stephen and Gotze, John (2001) 'Bowling Together: Online Public Engagement in Policy Deliberation'. London: The Hansard Society. [Also at http://www.hansard-society.org.uk, visited 14 March 2002]

Collins, Richard (1986) 'Seeing is Believing: The Ideology of Naturalism' in J. Corner (ed.) *Documentary and Mass Media*. London: Arnold.

Corner, John (1991) 'Documentary Voices' in J. Corner (ed.) *Popular Television in Britain*. London: BFI.

—— (1995) *Television Form and Public Address*. London: Arnold.

—— (1996) 'Mediating the Ordinary: The "Access" Idea and Television Form' in J. Corner and S. Harvey (eds.) *Television Times: A Reader*. London: Arnold.

—— (1999a) Review of T. Liebes and J. Curran (eds.) (1998) *Media Ritual and Identity*, in *European Journal of Cultural Studies* 2(3): 416–19.

—— (1999b) *Critical Ideas in Television Studies*. Oxford: Oxford University Press.

—— (2002) 'Performing the Real: Documentary Diversions', *Television and New Media* 3(3): 255–70.

Couldry, Nick (1999) 'Remembering Diana: The Geography of Celebrity and the Politics of Lack', *New Formations* 36: 77–91.

—— (2000a) *The Place of Media Power*. London: Routledge.

—— (2000b) 'Media Organisations and Non-Media People' in J. Curran (ed.) *Media Organisations in Society*. London: Arnold.

—— (2002) 'Playing for Celebrity: *Big Brother* as Ritual Event', *Television and New Media*, 3(3): 283–94.

—— (forthcoming) 'Beyond the Televised Endgame' in N. Chitty, R. Rush and M. Semati (eds.) *Studies in Terrorism*. Penang: Southbound Press [in association with *Journal of International Communication*].

Crain, Mary (1992) 'Pilgrims, "Yuppies" and Media Men: The Transformation of an Andalucian Pilgrimage' in J. Boissevain (ed.) *Revitalising European Rituals*. London: Routledge.

Cubitt, Sean (1991) *Timeshift*. London: Routledge.

Curran, James (1982) 'Communications, Power and Social Order' in M. Gurevitch et al. (eds.) *Culture, Society and the Media*. London: Routledge.

—— (1998) 'Crisis of Public Communication: A Reappraisal' in T. Liebes and J. Curran (eds.) *Media Ritual and Identity*. London: Routledge.

Dahlgren, Peter (1981) 'Television News and the Suppression of Reflexivity' in E. Katz and T. Szecsko (eds.) *Mass Media and Social Change*. London: Sage.

Davies, Christine (1999) 'Jokes on the Death of Diana' in T. Walter (ed.) *The Mourning for Diana*. Oxford: Berg.

Davis, Mike (1990) *City of Quartz*. London: Verso.

Dayan, Daniel and Katz, Elihu (1992) *Media Events: The Live Broadcasting of History*. Cambridge, MA: Harvard University Press.

Debord, Guy (1983) *Society of the Spectacle*. Detroit: Black and Red.

Deegan, Mary Jo (1989) *American Ritual Dramas*. New York: Greenwood Press.

Deleuze, Gilles and Guattari, Felix (1988) *A Thousand Plateaus*. London: The Athlone Press.

Derrida, Jacques and Stiegler, Bernard (1996) *Echographies: Entretiens sur la Télévision*. Paris: Galilée/INA.

Devereaux, Eoin (1996) 'Good Causes, God's Poor and Telethon Television', *Media, Culture and Society* 18(1): 47–68.

Douglas, Mary (1970) *Natural Symbols*. London: The Cresset Press.

—— (1975) *Implicit Meanings*. London: Routledge and Kegan Paul.

—— (1984) [1966] *Purity and Danger*. London: Routledge.

Dover, Caroline (2001) 'British Documentary Television Production: Tradition, Change and "Crisis" Within a Practitioner Community', unpublished doctoral thesis, University of London.

Dovey, Jon (1993) 'Old Dogs and New Tricks: Access Television in the UK' in T. Dowmunt (ed.) *Channels of Resistance*. London: BFI.
—— (2000) *Freakshow*. London: Pluto.
Downing, John (2000) *Radical Media*. (2e) Thousand Oaks: Sage.
Durkheim, Emile (1984) [1893] *The Division of Labour in Society* (tr. W. Halls). (2e) Basingstoke: Macmillan.
—— (1995) [1912] *The Elementary Forms of Religious Life* (tr. K. Fields). Glencoe: Free Press.
Eade, John (1991) 'Order and Power at Lourdes' in J. Eade and M. Sallnow (eds.) (1991) *Contesting the Sacred*. London: Routledge.
Eade, John and Sallnow, Michael (eds.) (1991) *Contesting the Sacred*. London: Routledge.
Eco, Umberto (1992) 'A Guide to the Neo-Television of the 1980s' in Z. Baranski and R. Lumley (eds.) *Culture and Conflict in Postwar Italy*. London: Macmillan.
Ehrenberg, Alain (1995) *L'Individu Incertain*. Paris: Hachette.
Elias, Norbert (1994) *The Civilising Process*. Oxford: Blackwell.
Eliasoph, Nina (1998) *Avoiding Politics*. Cambridge: Cambridge University Press.
Elliott, Philip (1982) 'Press Performance as Political Ritual' in H. Christian (ed.) *The Sociology of Journalism and the Press*. University of Keele.
Ellis, Bret Easton (2000) *Glamorama*. New York: Vintage.
Ellis, John (2000) *Seeing Things*. London: Tauris.
Ericson, Richard and Haggerty, Kevin (1997) *Policing the Risk Society*. Toronto: Toronto University Press.
Ettema, James (1990) 'Press Rites and Race Relations: A Study of Mass-Mediated Ritual', *Critical Studies in Mass Communication* 7(4): 309–33.
Feuer, Jane (1983) 'The Concept of Live Television' in E. Kaplan (ed.) *Regarding Television*. Los Angeles: American Film Institute.
Fiske, John (1996) *Media Matters*. Minneapolis: University of Minnesota Press.
Flichy, Patrice (1995) *Dynamics of Modern Communication*. London: Sage.
Foucault, Michel (1981a) *The History of Sexuality, Volume I*. Harmondsworth: Penguin.
—— (1981b) 'The Order of Discourse' in R. Young (ed.) *Untying the Text*. London: Routledge.
Frow, John (1998) 'Is Elvis a God?', *International Journal of Cultural Studies* 1(2): 197–210.
Fukuyama, Francis (1992) *The End of History and the Last Man*. Harmondsworth: Penguin.
Gabler, Neal (2000) *Life: The Movie*. New York: Vintage.
Gamson, Joshua (1994) *Claims to Fame: Celebrity in Contemporary America*. Berkeley: University of California Press.
—— (1998) *Freaks Talk Back*. Chicago: University of Chicago Press.
Garland, David (2001) *The Culture of Control*. Oxford: Oxford University Press.
Garnham, Nicholas (1994) 'Bourdieu, the Cultural Arbitrary and Television' in C. Calhoun, E. Lipuma and M. Postone (eds.) *Bourdieu: Critical Perspectives*. Cambridge: Polity.
—— (2000) *Emancipation, the Media and Modernity*. Oxford: Oxford University Press.
Geertz, Clifford (1973) *The Interpretation of Cultures*. Chicago: Chicago University Press.

Gennep, Arnold van (1977) [1908] *The Rites of Passage*. London: Routledge Kegan Paul.
Geraghty, Christine (1995) 'Social Issues and Realist Soaps' in R. Allen (ed.) *To Be Continued*. London: Routledge.
Giddens, Anthony (1972) *Capitalism and Modern Social Theory*. Cambridge: Cambridge University Press.
—— (1984) *The Constitution of Society*. Cambridge: Polity.
—— (1985) *The Nation-State and Violence*. Cambridge: Polity.
—— (1990) *The Consequences of Modernity*. Cambridge: Polity.
—— (1991) *Modernity and Self-Identity*. Cambridge: Polity.
Ginsburg, Faye (1994) 'Culture/media: A Mild Polemic', *Anthropology Today* 10(2): 5–15.
—— (1995) 'Mediating Culture' in L. Devereaux and R. Hillman (eds.) *Fields of Vision*. Berkeley: University of California Press.
—— (1998) 'Shooting Back: From Ethnographic Film to Indigenous Production/Ethnography of Media' in T. Miller and R. Stam (eds.) *Companion to Film Theory*. Oxford: Blackwell.
Giroux, Henry (2001) *Public Spaces, Private Lives*. Boulder: Rowman and Littlefield.
—— (forthcoming 2003) *The Abandoned Generation: Democracy Beyond the Culture of Fear*. New York: Palgrave.
Gitlin, Todd (1998) 'Public Sphere or Public Sphericules' in T. Liebes and J. Curran (eds.) *Media Ritual and Identity*. London: Routledge.
—— (2001) *Media Unlimited*. New York: Metropolitan Books.
Gluckman, Max (1971) *Politics, Law and Ritual in Tribal Society*. Oxford: Basil Blackwell.
Godelier, Maurice (1986) *The Mental and the Material*. London: Verso.
Goethals, Gregor (1997) 'Escape from Time: Ritual Dimensions of Popular Culture' in S. Hoover and K. Lundby (eds.) *Rethinking Media Religion and Culture*. Thousand Oaks: Sage.
Goffman, Erving (1975) *Frame Analysis*. Harmondsworth: Penguin.
Golding, Peter (1981) 'The Missing Dimensions' in E. Katz and T. Szecsko (eds.) *Mass Media and Social Change*. London: Sage.
Goody, Jack (1977) 'Against Ritual' in S. Moore and B. Myerhoff (eds.) *Secular Ritual*. Assen/Amsterdam: Van Gorcum.
Grindstaff, Laura (1997) 'Producing Trash, Class and the Money Shot' in J. Lull and S. Hinerman (eds.) *Media Scandals*. Cambridge: Polity.
—— (2002) *The Money Shot*. Chicago: Chicago University Press.
Haggerty, Kevin and Ericson, Richard (2000) 'The Surveillant Assemblage', *British Journal of Sociology* 51(4): 605–22.
Hall, Stuart (1977) 'Culture, Media and "the Ideological Effect"' in J. Curran, M. Gurevitch and J. Woollacott (eds.) *Mass Communications and Society*. London: Edward Arnold.
Hallin, Daniel (1994) *We Keep America on Top of the World*. London: Routledge.
Hamburger, Esther (2000) 'Politics and Intimacy: The Agrarian Reform in a Brazilian Telenovela', *Television and New Media* 1(2): 159–79.
Hamelink, Cees (1999) *The Ethics of Cyberspace*. London: Sage.

Handelman, Don (1998) *Models and Mirrors: Towards an Anthropology of Public Events*. (2e with new preface) Oxford: Berg.

Haney, C. Allen and Davis, D. (1999) 'America Responds to Diana's Death' in T. Walter (ed.) *The Mourning for Diana*. Oxford: Berg.

Hardt, Michael and Negri, Antonio (2000) *Empire*. Cambridge, MA: Harvard University Press.

Harrington, C. Lee and Bielby, Denise (1995) *Soap Fans*. Philadelphia: Temple University Press.

Harris, Chris (1999) 'Secular Religion and the Public Response to Diana's Death' in T. Walter (ed.) *The Mourning for Diana*. Oxford: Berg.

Hartley, John (1992) *The Politics of Pictures*. London: Routledge.

—— (1999) *Uses of Television*. London: Routledge.

Hay, James (1992) 'Afterword' in R. Allen (ed.) *Channels of Discourse, Reassembled*. London: Routledge.

Havelock, Eric (1963) *Preface to Plato*. Cambridge, MA: Harvard University Press.

Heath, Stephen (1990) 'Representing Television' in P. Mellencamp (ed.) *Logics of Television*. Bloomington: Indiana University Press.

Heath, Stephen and Skirrow, Gillian (1977) 'Television: A World in Action', *Screen* 18(2): 7–60.

Heelas, Paul, Lash, Scott and Morris, Paul (eds.) (1994) *Detraditionalization*. Oxford: Blackwell.

Heidegger, Martin (1962) *Being and Time*. Oxford: Blackwell.

Herzfeld, Michael (1992) *The Social Production of Indifference*. Chicago: University of Chicago Press.

Hill, Annette (2000) 'Fearful and Safe: Audience Response to British Reality Programming' *Television and New Media* 1(2): 193–213.

—— (2002) '*Big Brother*: The Real Audience', *Television and New Media* 3(3): 323–40.

Hills, Matthew (2002) *Fan Cultures*. London: Routledge.

Hobart, Mark (2000) *After Culture*. Yogyakarta: Duta Wacana University Press.

Hoover, Stewart (1988) 'Television, Myth and Ritual: the Role of Substantive Meaning and Spatiality' in J. Carey (ed.) *Media Myths and Narratives*. Newbury Park: Sage.

—— (1988b) *Mass Media Religion*. Thousand Oaks: Sage.

Hughes-Freeland, Patricia (1998) 'From Temples to Television: the Balinese Case' in P. Hughes-Freeland and M. Crain (eds.) *Recasting Ritual*. London: Routledge.

Humm, Peter (1998) 'Real TV: Camcorders, Access and Authenticity' in C. Geraghty and D. Lusted (eds.) *The Television Studies Reader*. London: Arnold.

Humphrey, Caroline and Laidlaw, James (1994) *The Archetypal Actions of Ritual*. Oxford: The Clarendon Press.

Huyssen, Andreas (1995) *Twilight Memories*. New York and London: Routledge.

Introna, Lucas and Nissenbaum, Helen (2000) 'Shaping the Web: Why the Politics of Search Engines Matters', *Information Society* 16: 169–85.

Jenkins, Henry (1992) *Textual Poachers*. New York: Routledge.

Jensen, Joli (1991) 'Fandom as Pathology: The Consequences of Categorization' in L. Lewis (ed.) *The Adoring Audience*. London: Routledge.

Jones, Steven (1998) 'Information, Internet and Community' in S. Jones (ed.) *Cybersociety 2.0*. London: Routledge.

Keighron, Peter (1993) 'Video Diaries: What's Up Doc?', *Sight and Sound* 3(10): 24–5.

Kershaw, Ian (1987) *The 'Hitler Myth'* Oxford: The Clarendon Press.

Kierkegaard, Søren (1962) [1846/7] *The Present Age*. New York: Fontana.

Kilborn, Richard (1994) '"How Real Can You Get?" Recent Developments in "Reality" Television', *European Journal of Communication* 9(4): 421–40.

—— (1998) 'Shaping the Real: Democratisation and Commodification in UK Factual Broadcasting', *European Journal of Communication* 13(2): 201–18.

Klein, Naomi (2000) *No Logo*. London: Flamingo.

Laclau, Ernesto (1990) *New Reflections on the Revolution of Our Time*. London: Verso.

Lang, Kurt and Lang, Gladys (1969) [1954] 'The Unique Perspective of Television and its Effects: A Pilot Study' in W. Schramm (ed.) *Mass Communications*. (2e) Urbana: University of Illinois Press.

Larson, William and Park, Heung-Soo (1993) *Global Television and the Politics of the Seoul Olympics*. Boulder: Westview Press.

Lash, Scott (2002) *Critique of Information*. London: Sage.

Lazarsfeld, Paul and Merton, Robert (1969) [1948] 'Mass Communication, Popular Taste and Organised Social Action' in W. Schramm (ed.) *Mass Communications*. (2e) Urbana: University of Illinois Press.

Lefebvre, Henri (1991a) [1958] *Critique of Everyday Life, Volume I*. London: Verso.

—— (1991b) *The Production of Space*. Oxford: Blackwell.

Lembo, Ron (2000) *Thinking Through Television*. Cambridge: Cambridge University Press.

Lévi-Strauss, Claude (1981) *The Naked Man*. London: Jonathan Cape.

Lewis, Gilbert (1980) *Day of Shining Red: An Essay on Understanding Ritual*. Cambridge: Cambridge University Press.

Liebes, Tamar (1998) 'Television's Disaster Marathons' in T. Liebes and J. Curran (eds.) *Media Ritual Identity*. London: Routledge.

Lindlof, Thomas and Shatzer, Milton (1998) 'Media Ethnography in Virtual Space', *Journal of Broadcasting and Electronic Media* 42(2): 170–89.

Little, Paul (1995) 'Ritual, Power and Ethnography at the Rio Earth Summit', *Critique of Anthropology* 15(3): 265–88.

Livingstone, Sonia and Lunt, Peter (1994) *Talk on Television*. London: Routledge.

Loader, Brian (1997) 'Policing and the Social: Questions of Symbolic Power', *British Journal of Sociology* 48(1): 1–18.

Luhmann, Nikolas (1999) *The Reality of the Mass Media*. Cambridge: Polity.

Lukes, Steven (1975) 'Political Ritual and Social Integration', *Sociology* 29: 289–305.

Lundby, Knut (1997) 'The Web of Collective Representations' in S. Hoover and K. Lundby (eds.) *Rethinking Media, Religion and Culture*. Thousand Oaks: Sage.

Lyon, David (2001) *Surveillance Society: Monitoring Everyday Life*. Milton Keynes: Open University Press.

MacAloon, John (1984) 'Olympic Games and the Theory of Spectacle in Modern Societies' in J. MacAloon (ed.) *Rite, Drama, Festival, Spectacle*. Philadelphia: ASHI Press.

MacCannell, Dean (1992) *The Tourist Papers*. London: Routledge.

Maffesoli, Michel (1996a) *The Time of the Tribes*. London: Sage.

—— (1996b) *The Contemplation of the World*. Minneapolis: University of Minnesota Press.

Mann, Michael (1970) 'The Social Cohesion of Liberal Democracy', *American Sociological Review* 35(3): 423–39.

Marcos, Subcomandante (2001) *Our Word is Our Weapon*. London: Serpent's Tail.

Martin, Berenice (1981) *A Sociology of Contemporary Change*. Oxford: Blackwell.

Martin-Barbero, Jesus (1993) *Communication Culture and Hegemony*. London: Sage.

—— (1997) 'Mass Media as a Site of Resacralisation of Contemporary Cultures' in S. Hoover and K. Lundby (eds.) *Rethinking Media Religion and Culture*. Thousand Oaks: Sage.

Marvin, Carolyn (1999) *Blood Sacrifice and the Nation*. Cambridge: Cambridge University Press.

Massey, Doreen (1994) *Space, Place and Gender*. Cambridge: Polity.

Matta, Roberto da (1984) 'Carnival in Multiple Planes' in J. MacAloon (ed.) *Rite, Drama, Festival, Spectacle*. Philadelphia: ASHI Press.

Mattelart, Armand (1994) *The Invention of Communication*. Minneapolis: University of Minnesota Press.

Mattelart, Armand, Delcourt, Xavier and Mattelart, Michelle (1984) *International Image Markets*. London: Comedia.

McCarthy, Anna (2001) *Ambient Television*. Durham, NC: Duke University Press.

McKevitt, Christopher (1991) 'San Giovanni Rotondo and the Shrine of Padre Pio' in J. Eade and M. Sallnow (eds.) *Contesting the Sacred*. London: Routledge.

McMurria, John (2002) 'Discovering the World: Globalisation and Television Documentary', paper presented to the Media in Transition conference, MIT, Boston, May 2002.

Mehl, Dominique (1996) *La Télévision de l'Intimité*. Paris: Seuil.

Mellencamp, Patricia (1990) 'Television Time and Catastrophe, or Beyond the Pleasure Principle in Television' in P. Mellencamp (ed.) *Logics of Television*. Bloomington: Indiana University Press.

Melucci, Alberto (1989) *Nomads of the Present*. London: Hutchinson Radius.

—— (1996) *Challenging Codes*. Cambridge: Cambridge University Press.

Merton, Robert (1946) *Mass Persuasion: The Social Psychology of a Warbond Drive*. New York: Harper and Brothers.

Mestrovic, Stjepan (1997) *Postemotional Society*. London: Sage.

Meyrowitz, Joshua (1985) *No Sense of Place*. New York: Oxford University Press.

Michaels, Eric (1985) 'Constraints on Knowledge in an Economy of Oral Information', *Current Anthropology* 26(4): 505–10.

—— (1994) *Bad Aboriginal Art*. Minneapolis: University of Minnesota Press.

Miller, Daniel and Slater, Don (2000) *The Internet: An Ethnographic Approach*. Berg: London.

Moore, Alexander (1980) 'Walt Disney World: Bounded Ritual Space and the Playful Pilgrimage Center', *Anthropological Quarterly* 53: 207–18.

Moore, Sally and Myerhoff, Barbara (eds.) (1977a) *Secular Ritual*. Assen/Amsterdam: Van Gorcum.

—— (1977b) 'Introduction' in S. Moore and B. Myerhoff (eds.) *Secular Ritual*. Assen/Amsterdam: Van Gorcum.

Morinis, Alan (1992) 'Introduction' in A. Morinis (ed.) *Sacred Journeys*. New York: Greenwood Press.

Myerhoff, Barbara (1977) 'We Don't Wrap Herring in a Printed Page: Fusion, Fictions and Contingency in Secular Ritual' in S. Moore and B. Myerhoff (eds.) *Secular Ritual*. Assen/Amsterdam: Van Gorcum.

Nava, Mica (1999) 'Diana and Race: Romance and the Reconfiguration of the Nation' in A. Kear and D. Steinberg (eds.) *Mourning Diana*. London: Routledge.

Neale, Steve (1976) 'New Hollywood Cinema', *Screen* 17(2): 117–22.

Neuman, W. Russell (1991) *The Future of the Mass Audience*. Cambridge: Cambridge University Press.

Nichols, Bill (1994) *Blurred Boundaries*. Bloomington: Indiana University Press.

Nordenstreng, Karl (1972) 'Policy for News Transmission' in D. MacQuail (ed.) *Sociology of Mass Communication*. Harmondsworth: Penguin.

Norris, Clive and Armstrong, Gary (1999) *The Maximum Surveillance Society*. Oxford: Berg.

Ortner, Sherry (1978) *Sherpas through Their Rituals*. Cambridge: Cambridge University Press.

O'Sullivan, Sara (2001) 'Understanding Talk Radio', paper presented to the fifth conference of the European Sociological Association, Helsinki, September 2001.

Paget, Derek (1998) *No Other Way to Tell It: Dramadoc/Docudrama on Television*. Manchester: Manchester University Press.

Palmer, Gareth (2002) '*Big Brother*: an Experiment in Governance', *Television and New Media* 3(3): 295–310.

Parkin, Frank (1972) *Class Inequality and Political Order*. London: Paladin.

Peters, John Durham (1999) *Speaking Into the Air*. Chicago: Chicago University Press.

Peters, John Durham and Rothenbuhler, Eric (1989) 'The Reality of Construction' in H. Simons (ed.) *Rhetoric in the Human Sciences*. London: Sage.

Phillips, Anne (1995) 'Dealing with Difference: A Politics of Ideas, Or a Politics of Presence?' in S. Benhabib (ed.) *Democracy and Difference*. Princeton: Princeton University Press.

Pickering, W. (1984) *Durkheim's Sociology of Religion*. London: Routledge & Kegan Paul.

Poster, Mark (1995) 'Postmodern Virtualities' in M. Featherstone and R. Burrows (eds.) *Cyberspace/Cyberbodies/Cyberpunk*. London: Sage.

Priest, Patricia Joiner (1995) *Public Intimacies*. Creskill, NJ: The Hampton Press.
—— (1996) '"Gilt by Association": Talk Show Participants' Televisually Enhanced Status and Self-Esteem' in D. Grodin and T. Lindlof (eds.) *Constructing the Self in a Mediated World*. London: Sage.
Puijk, Roel (1999) 'Producing Norwegian Culture for Domestic and Foreign Gazes' in A. Martin Klausen (ed.) *Olympic Games as Performance and Public Event*. New York and Oxford: Berghahn Books.
Pullen, Kirsten (2000) 'I-love-Xena.com: Creating Online Fan Communities' in D. Gauntlett (ed.) *Web.Studies*. London: Arnold.
Putnam, Robert (2000) *Bowling Alone*. New York: Simon and Schuster.
Raboy, Marc (1992) 'Media and the Invisible Crisis of Everyday Life' in M. Raboy and B. Dagenais (eds.) *Media, Crisis and Democracy*. London: Sage.
Raboy, Marc and Dagenais, Bernard (1992) 'Media and the Politics of Crisis' in M. Raboy and B. Dagenais (eds.) *Media, Crisis and Democracy*. London: Sage.
Rappaport, Roy (1999) *Ritual and Religion in the Making of Humanity*. Cambridge: Cambridge University Press.
Rath, Claus-Dieter (1985) 'The Invisible Network' in P. Drummond and R. Paterson (eds.) *Television in Transition*. London: BFI.
—— (1988) 'Live/life' in P. Drummond and R. Paterson (eds.) *Television and Its Audience*. London: BFI.
Reader, Ian (1993) 'Conclusions' in I. Reader and T. Walter (eds.) *Pilgrimage in Popular Culture*. Basingstoke: Macmillan.
Reader, Ian and Walter, Tony (eds.) (1993) *Pilgrimage in Popular Culture*. Basingstoke: Macmillan.
Real, Michael (1975) 'Super Bowl: Mythic Spectacle', *Journal of Communication* 25(1): 31–43.
—— (1989) *Super Media*. Thousand Oaks: Sage.
Ritchie, Jean (2000) *Big Brother: The Official Unseen Story*. London: Channel 4 Books.
Robins, Kevin (1995a) *Into the Image*. London: Routledge.
—— (1995b) 'Cyberspace and the World We Live In' in M. Featherstone and R. Burrows (eds) *Cyberspace/Cyberbodies/Cyberpunk*. London: Sage.
—— (2001) 'Seeing the World from a Safe Distance' (an interview by Mark Terkessidis), *Science as Culture* 10(4): 531–9.
Roche, Maurice (2000) *Mega-Events and Modernity*. London: Sage.
Roderiguez, Clemencia (2001) *Fissures in the Mediascape*. Creskill, NJ: The Hampton Press.
Rojek, Chris (1993) *Ways of Escape*. London: Routledge.
Rose, Nikolas (1996) 'Governing "Advanced" Liberal Democracies' in A. Barry, T. Osborne and N. Rose (eds.) *Foucault and Political Reason*. London: UCL Press.
Ross, Nick and Cook, Sue (1987) *Crimewatch UK*. London: Hodder and Stoughton.
Rothenbuhler, Eric (1988) 'The Living Room Celebration of the Olympic Games', *Journal of Communication* 38(4): 61–81.
—— (1989) 'The Liminal Fight: Mass Strikes as Ritual and Interpretation' in J. Alexander (ed.) *Durkheimian Sociology: Cultural Studies*. Cambridge: Cambridge University Press.

—— (1993) 'Argument for a Durkheimian Theory of the Communicative', *Journal of Communication* 43(3): 148–53.

—— (1998) *Ritual Communication*. Thousand Oaks: Sage.

Rubin, Alan (1984) 'Ritualized and Instrumental Television Viewing', *Journal of Communication* 34(3): 64–77.

Rudie, Ingrid (1998) 'Making Persons in a Global Ritual? Embodied Experience and Free-Floating Symbols in Olympic Sport' in P. Hughes-Freeland and M. Crain (eds.) *Recasting Ritual*. London: Routledge.

Ruel, Malcolm (1998) 'Rescuing Durkheim's "Rites" from the Symbolising Anthropologists' in N. Allen, W. Pickering and W. Watts Miller (eds.) *On Durkheim's Elementary Forms of Religious Life*. London: Routledge.

Sack, Robert (1986) *Human Territoriality*. Cambridge: Cambridge University Press.

Saenz, Michael (1994) 'Television Viewing as a Cultural Practice' in H. Newcomb (ed.) *Television: The Critical View*. New York: Oxford University Pres.

Sahlins, Marshall (1976) *Culture and Practical Reason*. Chicago: Chicago University Press.

Said, Edward (1988) 'Identity, Negation and Violence', *New Left Review* 171: 46–62.

Sakolsky, Ron and Dunifer, Stephen (eds.) *The Airwaves – A Free Radio Handbook*. Edinburgh and San Francisco: AK Press.

Scannell, Paddy (1989) 'Public Broadcasting and Modern Public Life', *Media, Culture and Society* 11(1): 135–66.

—— (1996) *Radio, Television and Modern Life*. Oxford: Blackwell.

Scannell, Paddy and Cardiff, David (1991) *A Social History of British Braodcasting, Volume I: 1922–1939*. Oxford: Blackwell.

Schlesinger, Philip et al. (1992) *Women Viewing Violence*. London: BFI.

Schlesinger, Philip and Tumber, Howard (1994) *Reporting Crime: The Media Politics of Criminal Justice*. Oxford: The Clarendon Press.

Scott, John (2001) *Power*. Cambridge: Polity Press.

Shattuc, Jane (1994) *The Talking Cure*. New York: Routledge.

—— (1999) '"Go Ricki": Politics, Perversion and Pleasure in the 1990s' in C. Geraghty and D. Lusted (eds.) *The Television Studies Book*. London: Arnold.

Shils, Edward (1975) *Center and Periphery*. Chicago: University of Chicago Press.

Shils, Edward and Young, Michael (1956) 'The Meaning of the Coronation', *Sociological Review* 1(2): 63–82, reprinted in Shils (1975).

Silverstone, Roger (1981) *The Message of Television*. London: Heinemann Educational Books.

—— (1988) 'Television Myth and Culture' in J. Carey (ed.) *Media Myths and Narratives*. Newbury Park: Sage.

—— (1994) *Television and Everyday Life*. London: Routledge.

—— (1999) *Why Study the Media?* London: Sage.

—— (2002) 'Regulation and the Ethics of Distance' in A. Mahan, R. Mansell and R. Samarajiva (eds.) *Networking Knowledge for Information Societies*. Delft: Delft University Press.

—— (forthcoming) 'Media and Communication' in C. Calhoun, C. Rojek and B. Turner (eds.) *The International Handbook of Sociology*. London: Sage.

Slevin, James (2000) *The Internet and Society*. Cambridge: Polity.

Smith, Jonathan Z. (1987) *To Take Place: Toward Theory in Ritual*. Chicago: Chicago University Press.

Snyder, Donald (2000) 'Webcam Women' in D. Gauntlett (ed.) *Web.Studies*. London: Arnold.

Spitulnik, Debra (1993) 'Anthropology and the Mass Media', *Annual Review of Anthropology* 22: 293–315.

Stedman Jones, Sue (2001) *Durkheim Revisited*. Cambridge: Polity.

Stevenson, Nick (1995) *Understanding Media Cultures*. London: Sage.

Syvertsen, Trine (2001) 'Ordinary People in Extraordinary Circumstaces', *Media, Culture and Society* 23(2): 319–37.

Tambiah, Stanley (1985) *Culture, Thought and Social Action*. Cambridge, MA: Harvard University Press.

Thomas, Nicholas (1991) *Entangled Objects*. Cambridge, MA: Harvard University Press.

Thompson, John (1990) *Ideology and Modern Culture*. Cambridge: Polity.

—— (1994) 'Tradition and Self in a Mediated World' in P. Heelas, S. Lash and P. Morris (eds.) *Detraditionalization*. Oxford: Blackwell.

—— (1995) *The Media and Modernity*. Cambridge: Polity.

Tilly, Charles (1998) *Durable Inequality*. Berkeley: University of California Press.

Tolson, Andrew (1991) 'Television Chat and the Synthetic Personality' in P. Scannell (ed.) *Broadcast Talk*. London: Sage.

Turkle, Sherry (1996) *Life on the Screen*. London: Weidenfeld and Nicolson.

Turner, Victor (1974) *Dramas, Fields and Metaphors*. Cornell: Cornell University Press.

—— (1977a) *The Ritual Process*. Cornell: Cornell University Press.

—— (1977b) 'Variations on a Theme of Liminality' in S. Moore and B. Myerhoff (eds.) *Secular Ritual*. Assen/Amsterdam: Van Gorcum.

—— (1982) *From Ritual to Theater*. New York: Performing Arts Journal Publications.

Turner, Victor and Turner, Edith (1978) *Image and Pilgrimage in Christian Culture*. Oxford: Blackwell.

Turnock, Robert (2000) *Interpreting Diana*. London: BFI.

Urry, John (1990) *The Tourist Gaze*, London: Sage.

—— (2000) *Sociology Beyond Societies*. London: Sage.

Vermorel, Fred and Vermorel, Julie (1985) *Starlust: The Secret Life of Fans*. London: W.H. Allen.

Virilio, Paul (1999) *Open Sky*. London: Verso.

Wallerstein, Immanuel (1991) *Unthinking Social Science*. Cambridge: Polity.

Walter, Tony (1999) 'The Questions People Asked' in T. Walter (ed.) *The Mourning for Diana*. Oxford: Berg.

Wark, McKenzie (1994) *Virtual Geographies*. Bloomington: Indiana University Press.

White, Mimi (1992a) *Tele-advising*. Chapel Hill: University of North Carolina Press.

—— (1992b) 'Ideological Analysis and Television' in R. Allen (ed.) *Channels of Discourse, Reassembled*. London: Routledge.

White, Robert (1997) 'Religion and Media in the Construction of Culture' in S. Hoover and K. Lundby (eds.) *Rethinking Media Religion and Culture*. Thousand Oaks: Sage.

Wilson, Christopher (2000) *Cop Knowledge*. Chicago: Chicago University Press.

Winston, Brian (2000) *Lies, Damned Lies and Documentary*. London: BFI.

Wuthnow, Robert (1987) 'Ritual and Moral Order' in *Meaning and Moral Order*. Berkeley: University of California Press.

Young, Jock (1974) 'The Mass Media in a Segregated Society' in P. Rock and L. Mackintosh (eds.) *Deviance and Social Control*. London: Tavistock.

—— (1999) *The Exclusive Society*. London: Sage.

Zelizer, Barbie (1993) *Covering the Body: The Kennedy Assassination, the Media and the Shaping of Collective Memory*. Chicago: Chicago University Press.

Zukin, Sharon (1991) *Landscapes of Power: From Detroit to Disney World*. Berkeley: University of California Press.

索　引

（所注页码为英文原书页码，即本书边码）

Adorno, T. 阿多诺, T. 152
Agre, P. and Rotenberg, M. 阿格雷, P. 和罗滕贝格, M. 149
Anderiesz, M. 安德里茨, M. 130
Andrejevic, M. 安德烈耶维奇, M. 114
anthropology 人类学：and liminality 和阈限性 32; and pilgrimage sites 和朝觐地 79; and religious practice 和宗教习俗 6; and ritual 和仪式 4, 21～22, 24, 25
Armstrong, G. 阿姆斯特朗, G. 110, 149, 151
Asad, T. 阿萨德, T. 142, 146
Atton, C. 阿东, C. 140
Authority 权威 71, 147; construction of 的建构 67～70; contamination of 的污染 112; and media events 与媒介事件 62～63; ritual 仪式 112, 123; state perspective 国家视角下的 112, 113; and surveillance 与监视 109～114; symbolic 符号 77, 94, 111; on talk shows 脱口秀的 123; television 电视的 113, 123

Babcock, B. 巴布科克, B. 117
Bacon-Smith, C. 培根-史密斯, C. 140
Badiou, A. 巴迪乌, A. 139
Bakhtin, M. 巴赫京, M. 15
Bar-Haim, G. 巴尔-哈伊姆, G. 146
Barthes, R. 巴特, R. 28
Bateson, G. 贝特森, G. 25
Baudrillard, J. 鲍德里亚, J. 16～17, 41, 79, 105, 146, 152
Bauman, Z. 鲍曼, Z. 141
Baym, N. 贝姆, N. 91
Becker, K. 贝克尔, K. 15, 30～31, 56
Bell, C. 贝尔, C. 12, 13, 23, 29～

30，49～50，53，126，146

Benhabib，S. 本哈比布，S. 141

Bielby，D. 比尔毕，D. 75，149

Big Brother 老大哥 106，108，114，128，131，150

Bloch，M. 布洛克，M. 21，28，29，37，45，114，135，146

Blumler，J. and Gurevitch，M. 布卢姆勒，J. 和古雷维奇，M. 141

Boden，D. 博当，D. 90

Bodies 身体，and internalization of categories 和类别差异的内化 49～51；organization of 的组织 49；orientation of 的安排 48；and practical mastery 行为习得 50，52，59；and ritual action 与仪式行为 48～49；and social ordering 与社会秩序 50

Bolin，G. 博林，G. 140

Boltanski，L. 波尔坦斯基，L. 146

Bondebjerg，I. 邦德比亚格，I. 106

Boorstin，D. 布尔斯廷，D. 16，61，79

Boundaries 边界 141；challenge to 对边界的挑战 71；conventional analysis 通常的分析 27；invisible 看不见的 85；and media accessibility 与媒介的可接近性 82～83；

media authority/state perspective 媒介权威/国家视角 112；of media space 媒介空间的 77，83～86；media/ordinary conjunction 媒介/普通之交汇 89，108，119～120，121～122；and organization of media space 与媒介空间的组织 81～83；producer/audience 制作者/受众 63；realities of 现实的 89；ritual 仪式的 85，89，128；social 社会的 27～28，81～82，symbolic version 象征性的 108

Bourdieu，P. 布尔迪厄，P. 2，9，13，14，17，21，27～28，29，39～40，49，50～51，52，146

Bourdon，J. 鲍登，J. 98，100，150

Bowman，G. 鲍曼，G. 148

Braudel，F. 布罗代尔，F. 55，56

Briggs，A. 布里格斯，A. 145

Brunsdon，C. 布伦斯顿，C. 70，98，99

Brunvatne，R. 布伦维特纳，R. 120

Caldwell，J. 考德威尔，J. 93，98，102，105

Callon，M. 卡隆，M. 146；and Latour，B. 和拉图尔，B. 147

Cardiff，D. and Scannell，P. 卡迪

夫，D. 和斯坎内尔，P. 57～58，147

Carey, J. 凯瑞, J. 19, 26, 41, 117, 143, 145, 146

Carpentier, A. 卡彭铁尔, A. 35

Castells, M. 卡斯特, M. 3, 140

categories 类别，范畴，defined 定义 14～15; internalisation of 的内化 49～51; the media's ritual 媒介仪式 47～48, 50, 52; patterns of 的模式 13～14

celebrity 名人 31, 147

Certeau, M. de 德赛图, M. 72, 119

Chandler, D. 钱德勒, D. 129, 130～131; and Roberts-Young, D. 和罗伯茨-扬, D. 130

Chaney, D. 钱尼, D. 57, 150

Clark, L. S. and Hoover, S. 克拉克, L. S. 和胡佛, S. 145

Coleman, S. and Gotze, J. 科尔曼, S. 和戈茨, J. 152

Collins, R. 科林斯, R. 101

Corner, J. 科纳, J. 30, 102, 150

coronation 加冕 56～57

Crain, M. 克雷恩, M. 147

Crimewatch UK《英国犯罪追踪》110～114

Cubitt, S. 丘比特, S. 98

Curran, J. 柯伦, J. 136

Dagenais, B. 达格奈斯, B. 148

Dalhgren, P. 达尔格伦, P. 99

Davies, C. 戴维斯, C. 148

Davis, D. 戴维斯, D. 90

Davis, M. 戴维斯, M. 94

Dayan, D. 戴扬, D. 17, 40, 55, 58, 59, 60, 61～67, 70, 72～73, 78, 141, 146, 147, 149, 150

deterritorialisation 去领土化 15, 72

Debord, G. 德波, G. 16

Deleuze, G. 德勒兹, G. 10～11, 15, 72

Derrida, J. 德里达, J. 146

Devereaux, E. 德弗罗, E. 64

Diana, Princess 戴安娜, 王妃 60～61, 64～65, 68～70, 71, 89～90, 148

docusoaps 纪实性肥皂剧 103, 104

Douglas, M. 道格拉斯, M. 23, 25, 34, 35, 37～39, 63, 145, 146, 147

Dover, C. 多弗, C. 104

Dovey, J. 达维, J. 103, 104, 105, 116, 125, 150, 151

Downing, J. 唐宁, J. 140

Dunifer, S. 达尼弗, S. 82

Durkheim, E. 迪尔凯姆, E. 31, 34, 37, 62, 135, 139, 142, 143, 145, 146, 152

Eade, J. 伊德, J. 148; and Sallnow, M. 和萨尔诺, M. 78

Eco, U. 埃科, U. 104

Ehrenberg, A. 埃伦伯格, A. 151

Elias, N. 埃利亚斯, N. 137

Eliasoph, N. 伊莱亚索弗, N. 141

Elliott, P. 埃利奥特, P. 20, 45, 145, 146, 147, 152

Ellis, J. 埃利斯, J. 96, 101, 150

Ericson, R. and Haggerty, K. 埃里克森, P. 和哈格蒂, K. 110

Ettema, J. 埃特玛, J. 32

everyday life 日常生活, ambiguity of 的模糊性 19; and media power 与媒介权力 17~18

fandom 迷文化 75, 77, 91

Feddersen, A. 费德森, A. 149

Feuer, J. 福伊尔, J. 95, 99

Fiske, J. 菲斯克, J. 71, 110

Flichy, P. 弗利希, P. 145

Foucault, M. 福柯, M. 52, 122~123

framing 框架 31, 51; defined 定义 26; and media person/ordinary person distinction 和媒体人与普通人的区别 26~27; notion of 的观念 25~26; usefulness of concept of 概念的用途 26

Frow, J. 弗劳, J. 145

Fukuyama, F. 福山, F. 136

Gabler, N. 加布勒 41, 119

game-doc 游戏—纪录片 103, 106

Gamson, J. 加姆森, J. 75, 107, 116, 118, 121, 122, 125, 151

Garland, D. 加兰, D. 114

Garnham, N. 加纳姆, N. 136, 147

Geertz, C. 格尔茨, C. 24

Gennep, A. van 范热内普, A. 27, 32

Geraghty, C. 杰拉蒂, C. 102

Giddens, A. 吉登斯, A. 4, 76, 110, 116, 126

Ginsburg, F. 金斯伯格, F. 139, 145

Gitlin, T. 吉特林, T. 2

Giroux, H. 吉鲁, H. 141

Gluckman, M. 格卢克曼, M. 8, 32

Godelier, M. 戈德利耶, M. 14

Goethals, G. 戈瑟尔斯, G. 34

Goffman, E. 戈夫曼, E. 25, 26
Golding, P. 戈尔丁, P. 99
Goody, J. 古迪, J. 15, 28
Grindstaff, L. 格林德斯塔夫, L. 107, 116, 118~119, 121, 125~126, 151
Guattari, F. 瓜塔里, F. 10~11, 15, 72

Habermas, J. 哈贝马斯, J. 42
habitus 惯习 49
Hall, S. 霍尔, S. 99
Hallin, D. 哈林, D. 64
Hamelink, C. 哈梅林克, C. 53
Handelman, D. 汉德尔曼, D. 10, 43~44, 127, 135, 146, 147
Haney, C. A. 黑尼, C. A. 90
Hardt, M. 哈尔特, M. 11
Harrington, C. L. 哈林顿, C. L. 75, 149
Harris, C. 哈里斯, C. 148
Hartley, J. 哈特利, J. 18, 115
Havelock, E. 哈夫洛克, E. 152
Hay, J. 海, J. 150
Heath, S. 希思, S. 150 and Skirrow, G. 和斯基罗, G. 99
Heelas, P. et al 希勒斯, P. 等人 3
Heidegger, M. 海德格尔, M. 18

Herzfeld, M. 赫茨菲尔德, M. 147
Hill, A. 希尔, A. 97, 107, 150, 151
Hills, M. 希尔斯, M. 75, 140, 149
history 历史 18
Hitler myth 希特勒迷思 76
Hobart, M. 霍巴特, M. 145
Hoover, S. 胡佛, S. 80, 152
Hughes-Freeland, P. 休斯-弗里兰, P. 147
Humm, P. 胡姆, P. 104
Humphrey, C. 汉弗莱, C. 145
Huyssen, A. 许森, A. 18

ideology 意识形态 46, 48, 65~66, 146
Internet 互联网 see World Wide Web 见万维网

Jenkins, H. 詹金斯, H. 75, 140, 149
Jensen, J. 詹森, J. 149
Jones, S. 琼斯, S. 53

Katz, E. 卡茨, E. 17, 40, 55, 58, 59, 60, 61~67, 70, 72~73, 146, 147, 149, 150

Keighron, P. 凯龙, P. 108

Kershaw, I. 克肖, I. 76

Kierkegaard, S. 克尔恺郭尔, S. 143

Kilborn, R. 基尔伯恩, R. 102, 104, 108, 150

Klein, N. 克莱因, N. 43

Laclau, E. 拉克劳, E. 10

Laidlaw, J. 莱德劳, J. 145

Lang, G. 兰, G. 58

Lang, K. 兰, K. 58

Langer, 兰格, 152

language 语言, 49, 149

Larson, W. 拉森, W. 70

Lash, S. 拉什, S. 3, 11

Lazarsfield, P. 拉扎斯菲尔德, P. 16, 119

Lefebvre, H. 勒菲弗, H. 19, 75, 77

Lembo, R. 伦博, R. 146

Lévi-Strauss, C. 列维-斯特劳斯 86, 149

Lewis, G. 刘易斯, G. 21, 22, 23, 145, 147

Liebes, T. 利布斯, T. 64

liminal/liminoid distinction 阈限/类阈限的区分 33～34, 78

liminality 阈限性 22～23, 63; defined 定义 31; as genuine 作为真情实感的 34; introduction of term 术语介绍 32; and media events 与媒介事件 72; and separation/framing 与区隔/框架 31; and the social order 与社会秩序 32～33

Lindlof, T. 林德勒夫, T. 130

Little, P. 利特尔, P. 30

liveness 现场感 48, 104, 138; and advertising 与广告 97～98; audience/police interaction 受众/警察互动 111, 112; as connection between masses/events 作为大众与事件之间的联系 96～97; criterion of 的标准 96; critics of 的批判 99; decline in importance 重要性的降低 98; expansion into new media 向新媒体的扩展 97; and factuality 与事实性 96; forms of 的形式 98; as ideology 作为意识形态的 95; myth of 的迷思 98～99; and 'prime time' 与"黄金时间" 98; and reality TV 与真实电视 96; as ritual category 作为仪式范畴 96～101; significance of 的重要性 98～99; as socially constructed term 作为社会建构的词汇 96, 99; and society in time 与时间维度中的社会 100

Livingstone, S. and Lunt, P. 利文斯通, S. 和伦特, P. 115, 120, 151

Loader, B. 洛德, B. 150

Luhmann, N. 卢曼, N. 146

Lukes, S. 卢克斯, S. 65, 146, 152

Lundby, K. 伦比, K. 8

Lyon, D. 莱昂, D. 112, 149

Lythgoe, N. 利斯格, N. 150

MacAloon, J. 麦卡卢恩, J. 26, 33, 63, 146

MacCannell, D. 麦卡内尔, D. 146

McCarthy, A. 麦卡锡, A. 81, 150

McKevitt, C. 麦凯维特, C. 148

McMurria, J. 麦克默里亚, J. 150

Maffesoli, M. 马菲索利, M. 8, 35, 105, 148

Mann, M. 曼恩, M. 12, 39, 65, 152

Marcos, Subcomandante 马科斯, 副司令 140, 152

Martin, B. 马丁, B. 22

Martin-Barbero, J. 马丁-巴韦罗, J. 145, 147

Marvin, C. 马尔温, C. 101, 146, 147

Massey, D. 马西, D. 9

Matta, R. da 达马塔, R. 31, 33

Mattelart, A. 马特拉, A. 4; et al 等人 73

Mayer, V. 迈耶, V. 148

Media 媒介: accessibility of 的可接近性 81~82; authority of 的权威 67~70, 71, 109~114; and categorization/ritual 与类别化/仪式 8~9; as central social access point 作为接触社会的中心点 81, 111~112, 131; decentralised forms of 的去中心化形式 53; defined 的定义 2; and disaster coverage 与灾难报道 146~147; fragmentation/segmentation in 中的碎片化和割裂 46; framing power of 的框架权力 51; as legitimation of society 使社会合法化 46; and liveness 与现场感 97; negative readings of effects 效果的负面解读 16~17; neo-Durkheimian aspects 新迪尔凯姆观的方面 6~7, 145; as obligatory passing points 作为必经点 47; and ordinary life 与普通生活 17~18; and organization of space 与对空间的组织 81~83; positive reading of effects 对效果的正面解读 17～19，151；and power 与权力 18，19～20，29，70；producer/audience boundary 制作者/受众间的边界 63；and public disconnection 和公众脱节 143；relation to the social 与社会性的关系 143；as representative of society 作为社会的再现者 46；ritual space of 的仪式空间 71；and ritualised boundary 与仪式化边界 83～86；role of 的角色 1～2；as site for important self-disclosures 作为自我表露的重要场所 120；as social centre 作为社会的中心 30；and social reality 与社会现实 18，19～20；special role of 的特殊角色 70，75；symbolic authority of 的符号权威 75，77；and symbolic power 和符号权力 82～83

media ethics 媒介伦理 142

media events 媒介事件 21，43，78；alternative histories of 的另类历史 56～59；and authority/core narrative 和权威/核心叙事 62～63；and BBC monopoly of national rituals 与BBC对国家仪式的垄断 57；and channel/medium multiplication 与频道/媒介的倍增 66；construction of 的建构 48，definitions of 的定义 58，59～60，61～67；feedback loops 反馈闭环 68～69；formalised construction 形式化的建构 58～59；and global applicability 与国际实用性 66～67；and ideological conflict 与意识形态冲突 65～66；individual reactions to 个人对其的反应 64；as interactive 作为互动性的 61，67～68；and liminality 与阈限性 70～72；as live broadcast remote from its audience 作为对远离受众的事件的直播 58；location of 的地点 59～60；negative effects of 的负面效果 64～65；new perspective on 的新的视角 67～74；neo-Durkheimian reading of 的新迪尔凯姆式的解读 61～63；and notion of sacred centre 与神圣中心的观念 61～62；persuasiveness of 的说服性 62；positive/hegemonic effects of 积极的/霸权性的效果 63～64；problems with new-Durkheimian reading 新迪尔凯姆式解读的问题 63～67；and reality of symbolic conflict 与符号性冲突的现实 71，72～74；redefinition of 的重新定义 67; and rhetoric 与修辞 68; as ritual 作为仪式 55~56, 59~61, 75; and September 11 coverage 与 "9·11" 事件报道 73~74; as shared experience 作为共享的体验 60~61; social significance of 的社会重要性 59; and societal togetherness 与社会同在感 62, 63; suspicions concerning 对其的怀疑 56; and symbolic power 与符号权力 40; tactics of 的战术 72

media pilgrimages 媒介朝觐, and affirmation of boundaries 与对边界的确认 89; and conflict 与冲突 93~94; cultural/ritual space of 的文化/仪式空间 79; defined 的定义 76~77; as deluded travels in hyperreality 作为在超现实中的被骗的旅行 79~80; as journeys to places associated with society's central values 作为到与社会的中心价值观相关联的地方的旅行 77~79; as naturalization of mediated centre 作为对媒介化中心的自然化 78; neo-Durkheimian view 新迪尔凯姆观视角 78~79; and ordinary vs extraordinary experiences 和普通体验与非凡体验的对比 79; as parceling out 划分 86~87, 92; reductive approach to 对其的还原视角 79~80; as rite of institution 作为机制性仪式 89; and ritual practice 与仪式实践 86~91; and ritual space of the media 与媒介的仪式空间 80~81; secular aspect 的世俗方面 78; on World Wide Web 在万维网上 91~93, 也见朝觐地点, 朝觐

media rituals 媒介仪式: abandonment of 对其的抛弃 142; across social space 横跨社会空间 12~14; and boundaries 和边界 27~28; categories 类别/范畴 47~48, 141; changing form 变化的形式 101; counter-argument for 的反对观点 52~53; deconstruction of 的解构 42; defined 定义 15, 46~47; degree zero of 的起始点 132; and everyday reality of surveillance 与对日常现实的监视 109~114; and framing 与框架 26~27; as ideological 作为意识形态性的 46; introduction of term 引入该词 2; and liveness 与现场感 96~97; location of 的地点 51~52; long explanation of 对其的详细解释 2，29~31，47~52；and media events 与媒介事件 59~61；myth of the centre 关于中心的迷思 53；and patterning of action 与模式化的行为 23~25；and patterns of categorisation 与类别化的模式 13~15；and personal performance 与个人表演 52；public/private aspects 公共/私人的方面 133；and representation 与在线 143~144；short explanation of 简短的解释 2，3~5；and social relations 与社会关系 25；and strategies and resistance 与反抗的策略 53；and symbolic authority 与符号权威 94；transcendental claim 先验性的主张 50；understanding 理解 53；as universal 普世的 135~136；within wider field of media research 在更广阔的媒介研究领域 16~20

mediation 媒介化：Aboriginal 原始的 139；alternative horizon 另类视野 138~141；constraints on 的限制 137；as decentred network 作为去中心化的网络 140；field of conflict 冲突的场域 137~138；from private to public 从私人的到公共的 141~142；functionalist arguments 功能主义论点 137；and importance of communication/need for connection 与沟通的重要性/交流的需求 139；and legitimacy of mass media 与大众媒介的合法性 137；as less centralised 更加分散的 138~139；and politics 与政治 141；and power, access, participation 与权力、接触、参与 136~137；romantic notions concerning 对其的浪漫化观点 136~138；and social unity 与社会凝聚 137

Mehl, D. 梅尔，D. 116，123~124，151

Mellencamp, P. 梅伦坎普，P. 146

Melucci, A. 梅卢奇，A. 43，137

Merton, R. 莫顿，R. 16，58，59，67~68，119

Mestrovic, S. 梅斯特罗维奇 8，80，126，146

Meyrowitz, J. 梅罗维茨，J. 96，118，148

Michaels, E. 迈克尔斯，E. 139

Misrecognition 误认，and myth of the centre 与关于中心的迷思 41~47；and symbolic power 与符号权力 39~41

Molnar, H. 莫尔纳，H. 139
Molotch, G. 莫洛奇，G. 90
Moore, A. 摩尔，A. 33
Moore, S. 摩尔，S. 23
Morinis, A. 莫里尼斯，A. 78~79
Morley, D. 莫利，D. 70，98，99
Morris, N. 莫里斯，N. 150
Myerhoff, B. 迈尔霍夫，B. 23，145，147
myth of the centre 关于中心的迷思 41；belief in 对其的信念 45~46；defined 的定义 45；and disruption of classic concept 与对经典定义的颠覆 41~42；double reference 双重指向 111；language of 的用语 47；and pilgrimage sites 与朝觐地点 90；societal 全社会的 42，45，46
myth of the mediated centre 关于媒介化中心的迷思 2，41，70，75，81，87；belief in 对其的信念 45~46；category distinctions/boundaries 类别区隔/边界 47~48；defined 的定义 45；fracturing of 的瓦解 133；and liveness 与现场感 99，100；power of 的权力 47；and stage directions 与舞台指导 126

naming 命名 43~44
Nava, M. 纳瓦，M. 148
Neale, S. 尼尔，S. 150
Negraponte, N. 尼葛洛庞帝，N. 131
Negri, A. 内格里，A. 11
Neuman, W. R. 纽曼，W. R. 138
new media 新媒体 43；networks 网络 139~140；varieties of 多种多样的 140
Nichols, B. 尼科尔斯，B. 150
Nordenstreng, K. 诺登斯特伦，K. 146
Norris, C. 诺里斯，C. 110，149，151

ordinary/extraordinary states 普通/非凡的状态 77，79，86，87，89，132
Ortner, S. 奥特纳，S. 146
O'Sullivan, S. 欧沙利文，S. 151

Palmer, G. 帕尔默，G. 150
Park, H. S. 帕克，H. S. 70
Parkin, F. 帕金，F. 65
patterns of action 行为的模式 3，23~25，29，31
Pearson, M. 皮尔逊，M. 88

Peters, J. D. 彼得斯, J. D. 136, 137; and Rothenbuhler, E. 和罗滕比勒, E. 30, 136

Phillips, A. 菲利普斯, A. 143

Pickering, W. 皮克林, W. 8, 35, 146

pilgrimage sites 朝觐地点 78～79, 80; accessibility to 的可接近性 81～83; and code/practice of pilgrimage 与朝觐的规则/行为 79; creation of 的产生 77; emotion expressed at 在那表达的感情 80; as mythical centre 作为迷思性的中心 90; personal/social significance of 的个人/社会的重要性 76; as pilgrimage points of power 作为对权力朝觐的所在 90～91; ritual practices focused on 聚焦其上的仪式行为 75; ritualised boundaries of 的仪式化的边界 83～86; specialness of 的特殊性 79, 80, 86, 88～89; status of 的地位 89～90; virtual 虚拟的 91～93, 也见媒介朝觐; 朝觐

pilgrimages 朝觐 15, 31, 34, 48, 75; endemic phenomenon 内在化现象 76; Internet sites 互联网站 132; media/non-media difference 媒介与非媒介的区别 88; as metaphor 作为隐喻的 76; representative feature of 的再现能力 90; reverse 反转的 93～94; significance of 的重要性 76; sociological implications of 的社会学意义 77; as special moment of community/togetherness 作为体会社区感/同在感的特殊时刻 78～79; 也见媒介朝觐; 朝觐地点

political ritual 政治仪式 65～66

Porter, G. 波特, G. 88～89

Poster, M. 波斯特, M. 131

power 权力 35, 94; of the media 媒介的 18, 19～20, 29, 70; and mediated confession 和媒介化的忏悔 123; and myth of mediated centre 与关于媒介化中心的迷思 47; and ritual 与仪式 12～13, 28; of television 电视的 17, 119, 也见符号权力

practical mastery 行为习得 86, 87

Priest, P. J. 普里斯特, P. J. 119, 121, 123, 151

public events 公共事件 58～59

Puijk, R. 皮日克, R. 148

Pullen, K. 普伦, K. 91

索引 | 201

Raboy, M. 拉布伊, M. 152; and Dagenais, B. 和达格奈斯, B. 148

Rappaport, R. 拉巴波特, R. 22, 23～24, 38, 135, 145, 147

Rath, C. D. 拉特, C. D. 99, 150

re-territorialisation 再领土化 15, 72

Reader, I. 里德, I. 78; and Walter, T. 和沃尔特, T. 76

Real, M. 里尔, M. 26, 40, 60

Reality 现实/真实 41～42, 138; current 当下的 48; differences in 中的区别 48; historical 历史的 43; and image of centrality 和关于中心性的图景 41～42; and information process 与信息处理 95; media claims to 媒介主张的 95; media/ordinary boundary 媒介与普通的边界 89; presentation of 的展现 102; and public/private connection 与公共/个人的联系 142; and surveillance 与监视 114

reality TV 真实电视 15, 44, 48, 95, 122, 137, 150; and advent of the camcorder 与便携摄像机的发展 104～105; ambiguities of 的模糊性 106～107; boundaries in 中的边界 108; claims for 对其的主张 101; claims to reality 关于真实的主张 104; and crime 与犯罪 110～114; definitions of 的定义 102～103; and democratisation 与民主化 108; as entertainment 作为娱乐的 106～107; formal flexibility of 在形式上的灵活性 103; forms of 的形式 102; and interactivity 与互动性 105, 108～109; invention of 的发明 101; and liveness 与现场感 106; and ordinariness 与平凡性 107, 108; paradox of 的矛盾 104～105, 106; public/private aspects 公共/隐私的方面 114; and purity 与纯洁性 106; and 'real' people 与"真"人 101～102; reality/artificiality mix 真实与人工的混合 106; reasons for 的原因 103～104; ritual dimension of 的仪式维度 104～109, 108; skepticism concerning 对其的怀疑 107; and state activities 与国家行为 110～114; and symbolic authority 与符号权威 111; and truth-telling 与告知真相 105; types of 的类型 103; as unmediated reality 作为非媒介化的现实 104～106; 也见电视

religion 宗教 90, 145; and notion of sacred centre 与神圣的中心的观念

61~62; and pilgrimage 与朝觐 77; and pilgrimage sites 与朝觐地点 78~79; practice of 的行为实践 6; and ritual 与仪式 23~24，49~50，87

reverse pilgrimages 反转的朝觐 93~94

Ritchie, J. 里奇, J. 106

Ritual 仪式, as action 作为行为 3, 21~22, 23~24; ambiguity of 的模糊性 28; of consumption 消费的 141; and crossing of boundaries 与跨越边界 27~28; and decline of ceremony 与典礼的衰落 22; definitions of 的多种定义 22, 24~25, 30, 45; and experience 与体验 63; fake/proper difference 伪造与正规的区别 34; as formalized action 作为形式化的行为 3, 21, 27, 147; frameworks 框架 25~27; as habitual action 作为习惯性行为 3, 21, 22; and making the strange familiar 与把陌生的变熟悉 142~144; Marxist misreading of 的马克思主义误读 44~45; and naturalization of order 与秩序的自然化 27; and neoliminal/spectacular distinction 和新阈限及奇观的区别 148; new thinking about 的新思考 4~5; non-functionalist 非功能主义的 12~13; perceptions of 对其的理解 37; and power 与权力 12~13, 28, 38; as public event 作为公共事件 43~44; reinvention of 的再造 35; religious 宗教的 23~24, 49~50; representative/expressive aspects 再现性和表达性的方面 126; secondary uses of term 词汇的次要用法 22~23; and self-disclosure 与自我表露 122~124; and the serious life 与严肃的生活 25; and social integration 与社会整合 4; and social order 与社会秩序 5~12; as symbolic expressive aspect of behavior 作为行为的符号性表达的一面 24~25; and transcendent values 和先验性的价值 3, 21~22; as universal 作为普遍的 135

ritual space of the media 媒介的仪式空间 75, 128, 146; distortions of 的歪曲 87~89; and media pilgrimages 与媒介朝觐 80~81

ritualisation 媒介化 12, 29~30, 43, 51, 75, 90, 126; and liveness 和现场感 99~100; space of 的空间 13, 22~23, 49

Robins, K. 罗宾斯, K. 16, 105, 116, 148, 152

Roche, M. 罗奇, M. 148

Rodriguez, C. 罗德里格斯, C. 140, 142, 152

Rojek, C. 罗杰克, C. 80

Rose, N. 罗斯, N. 42

Ross, N. and Cook, S. 罗斯, N. 和库克, S. 111~112

Rothenbuhler, E. 罗滕比勒, E. 19, 25, 32, 60, 145, 147, 148, 152

Rubin, A. 鲁宾, A. 146

Rudie, I. 鲁迪, I. 147

Sack, R. 萨克, R. 83

Saenz, M. 萨恩斯, M. 145, 146

Sahlins, M. 萨林斯, M. 10, 146

Said, E. 萨义德, E. 41

Sakolsky, R. 萨科尔斯基, R. 82

Scannell, P. 斯坎内尔, P. 17~18, 57, 69, 71, 100, 150; and Cardiff, D. 和卡迪夫, D. 149

Schlesinger, P. and Tumber, H. 施莱辛格, P. 和通博尔, H. 112~113, 150

Scott, J. 斯科特, J. 38

self-disclosure 自我表露 15; celebration of 的颂扬 116; and confession 与忏悔 120~125; dismissal of 对其不屑一顾 116; on the Internet 在互联网上 129~132; and language of confession/therapy 与忏悔或心理治疗的用语 116; technological form 技术形式 115; mediated 媒介化的 128; and merging of public/private spheres 与公共/私人领域的融合 115~116; monitoring 监视 127~128; paradox of 的矛盾 117; and reformulation of the intimate 对亲密关系的重新组织 124; representative dimension of 的再现维度 123~124, 226; and ritual 与仪式 117, 119, 122~124; and self-monitoring 与自我监视 127~128; social process of 的社会过程 117~119; zones 区域 119~126; 也见脱口秀

Seoul Olympics 首尔奥运会 70~71

September 11 attack "9·11"袭击 73~74, 148

Shattuc, J. 沙特克, J. 116, 117, 119, 151

Shatzer, M. 沙茨尔, M. 130

Shils, E. 史尔斯, E. 41~42, 56, 62, 137; and Young, M. 和扬, M. 41, 56~57, 65

Skirrow, G. 斯基罗, G. 99

Silverstone, R. 西尔弗斯通, R. 13, 33, 100, 117, 142, 145, 147, 148, 150

Slater, D. 斯莱特, D. 129, 131

Slevin, J. 斯莱文, J. 116

Smith, J. Z. 史密斯, J. Z. 31, 87, 145, 147, 149

Smith, K. 史密斯, K. 58～59, 59, 67～68

Snyder, D. 斯奈德, D. 152

social movements 社会运动 43～44

social order 社会秩序 50, 56; and collective knowledge/emotion 与集体记忆/情感 8; anti-essentialist 反实在论的 10～11; and conflict 与冲突 32～33; defined 的定义 30; functionalist 功能主义的 9～10; and media ritual 与媒介仪式 29～31; myths/patterns of 的迷思/模式 11～12; and organic solidarity 与有机团结 8; post-structuralist 后结构主义的 10; and religion 与宗教 5～6, 8; and role of media 与媒介的角色 7; and togetherness 与同在感 8～9; understanding 理解 5

Spitulnik, D. 斯比塔尔尼克, D. 145

Stedman Jones, S. 斯特德曼·琼斯, S. 146

Stevenson, N. 史蒂文森, N. 150

Stiegler, B. 施蒂格勒, B. 146

studio tours 影城游览 82, 85, 86～87, 89

surveillance 监视 44, 95, 149, 151; and control of society 与社会控制 110; and crime 与犯罪 110～114; link with mediation 与媒介化的关联 114; and reality 与现实 114; and reconstruction of events 与事件的重建 113; reliance on 依赖 113; and social orchestration/cultural commitment boundary 与社会协调/文化信守的边界 112, 114; socialised 社会化的 127; state/media separation 国家/媒介的分离 113

symbolic power 符号权力 23, 29, 136, 147; and access to knowledge 获取知识的途径 43; concentrations of 的集中化 39; conflicts of definition 定义的冲突 42; definition of 的定义 39; divisive notion of 的不调和观点 38; impact of 的影响 39; inequalities of 的不平等 87; link to symbolic violence

与符号暴力的关联 42～43；and media events 与媒介事件 40；in media institutions 与媒介机构 46；media use of 媒介利用的 82～83；necessity of 对其的需求 40；of television 电视的 17；as undeveloped concept 作为未探讨的概念 38～39；unequal distribution of 的分配不均 40；也见权力

symbolic violence 符号暴力 23；as inherent to the media 媒介素有的 40～41；limited notion of 对其的有限理解 39～40；link to symbolic power 与符号权力的关联 42～43

Syvertsen, T. 塞弗森, T. 121

talk show 脱口秀 80, 90, 116, 137；artificiality/cruelty of 的人为/残酷性 118；emotional aspects 情感方面 125～126；and media ritual 与媒介仪式 117；and ordinary/extraordinary appearance 与在节目里普通/非凡的表现 119～120, 121～122；participant perspectives 参与者的视角 117；performance on 里的表演 121～122；processes of 的过程 127；producers of 的制作人 125～126；representative significance of 在再现上的重要性 126；as rite of institution 作为机制性仪式 120；and social power of television 与电视的社会权力 119；social process of 的社会过程 118；as socialized surveillance 作为社会化的监视 127；viewer/performer gap 观众/表演者间的鸿沟 118；visibility/invisibility on 上的可见和不可见性 118；and what is done/not done 与做了的/没做的 118；也见自我表露

Tambiah, S. 坦比亚, S. 22, 24, 31

television 电视：access 接触到 104；archival role 档案功能 98；authority of 的权威 113, 123；and construction of social reality 与社会现实的建构 17；factual/fictional realities in 其中的事实性/虚构性现实 102；festive viewing 节庆式收看 60～61；first reaction to 对其的第一反应 1；and formalization of action 与行为的形式化 31；ideology of 的意识形态 99～100；as liminal space 作为阈限空间 33；liveness of 的现场感 96～98；and manufacturing of presence on 与对

当下的建构 87；and mechanical/organic solidarity 与机械/有机团结 62；mediation process of 的媒介化过程 58；paleo-TV/neo-TV shift 古电视/新电视转换 104；as privileged access point to unmediated reality 作为接触非中介现实的优先通道 103；representative claims for 对其代表性的主张 58，108；and royal coverage 与对皇家的报道 57；and sense of centre 与中心感 42；spatiality of 的空间性 80～81；symbolic power of 的符号权力 17；也见真实电视

theme parks 主题公园 80

Thomas, N. 托马斯, N. 146

Thompson, J. 汤普森, J. 38, 39, 81, 116, 146, 147

Tilly, C. 蒂利, C. 15

Tolson, A. 托尔森, A. 120, 122

Turner, V. 特纳, V. 22, 26, 27, 28, 31, 32～35, 55, 71, 78; and Turner, E. 和特纳, E. 34, 78

Turnock, R. 特诺克, R. 64

Urry, J. 厄里, J. 67

Vermorel, F. 韦莫雷尔, F. 85

Vermorel, J. 韦莫雷尔, J. 85

Virilio, P. 维里利奥, P. 142, 152

Wallerstein, I. 沃勒斯坦, I. 148

Walter, T. 沃尔特, T. 90, 148

Weber, M. 韦伯, M. 62

Whannel, G. 霍内尔, G. 104, 150

White, M. 怀特, M. 115, 116, 123, 150, 151

White, R. 怀特, R. 146

Wilson, C. 威尔森, C. 110

World Wide Web 万维网, ambiguities of 的模糊性 130～131；blogging on 在其上写博客 130；format of Websites 网站的格式 91～92；homepages on 其上的主页 130～131；interactive dimension 互动维度 108～109；and liveness 的现场感 97；media/ritual uncertainties on 媒介/仪式在其上的不确定性 132～133；personal behavior on 上的个人行为 130；rhetoric surrounding 围绕着其的修辞 131；self-disclosure on 其上的自我表露 129～132；and transformation of discursive space of fandom 与对迷文化空间的话语转化 91；Webcam sites 网络摄像头网站 131～132

Wuthnow，R. 武特诺，R. 24，26

Young，J. 扬，J. 152
Young，M. 扬，M. 41，56～57

Zelizer，B. 泽利泽，B. 69
Zukin，S. 祖金，S. 80

译后记

《媒介仪式》这本书在媒介人类学以及更广阔的媒介研究中占有重要的地位。如果说戴扬和卡茨的《媒介事件》第一次把人类学中仪式的概念系统地应用于对具体媒介体裁的研究中，罗滕比勒的《仪式传播》第一次全面地综述了各种有关仪式理论中的传播问题，那么这本书则第一次站在更宏观的视角去反思过去我们对媒介和仪式的理论探讨。它不再是对仪式理论的直接应用，而是通过当代社会高度发达的媒介机构，在更加抽象的层面上批判地理解媒介在人类社会运作中的仪式性角色。对媒介权力的批判贯穿尼克·库尔德里的整个学术体系，在这本书中也有明显的体现。他对媒介角色的分析不是描述性的或功能主义的，而是强调了后迪尔凯姆式的视角。他通过对不同媒体和体裁的深入分析将仪式范畴下的类别差异的建构本质展现出来，揭开了我们习以为常但又左右着我们日常行为的"关于媒介化中心的迷思"。

我接触到这本书，以及其他人类学、仪式和宗教理论是在攻读博士时罗滕比勒教授的媒介研究文献课上。我本人并不信教，但从迪尔凯姆的《宗教生活的基本形式》到库尔德里的《媒介仪式》，我被人类社会运行中文化逻辑的相似性深深地触动了，这种相似性既发生在横向的文化和社会制度之间，也可见于纵向的历史阶段之间。无论是在媒介工业高度商业化的美国，还是在拥有相对强大的公共媒体的英国，抑或是在过去几十年中政府与媒体关系不断变化的中国内地，媒介几乎作为一种看不见的宗教与政治、经济和文化权力体纠缠在一起，规训着我们日常生活中那些最细枝末节的东西，同时也为我们提供着无尽的"挪用"的机会。

对于本书的翻译，我要特别感谢中国人民大学出版社的翟江虹老师和汤慧芸老师。她们在整个翻译过程中给予了我最大的耐心和支持。我还要感谢作者尼克·库尔德里教授。他在翻译过程中给予我极大的信任，并且欣然答应为中文版撰写序言。我也要感谢伦敦大学皇家霍洛威学院的郭大为博士、云南大学的郭建斌教授以及浙江越秀外国语学院的孙琦老师为书中一些词句的修改提供了宝贵的意见。

关于郭建斌老师在推荐序一中对"仪式"一词内涵和外延的商榷，我是这样理解的：在中文里，我们对"ceremony"和"ritual"两词的区分不大明确。库尔德里使用"ritual"一词恰恰是想避免陷入对过于具象的"ceremony"（姑且翻译成典礼）式的社会活动的关注，而去批判我们认为"媒介里"的世界比"媒介外"的世界更神圣的那种"仪式性"态度和这种态度产生的根源——符号权力的集中。

孙琦老师在推荐序二中对"myth"一词译法的意见对我也很有启发。其实"myth"的本意为神话，指对上古时代人物的记述或以超自然力解释自然和社会现象的故事。然而在学术界，"神话"容易让人联想到以罗兰·巴特为代表的神话和符号学研究。将"myth"译作"迷思"得益于冯建三先生对艾伦·斯温杰伍德（Alen Swingewood）《大众文化的迷思》（*The Myth of Mass Culture*）的翻译。在英文中，"myth"也指那些在社会上广泛认同但错误的信念。读者也可以按照孙琦老师的建议，在阅读时将"迷思"一词理解为"幻象"，这样便能突出媒介权力的建构本质了。但幻象的"象"仿佛缺少了大众对媒介权力下意识地接受这一层意思，即"思"的含义。

无论如何，我都要感谢两位专家的细心解读。相信这些商榷一定会给读者带来对库尔德里思想更深入的理解。

最后，我想就翻译体例做一点说明。首先，对于一些固定的术语和个别抽象、晦涩的表述，通常在第一次出现时括注英文原文。其次，以"译者注"的方式对一些文化和历史背景做了简单解释。再次，原文长句较多，且表意抽象。我在翻译中力求忠实原作，同时鉴于国人的阅读习惯，也为很多从句和分词结构增加了主语，将它们处理为单独的短句。如此一来，有可能弱化了语句之间的联系。若遇到这样的情况，还请读者不妨斟酌几遍，将几个关系紧密的句子综合起来理解即可。

尽管此书英文版出版已逾十年，我还是希望中文版的出版能为国内媒介研究学者提供一个媒介仪式研究的系统文本，并且能推动媒介研究与人类学、社会学、宗教研究等的跨学科交流，为关于媒介与社会关系的探讨提供更多的理论支撑。

崔玺

2016 年 9 月

于美国南卡罗来纳州查尔斯顿学院

Media Rituals: A Critical Approach by Nick Couldry

ISBN: 0-415-27015-4

Copyright © 2003 Nick Couldry

Authorised translation from the English language edition published by Routledge, a member of the Taylor & Francis Group; All rights reserved. 本书原版由Taylor & Francis出版集团旗下Routledge公司出版，并经其授权翻译出版，版权所有，侵权必究。

China Renmin University Press is authorized to publish and distribute exclusively the Chinese (Simplified Characters) language edition. This edition is authorized for sale throughout Mainland of China. No part of the publication may be reproduced or distributed by any means, or stored in a database or retrieval system, without the prior written permission of the publisher. 本书中文简体翻译版权授权由中国人民大学出版社独家出版并仅限在中国大陆地区销售，未经出版者书面许可，不得以任何方式复制或发行本书的任何部分。

Copies of this book sold without a Taylor & Francis sticker on the cover are unauthorized and illegal. 本书封面贴有Taylor & Francis公司防伪标签，无标签者不得销售。

北京市版权局著作权合同登记号：01-2012-8319

图书在版编目（CIP）数据

媒介仪式：一种批判的视角/（英）尼克·库尔德里著；崔玺译．—北京：中国人民大学出版社，2016.10
（新闻与传播学译丛．学术前沿系列）
书名原文：Media Rituals: A Critical Approach
ISBN 978-7-300-23057-3

Ⅰ.①媒… Ⅱ.①尼… ②崔… Ⅲ.①传播媒介-研究 Ⅳ.①G206.2

中国版本图书馆CIP数据核字（2016）第144774号

新闻与传播学译丛·学术前沿系列
媒介仪式
一种批判的视角
[英]尼克·库尔德里 著
崔 玺 译
Meijie Yishi

出版发行	中国人民大学出版社		
社 址	北京中关村大街31号	邮政编码	100080
电 话	010-62511242（总编室）		010-62511770（质管部）
	010-82501766（邮购部）		010-62514148（门市部）
	010-62515195（发行公司）		010-62515275（盗版举报）
网 址	http://www.crup.com.cn		
经 销	新华书店		
印 刷	天津中印联印务有限公司		
规 格	170 mm×240 mm 16开本	版 次	2016年10月第1版
印 张	15.25 插页2	印 次	2020年8月第2次印刷
字 数	218 000	定 价	55.00元

版权所有 侵权必究 印装差错 负责调换